国外教育伦理学译丛
主编 王正平

# 学校管理伦理（第三版）

［美］肯尼斯·A. 斯特赖克（Kenneth A. Strike）
［美］埃米尔·J. 哈勒（Emil J. Haller）
［美］乔纳斯·F. 索尔蒂斯（Jonas F. Soltis）◎著

程 亮 等◎译　　袁文辉 等◎校

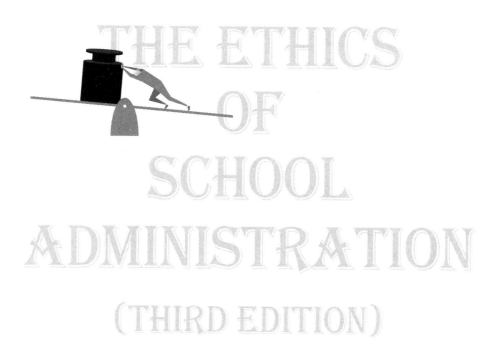

华东师范大学出版社
·上海·

图书在版编目(CIP)数据

学校管理伦理:第三版/(美)肯尼斯·A.斯特赖克,(美)埃米尔·J.哈勒,(美)乔纳斯·F.索尔蒂斯著;程亮等译.—上海:华东师范大学出版社,2022
(国外教育伦理学译丛)
ISBN 978-7-5760-3120-1

Ⅰ.①学… Ⅱ.①肯…②埃…③乔…④程… Ⅲ.①学校管理-伦理学 Ⅳ.①G47

中国版本图书馆 CIP 数据核字(2022)第 165899 号

*The Ethics of School Administration*,3rd Edition
by Kenneth A. Strike,Emil J. Haller,Jonas F. Soltis
Copyright © 2005 by Teachers College,Columbia University
Simplified Chinese translation copyright © 2022 by East China Normal University Press Ltd.
First published by Teachers College Press,Teachers College,Columbia University,New York,New York,USA.
All Rights Reserved.
上海市版权局著作权合同登记　图字:09-2018-481号

国外教育伦理学译丛
## 学校管理伦理(第三版)

| | |
|---|---|
| 著　者 | [美]肯尼斯·A.斯特赖克　埃米尔·J.哈勒　乔纳斯·F.索尔蒂斯 |
| 译　者 | 程　亮等 |
| 审　校 | 袁文辉等 |
| 责任编辑 | 白锋宇 |
| 责任校对 | 廖钰娴　时东明 |
| 装帧设计 | 卢晓红 |
| 出版发行 | 华东师范大学出版社 |
| 社　址 | 上海市中山北路3663号　邮编200062 |
| 网　址 | www.ecnupress.com.cn |
| 电　话 | 021-60821666　行政传真 021-62572105 |
| 客服电话 | 021-62865537　门市(邮购)电话 021-62869887 |
| 地　址 | 上海市中山北路3663号华东师范大学校内先锋路口 |
| 网　店 | http://hdsdcbs.tmall.com |
| 印 刷 者 | 上海商务联西印刷有限公司 |
| 开　本 | 787毫米×1092毫米　1/16 |
| 印　张 | 16.25 |
| 字　数 | 215千字 |
| 版　次 | 2022年11月第1版 |
| 印　次 | 2022年11月第1次 |
| 书　号 | ISBN 978-7-5760-3120-1 |
| 定　价 | 52.00元 |
| 出 版 人 | 王　焰 |

(如发现本版图书有印订质量问题,请寄回本社客服中心调换或电话021-62865537联系)

## "国外教育伦理学译丛"总序

在西方,教育伦理思想有着悠久的形成与发展史,它是随着人类教育职业活动开展和社会经济文化进步而逐步形成、丰富与变化的。在西方教育史上,柏拉图、亚里士多德、昆体良、夸美纽斯,都曾较早提出过许多包含真知灼见的教育伦理思想。但是,作为一门相对独立、具有比较完整的思想理论体系的教育伦理学学科,是到了近现代才得以形成,并逐步在实践中得到充实、发展与完善的。[①]

美国著名哲学家、教育家、思想家杜威是较早正式使用"教育伦理学"(Educational Ethics)这一学术概念的人,并先后发表了三本直接阐述教育伦理学的学科对象、基本原则、方法与任务的重要学术著述。1895年,杜威的《教育伦理学:六次讲座内容纲要》由芝加哥大学出版社首次出版,直接用于芝加哥大学有关教育与研究机构的教学。该书提及的六次系列讲座的主要内容包括"学校伦理问题""教育方法的伦理""课程或学习科目的伦理""学校与道德进步"等,[②]开创性地提出和探讨了教育伦理学及其重要的理论问题。同年,杜威又出

---

[①] 参见王正平主编:《教育伦理学》,人民教育出版社2019年版,第一章第四节"教育伦理学:作为一门学科的形成和发展"。
[②] 约翰·杜威著,杨小微、罗德红等译:《杜威全集·早期著作 1882—1898》(第五卷,1895—1898),华东师范大学出版社2010年版,第223—232页.

版了学术专著《构成教育基础的伦理原则》，明确提出"不能有两套伦理原则或两种形式的伦理理论，一套为校内生活，另一套为校外生活。因为行为是一体的，所以行为的原则也是一体的"。① 但是，他指出，教育伦理问题毕竟有自己的特殊性，"原则是同一的，随不同环境而变化的是特殊的联系和应用点"。② 1909年，在上述专门著述的基础上他出版了《教育中的道德原则》，比较全面而系统地阐述了他的教育伦理思想。在这一著作中，杜威探讨了学校的道德目标、学校共同体给予学生道德训练的道德责任、学校管理者的道德责任、学校教授的课程具有的社会属性和伦理意义、学校道德是"三位一体"相统一、教育心理的伦理问题等内容。在这本书的最后，杜威突出强调了在教育中恪守合理的道德原则的重要性。他指出："我们必须做到的一件事情是：在与其他力量是真实的完全相同的意义上，承认道德原则也是真实的；它们是共同体生活内在固有的，是个人的行为结构所内在固有的。"③"带着这个信念工作的教师，将会发现：每一门学科，每一种教育方法，学校生活中的每一个重要事件，都充满着道德的可能性。"④

杜威先后发表的上述三部重要教育伦理学专著，实际上概括和揭示了教育伦理学所涉及的最基本研究领域，即学校伦理或宏观教育职业活动伦理、教育方法伦理、学科课程伦理、师生关系伦理、教育心理伦理等重要内容，并阐述了基本的伦理道德原则。

20世纪60年代以后，在西方教育发达国家，教育伦理学研究得到了进一步发

---

① 约翰·杜威著，杨小微、罗德红等译：《杜威全集·早期著作1882—1898》（第五卷，1895—1898），华东师范大学出版社2010年版，第41页。
② 约翰·杜威著，杨小微、罗德红等译：《杜威全集·早期著作1882—1898》（第五卷，1895—1898），华东师范大学出版社2010年版，第41页。
③ 约翰·杜威著，陈亚军、姬志闯译：《杜威全集·中期著作1899—1924》（第四卷，1907—1909），华东师范大学出版社2012年版，第233页。
④ 约翰·杜威著，陈亚军、姬志闯译：《杜威全集·中期著作1899—1924》（第四卷，1907—1909），华东师范大学出版社2012年版，第233页。

展,这主要体现在以下几个方面。

第一,加强教育伦理学基础理论研究,重视探讨教育与伦理的内在关系以及平等、自由、正义、人权等社会基本伦理道德原则和价值理念如何在教育中得到体现。1966 年,英国著名教育理论家彼得斯出版了《伦理学与教育》。[①] 在这本著作中,彼得斯从伦理学理论和教育理论的密切关联角度出发,系统地论述了教育的标准、伦理学经典理论与教育及教师的关系、教育平等权利、有价值的教育与教学活动、与教育利益有关的思考、教育中的自由、权威与教育、惩罚与纪律等内容。1975 年,加拿大教育伦理学家罗宾·巴罗出版了《教育中的道德哲学》。在这本著作中,巴罗较为系统地论述了哲学与教育、道德哲学,与教育职业活动相关的自由、平等、功利主义、尊重人、自主性、权利、创造性、价值,以及自由的学校、教育分配、灌输与道德价值观等内容。1985 年,里斯·布朗出版了《正义、道德与教育》一书。在该书的基本原理部分,探讨了正义、道德和教育的关系;在实践与实际应用部分,分析了教育中的权利和义务,正义、道德和惩罚,正义、道德与道德教育,教育管理中的正义与道德。此书显示了作者在吸取前人研究成果的基础上努力建构教育伦理学基础理论的倾向。[②]

第二,关注教育职业伦理道德研究,深入探讨教育职业伦理(又称"教育专业伦理""教师伦理")的具体原则、规范和要求。如 1984 年 J. M. 里奇出版的《教育职业伦理学》是一本专门探讨美国教育工作职业伦理道德规范的著作,该书讨论了职业伦理学的重要性、职业伦理规范的特征,阐述了教学与学生权利保护、科研伦理、与同事和教育官员的业务关系、社区中的教育者等具体领域的伦理规范以及伦理规则的传播,执行与强化,评论与再评估。阐述教师职业伦理规范是该书

---

① R. S. Peters, *Ethics and Education*, London: George Allen & Unwin Ltd., 1966.
② 王本陆著:《教育崇善论》,广东教育出版社 2001 年版,第 270 页。

的主要内容。①

第三,开拓教学伦理研究,深入探讨教学过程中的有关伦理道德问题。如1985年,美国学者斯特赖克和索尔蒂斯合作撰写了《教学伦理》。此书以1975年全美教育协会发布的教育伦理道德规范为切入点,密切联系教学实践中面临的道德问题,用理论阐述和教学案例相结合的方式,比较生动地阐述了伦理学效果论与利益最大化、非效果论与尊重人等基本伦理学理论;探讨了教学中的惩罚及正当程序,教学中的学术与思想自由,平等对待学生的多元文化和宗教多样性,民主、专业化和正直教学等问题。该书被用作师范生和教师进修教材,一经出版就受到很大欢迎,迄今已出版第五版。②

第四,突出教育中的现实道德问题探讨,对社会公众普遍重视的教育平等、教育评价和科研中的伦理道德开展专题研究。例如,1966年,J.科尔曼专门发表了调查报告《教育的机会均等》,该实证研究促使更多的人去理性反思教育机会均等问题。1989年,M.科勒主编的《为平等而教育》出版,其目的"主要不是在理论上研究那些不平等的表现形式,而是力图满足更好地指导实践的需要"。③ 又如,里奇在《教育职业伦理学》一书中指出,对学生进行教育测验,要遵守把学生作为人来尊重的原则;要避免用可能导致给学生贴上带贬义的标签、羞辱学生、嘲弄学生之类的方式来使用测验;要体现真实性,反对舞弊,保护正直诚实的学生,公正无私地对待学生;要尊重学生隐私。④ 再如,高校是重要的科研机构,专家教授面临着急功近利还是遵守科研道德的挑战。里奇在《教育职业伦理学》一书中还专门

---

① J. M. Rich, *Professional Ethics in Education*, Illionis: Charle C Thomas Publishers, 1984.
② 肯尼斯·A·斯特赖克、乔纳斯·F·索尔蒂斯著,黄向阳等译:《教学伦理》(第五版),华东师范大学出版社2018年版.
③ M. Cole (Ed.), *Education for Equality*, London: Routledge, 1989.
④ J. M. Rich, *Professional Ethics in Education*, 参见王本陆著:《教育崇善论》,第265页.

探讨了教育科研伦理,他指出:"如何对待对象(人)所受的损害和危险、对象的书面允许、对象的隐私,是主要的教育科研伦理问题。处理这些问题的基本原则是无恶行原则、善行原则、尊重人的原则、自由原则。"①

第五,聚焦教育政策伦理问题研究,探讨制定和实行教育政策的伦理基础。由于教育政策直接关系到教育培养什么人、如何分配教育公共资源等一系列重大利益问题,成为西方教育伦理研究的一个重点。K. A. 斯特赖克和 K. 艾根主编的《伦理学与教育政策》对自由与大学,学生权利,自治、自由与学校教育,平等与多元化,技术与职业等教育政策问题进行了讨论,分析了这些教育政策中的道德矛盾以及处理矛盾的伦理学基础。②

第六,研究不同层次和类型教育的伦理问题,使教育伦理道德规范的引导更具有针对性。如美国伦理学家鲁滨逊和莫尔顿合著的《高等教育中的伦理问题》一书,系统地论述了高等教育中的内在道德伦理问题。该书从分析高校中内在道德冲突、事实和价值的关系入手,提出了以"公正原则""最大限度地实现利益的原则""普遍化原则""把他人当目的原则"处理教育过程中伦理道德关系的主张,还从理论上探讨了学校组织与社会的关系、伦理原则和学术价值的关系、共同职业人员的关系、高等教育中控制与维护的关系、教员的聘用和能力评价中的伦理问题、科研中的伦理问题、教学中的伦理问题等。③ 如 K. R. 豪等人合著的《特殊教育伦理学》,较集中地探讨了特殊教育机构中的道德问题。该书在介绍一般伦理学知识的基础上,探讨了共同政策与特殊教育的使命,分析了程序公正、教育资源分配和特殊教育官方矫治机构中的道德问题,如慈善机构失职、特殊教育教师成为

---

① J. M. Rich, *Professional Ethics in Education*,参见王本陆著:《教育崇善论》,第 264 页.
② K. A. Strike & K. Egan (Eds.), *Ethics and Education Policy*, London: Routledge & Kegan Paul Ltd., 1978.
③ G. M. Robinson & J. Moulton, *Ethical Problem in Higher education*, New Jersey: Prentice-Hall, Inc., Englewood Cliffs, 1985. 参见王正平主编:《高校教师伦理学》,上海交通大学出版社 1991 年版,第 16 页.

破坏者、标签现象、教师对学生和家长的责任、对学生的特殊关怀等。①

20世纪80年代至今,教育伦理学理论研究得到进一步发展,相关学术论文、学术著作和教材大量出现。其中比较有代表性的学术著作有美国鲁滨逊和莫尔顿的《教育伦理学——分析教育关系的尝试》,瑞士欧克斯的《教育伦理学引论:问题、悖论与展望》,美国芬纳的《教育伦理学》,美国斯特赖克、哈勒和索尔蒂斯的《学校管理伦理》,美国斯特赖克和索尔蒂斯的《教学伦理》等。目前,教育伦理学已成为西方应用伦理学研究和教育哲学研究中的一个重要分支,并成为许多师范专业本科生和研究生的重要专业课程。

在我国,对教育伦理学作为一门相对独立的学科开展研究,始于20世纪80年代。② 随着我国改革开放和经济、教育体制改革的深入,教育过程中的利益矛盾和道德价值观念的冲突日益凸显,教育伦理和教师道德问题成为教育界与全社会共同关心的重要话题。1988年出版的《教育伦理学》,是"建国以来我国第一本教育伦理学著作",在国内外产生了广泛的影响。③ 最近30多年来,特别是进入21世纪以来,教育伦理和教师道德的相关学术著作、教材和论文不断涌现,已成为我国学界普遍关注的一个理论热点。应当看到,一方面,教育伦理学理论研究方兴未艾,在广泛开展师德师风建设的实践需求的推动下,教育伦理学作为教育哲学或应用伦理学的一门新兴学科,其理论探索和教学实践正在不断走向深入;另一方面,教育伦理学作为探讨教育这一领域的价值与善的科学,其真理性的探索既具有鲜明的民族性和社会性,又具有一定的人类共同性。当前,我们正在建构新时

---

① K. R. Howe & O. B. Miramontes, *The Ethics of Special Education*, N. Y.: Teachers College Press, 1992.
② 王正平主编:《教育伦理学》,上海人民出版社1988年版,第10页。
③ 吕寿伟:《教育伦理学研究三十年的回顾、反思与展望》,见《教育伦理研究》(第一辑),华东师范大学出版社2014年版,第340页。

代中国特色教育伦理学理论体系,既要积极吸取中华民族几千年来积淀的优秀教育伦理思想,又要大胆借鉴世界各国教育伦理研究和实践的有益经验和成果。

教育伦理道德是人类教育文明进步的结晶,它具有某种"人类共同性"或"全人类性"。恩格斯指出:"对同样的或差不多同样的经济发展阶段来说,道德论必然是或多或少地一致的。"[①]教育伦理中所具有的"人类共同性",主要是由以下两个因素决定的。其一,人类教育伦理道德文明进步的实践表明,在相同的或几乎相同的历史发展阶段,各国各民族的道德文明价值追求或多或少具有某种共同性的东西。在当今世界,这些共同性的教育伦理道德价值观念,如教育公平、教育正义、教育民主、教育自由、教育仁爱等是全人类教育职业活动的共同价值,是人类教育文明追求的崇高道德目标。正是这些教育伦理道德共同性的存在,才使不同国家、不同政治制度下的教育交流和合作成为可能。人类命运共同体建设,要求我们建构人类教育命运共同体。教育伦理道德的共同性因素,是建构人类教育命运共同体的价值基础。其二,教育伦理探讨的是教育职业活动中的道德问题,而教育活动本身具有一定的普遍规律性。不同历史条件和不同社会文化背景下教育劳动的目的、对象、工具、关系和产品具有某种共同性的专业伦理要求,因而不同国家和民族的教育伦理智慧反映着教育规律对教育伦理道德的普遍要求,人们是可以互相学习和借鉴的。

"他山之石,可以攻玉。"实践告诉我们,立足我国的教育实践,建构中国特色教育伦理学理论体系,应当始终具有世界眼光,善于及时了解和掌握国外教育伦理研究的动态与成果,重视不同教育伦理、教师道德和教育文明理念之间的磨合、交流与对话。进入21世纪以来,我国在推进教育伦理学理论研究的同时,翻译出版了西方一些有价值的相关著作,这是有益的。我们在华东师范大学出版社领导

---

[①]《马克思恩格斯文集》第9卷,人民出版社2009年版,第99页.

和编辑的支持下，专门组织策划推出"国外教育伦理学译丛"，准备有计划、有步骤地翻译出版国外教育伦理学领域有影响的著述，希望为我国教育伦理学研究做一些基础性的理论资料工作。热忱欢迎国内外关注该领域研究的专家学者共同献计献策，一起为教育伦理学这一新兴学科尽智竭力。

在本译丛面世之际，我特对参与选题策划的华东师范大学程亮教授等专家以及担任翻译工作的各位学者表示由衷的谢意；对华东师范大学出版社领导的大力支持和责任编辑白锋宇女士认真负责的工作致以诚挚的感谢！

王正平

2021 年 7 月溽暑

（作者为中国伦理学会教育伦理学专业委员会会长，上海师范大学教授、博士生导师）

# 目录

| | |
|---|---|
| 译者序 | 1 |
| 前言 | 7 |
| 给教师的建议 | 9 |
| **第一章 学校管理与伦理思维** | 1 |
| 案例 | 1 |
| 本书的目的 | 3 |
| 伦理探究的性质 | 4 |
| 学会道德推理 | 7 |
| **第二章 思想自由** | 9 |
| 案例 | 9 |
| 争论 | 11 |
| 概念：言论自由 | 12 |
| 分析：伦理决策 | 18 |
| 结论 | 23 |
| 补充案例 | 25 |

# 目录

## 第三章 个人自由与公共利益　37

案例　37
争论　39
概念：个人自由　40
分析：道德评判的本质　46
结论　53
补充案例　55

## 第四章 教育机会均等　64

案例　64
争论　66
概念：平等　67
分析：道德经验　73
结论　77
补充案例　78

## 第五章 教育评估　91

案例　91
争论　94
概念：正当程序　95
分析：尊重人　99

| | |
|---|---|
| 结论 | 104 |
| 补充案例 | 104 |

**第六章　教育权威和问责制：共同体、民主和专业精神　113**

| | |
|---|---|
| 案例 | 113 |
| 争论 | 117 |
| 概念：问责、民主、共同体和专业性 | 118 |
| 分析：客观的道德推理 | 132 |
| 结论 | 140 |
| 补充案例 | 140 |

**第七章　多样性：多元文化主义与宗教　154**

| | |
|---|---|
| 案例 | 154 |
| 争论 | 158 |
| 概念和议题 | 159 |
| 补充案例 | 180 |

**第八章　补充案例　192**

| | |
|---|---|
| 案例1：友善支持还是性骚扰？ | 195 |

# 目录

案例 2：虐待？疏忽？还是没什么好担心的？ 196

案例 3：关于泰勒·罗伯茨的流言 197

案例 4：荣誉课程和董事会政策 200

案例 5：诚实的问题 203

案例 6：正直的问题 205

案例 7：奖励或同情？ 207

案例 8：利益冲突 208

案例 9：剥削 210

案例 10：借来的财产？ 212

案例 11：办公室恋情 214

案例 12：社会利益和个人利益 215

案例 13：学生的就业推荐信 216

案例 14：保密、义务和友谊 217

案例 15：忠诚 218

案例 16：学校比下水道更重要吗？ 219

案例 17：砰！零容忍 221

案例 18：在辛德米斯高中隐藏坏消息 224

参考文献 229

作者介绍 235

## 译者序

无论是何形式、在什么场所、由谁来实施,教育或多或少、或隐或显都与道德有关联。道德不只是教育的目的或内容,也嵌在教育的过程或方式之中。正如彼得斯(Peters,R. S.)所言,"教育"这个词本身就意味着以道德上可以接受的方式传递某种有价值的东西。[①] 在学校这样一个连接家庭与国家、沟通儿童与社会的机构中,包括教育本身在内的各种善物的分配和各种制度的安排,更需要经得起道德上的考量。相比较而言,如果教师对直接的教育活动负直接的责任,影响其学生的教育机会和发展前景的话,那么学校管理者则通过影响甚至决定教师的直接的教育活动,在更大范围、更深层次影响学生的教育机会和发展前景。这也意味着,学校管理可能比直接的教育过程具有更为显著的道德意义,产生更为广泛的道德结果。

事实上,这本《学校管理伦理》的论述正是从这一立场出发的。斯特赖克(Strike,K. A.)、哈勒(Haller,E. J.)和索尔蒂斯(Soltis,J. F.)认为,学校管理者作为决策者、领导者、组织者,当然要编制预算、评聘教师、分配资源、处理关系等,而这些工作即便不是全部,也在很大程度上关涉伦理方面的内

---

① Peters, R. S., *Ethics and Education*. London: George Allen & Unwin Ltd., 1966, p.25.

容。既然如此,我们就不能单单从效能、效率或效益的角度来为这些工作进行辩护,还有必要追问:学校或有关学校的决策是否公平民主?各种教育资源或机会的分配是否公正?对师生的评价是否公平合理?给师生的奖励或惩罚是否正当?等等。就此而言,伦理是管理工作的一部分,事实上也是管理工作必不可少的一部分。①

对于管理的这种理解,必然意味着学校管理者不仅应该,而且能够从伦理的视角筹划或审视自己的工作,能够胜任与伦理有关的重要决策;也必然要求学校管理者需要在伦理决策方面做好必要的准备,接受必要的教导或训练。但从现实来看,斯特赖克等人认为,我们并没有为学校管理者提供伦理方面的教导或训练。这也是他们共同写作这本《学校管理伦理》的初衷——希望把一些重要的伦理概念传递给学校管理者,使他们学会道德推理,帮助他们"透彻地思考他们在履职过程中碰到的某些伦理问题,以便他们可以成为更为尽责的伦理型管理者"②。

然而,要对学校管理者进行伦理方面的教导或训练,并不是件容易的事。这倒不完全是因为伦理问题本身错综复杂,而是因为这种教导或训练往往暗含着对个体道德主体地位的轻视,对个体道德能力的否定。不要说学校管理者或教师,即便是未成年的孩子,也会常常对他人的道德教导或训练产生抵触的情绪。当然,这并不是说任何伦理方面的教导或训练都是不可以接受的,而是说,即使是要传递或教授他人以优良的道德或美德,也不应采取不道德或反道德的方式。在斯特赖克看来,这样的教导或训练至少不应该是说教或灌输,其"重点在于使他们获得运用公共道德语言进行对话的能力。获得这种能力,其实就是习得运用概念调节我们公共生活的才能。它意味着掌握一种话语,整合道德直觉、道德原则和背

---

① 见本书正文第18—19页。
② 见本书正文第8页。

景认知,形成一种经由对话而达成的反思均衡(reflective equilibrium)"①。

引导学校管理者进行这样的伦理对话,开展这样的伦理反思,一个重要的途径就是这本《学校管理伦理》所呈现的以"案例"(cases)为基础的伦理探究。其展开的方式,充分体现了上述"反思均衡"的特征,提供了发展道德推理技能的机会。这些案例通常都包含着一个或多个重要的道德困境(dilemmas),涉及两个或多个道德价值观或原则之间的矛盾或冲突。它们并非都是真实的,却包含着比真实情境更为直接或紧迫的道德冲突,因而也更有助于学校管理者从策略性的思考转向伦理性的思考。由这些案例引导,在"争论"部分,本书通过假想的对话,一方面让案例中的伦理困境直接"显现"出来,另一方面让日常生活中我们可能都拥有的道德直觉"暴露"出来。接下来的"概念"部分,又从道德直觉进入道德概念或原则,比如思想自由、个人自由、平等、尊重人、民主、共同体、多样性等,特别是在后果论与非后果论的对话中呈现了这些概念或原则在引导学校管理者伦理决策中的作用。最后在"分析"部分,则进入了更为深入的元伦理学层面,开始对道德决策、道德判断、道德经验、道德推理等本身的性质和特征进行分析与反思。这样的伦理对话或反思,或许不是为了让那些不道德的管理者变得更有道德,而是在于帮助和促进一个有道德的学校管理者在日常工作中更具道德上的敏感性、想象力和判断力,更能用道德的语言阐明自身工作的价值,为自己的行动提供道德上的辩护,更有道德上的勇气去采取行动。

必须注意的是,斯特赖克等人所建构的伦理困境、所处理的伦理议题、所呈现的伦理观点,在很大程度上都依系于美国的教育文化与社会语境(特别是第七章)。当然,这也不意味着他们的分析只具有"美国意义"。恰恰相反,这种异域视

---

① Strike, K. A., Teaching Ethical Reasoning Using Cases. In K. A. Strike & P. L. Ternasky (Eds.), *Ethics for Professionals in Education* (pp. 102 - 106). NY: Teachers College Press, 1993.

角为我们思考我们自身的学校管理问题提供了别样的参考。在大大小小的教育改革或学校变革中,我们已经开始面临各种各样的伦理挑战,遭遇各种各样的伦理问题,而且也不得不进行相关的伦理决策。比如,我们的学校究竟在多大程度上可以推行"推门听课",可以引进新的教育方法或技术,可以增加具有地方文化特色的课程或活动,可以公开师生的考评信息,可以对学生进行惩戒,可以延长课后甚至假期的托管服务?诸如此类的问题,似乎在某种程度上呼应了这本书讨论的话题。尽管斯特赖克等人并不能为我们面临的伦理问题提供直接的答案,但他们在这本书中展开的有益探索,仍然可以为我们认识和处理这些问题提供重要的概念工具与思维框架。只要我们也不否认我们的学校管理者是道德的主体、是决策的主体,只要我们也希望他们成为负责任的伦理型管理者,那么我们也就没有理由拒绝斯特赖克等人借助道德两难案例提升道德推理的方案。

正因为如此,我们决定译介这本《学校管理伦理》,希望它对我国教育行政人员或学校管理者具有启发或参考的意义。然而,开始着手翻译后,我们就感到专业定位、教育系统和价值观念的文化差异,加之带有叙事意味和隐喻特征的案例,挑战显然比预想的大得多。比如,这本书涉及的"学校管理"有相当部分指的是学区及其督学对学校开展的行政工作,案例中很多人名都是精心设计的,与发生的事件或涉及的主题有关联。一时很难译出原名的意味,我们只好循着惯例,采用音译,但都附上了英文原名。前前后后,反反复复,持续有年。幸赖译丛主编王正平教授的信赖和督促,一再宽限,才使这项工作在"慢车道"上抵达终点。在此谨致谢悃!

最后,这本书的翻译是集体努力的结果。各章分工具体如下:前言、第一章,程亮;第二章,孙嘉蔚;第三章,张晓月;第四章,黄苗苗;第五章,张奕婷;第六章,冯旷旷;第七章,杨阳;第八章,周念月。为了尽可能提高翻译的准确性和可靠性,我们特别邀请了旅美的袁文辉老师校改前言及前四章,又承华东师范大学教育学系王丽佳老师审校第六章,其余章节由我和曹昶重新核校。在此基础上,我们又对全部译稿进行了统合,冯旷旷、翟金铭、徐玉等协助校对多遍。

虽然我们协力以赴,但翻译肯定还有疏漏、错谬,敬恳读者方家批评指正。

程 亮

2022年7月于华东师大

# 前　言

　　相较于第一版,《学校管理伦理》第二版有两点重要的变化:一是新增了一章讨论宗教与文化的多样性,二是补充了讨论性侵和虐童的案例材料。本版(第三版)又新增了相关材料,聚焦问责制的权威合法性和民主问题。学校的领导者越来越需要重视达标和分数的提高,同时,他们也必须尊重教师的专业判断,把学校变成学习共同体,让家长和更大社群的成员参与并投身到学校工作中来。这些要求使学校领导者面临着重要的角色冲突。为了解决这些问题,我们对第六章进行了大幅修改,标题变成了现在的"教育权威与问责制:共同体、民主和专业精神",另外我们还补充了新的案例材料。在第八章中,我们新增了有关零容忍政策和数据报告完整可信(integrity in reporting data)的案例。前两版的体例颇受欢迎,所以第三版沿袭了原风格。在第一章引入主题之后,本书第二到七章都以一个案例和一个争论开篇,进而呈现案例讨论所需要的核心伦理概念,并将其应用于案例的讨论,最后讨论该章论证所揭示的伦理决策和伦理推理的性质,另外还附有3个补充的案例。在第八章,我们补充了18个与本书主题有关的案例。

　　《学校管理伦理》是哥伦比亚大学师范学院出版社"教育专业伦理丛书"中的一册。这套丛书旨在帮助教育工作者及教育专业，审视和反思日常的或常规的教育实践中的伦理问题和争端。我们深信，倘若教育要把自身打造成一个自治的专业领域，那么这就是一项特别重要的工作。在我们所处的社会中，支配公共机构行为的，不是永恒的真理，也不是对有凝聚力的共同体的道德情感。教育工作者若是希望承担起教育实践的责任，就必须有能力承担起个体的责任，对有关伦理难题的合理观点进行透彻的思考。我们希望在这方面为教育工作者提供些支持。

眼前这本《学校管理伦理》的目的就在于，将那些重要的伦理概念教给一线的学校管理者。其丰富的案例研究和细致的分析，可以为实践者提供必要的信息和技能，帮助他们以一种富有知识的方式，深刻思考他们在工作过程中遇到的伦理问题。

《学校管理伦理》在很大程度上采取了斯特赖克和索尔蒂斯在《教学伦理》中的写法。《教学伦理》是哥伦比亚大学师范学院出版社"教育思想丛书"中的一册。索尔蒂斯是这套丛书的主编，同时也是本书的合著者。我们发现，"教育思想丛书"各册的体例，在教学方面非常有效，因此，在这里我们只是略作调整，主要是扩充了案例素材，并按主题加以组织。对本书的内容和方法感兴趣的读者，也会喜欢"教育思想丛书"中的《教学伦理》及其他著作。

肯尼斯·A. 斯特赖克

"教育专业伦理丛书"主编

## 给教师的建议

本书旨在教授对教育管理和伦理推理过程来说重要的伦理概念。为此,我们围绕案例写作本书。我们深信,伦理推理是一项技能,需要通过实践才能习得,单纯让学生阅读文本是不够的。我们认为,在课堂上围绕案例展开充分的讨论,是至关重要的。根据这些案例布置书面作业,也是完全必要的。

我们提供了大量可供选择的案例,或可用于上述目的。每个实质性章节都以一个案例贯穿全篇。在各章末尾,还有几个与该章问题有关的案例。最后,在本书的末尾,我们提供了一系列补充的案例。这些案例与具体章节的主题无关,探讨的是更为广泛的伦理议题。

我们对这些案例进行了编排,使其包含真实的道德困境,这样读者不会一开始就觉得案例有明确的答案。因此,这些案例应该是教学讨论的好素材。

不过,我们也认为有一点十分重要:这些案例的讨论都应内含着某种特性。我们还认为,教师有效使用案例至关重要。学生往往只是简单地表达他们觉得应该做什么,来处理这些模棱两可的案例。如果其他学生有不同的意见,他们动辄就说,这个问题是无解的,而且每个人都有权坚持他或她自己的看法。我们也发现,第一次使用时,学生常常漏掉案例中许多关键的内容。

因此，鼓励学生阐释他们对案例的初始反应背后的道德原则，并对这些原则进行批判，是至关重要的。这就是参照道德原则对案例进行评判，进而对这些原则进行批判和重构的过程。这个过程是道德反思方法的组成部分，也是学生形成复杂的道德推理能力的路径。

在使用这些案例的过程中，教师如苏格拉底一般，引出学生的反应。同时，教师也要对学生的最初反应进行批判，帮助他们形成更加充分、更为彻底的观点。这本书描述了伦理推理的过程，同时也阐述了如何更为有效地讨论和论证伦理的议题。它为教师提供了一个富有成效的课堂讨论的样例。最后，教师的角色就在于营造一种课堂氛围，使每个人在其中都可以自由地参与批评和争论。

第一章

# 学校管理与伦理思维

## 案　例

黑文小学的校长詹妮特·拉塞尔（Janet Russel）凝望着窗外。这是一个明媚的晚春时节。不远处有一棵树，一对知更鸟筑巢其上。她应该能看见，知更鸟飞进飞出，不时衔着虫儿。她本想从窗边的大好位置，看看是否可以观察到雏鸟。但是，她不得不等等再说。

外面鸟窝里的宁静，反衬出屋内的不安宁。泰勒（Taylor）夫妇仍在喋喋不休，拉塞尔女士只是随便听听。这个星期，她已经听了很多遍，不需要再全神贯注。事实上，每年这个时候，她都会听到这样的话。每年春季，在将下一学年的分班通知给家长后，父母就会出于保护自己孩子微弱优势的某种原始冲动，开始向学校"迁徙"，为他们"幼鸟"的安置焦躁不安，叽叽喳喳。

家长们通常会说："拉塞尔女士，我们知道，您努力把学生与老师匹配起来。往年我们都很感谢您关注到我们孩子的特殊需求。但是今年，我们认为您弄错了。我们比您更了解我们自己的孩子，我们确信，把孩子分在塔金顿（Tarkington）小姐班上会比分在布思（Booth）先生班上更好。如果您调整一下,我们会感激不尽的。"

通常,家长第一次说还是彬彬有礼的。不过,如果你反驳,局面就会变得更为紧张。家长们常会玩小花招,声称他们有身居高位的朋友。让人难以置信的是,学区的董事和督学会有那么多的私交。此外,家长们还有别的招数,如坚持自己的权利,或者指责学校管理者不作为。

问题是,每个家长都是对的。他们的孩子跟着塔金顿小姐的确会比跟着布思先生好。塔金顿小姐是本地的优秀教师。在她的班上,孩子们都能像花儿一样绽放。相比之下,布思先生确实不是很出色。在这个社区,对于两位教师的具体声名,家长们都很清楚。

拉塞尔女士会怎么说呢?她可不会承认,一位教师远比另一位优秀。事实上,校长也不能这么做。她必须支持她的所有员工。对此,家长们是心知肚明的。没有家长进门就说:"我希望我的小孩有个最好的老师。"一般先是委婉地表达。一番周旋之后,直到校长答应会仔细考虑,家长才会离开。

其实,拉塞尔已经仔细考虑过了。显然,她不可能完全按照家长的要求,把他们的孩子放在塔金顿小姐的班上。一个班有35个孩子,另一个班只有15个孩子,这样的安排会引人注意。她也不能把塔金顿小姐班上的孩子转出去,为那些想转进来的孩子腾出位置,那是不公平的。有些家长积极前来为孩子的利益游说,以期使他们的孩子得到优待。不用奇怪,这些都是中产阶级的家长,他们的孩子总是学校里最成功的。满足这些家长的愿望,就是根据社会经济状况进行分班,并从系统的层面将能力最差的学生分给最糟糕的老师。假如可以选择,拉塞尔女士宁愿反过来做。但是,她不得不承认,家长确实有权对他们孩子的教育发表意见。她总是倾听他们的要求,并且只要有可能,她就会满足他们的要求。但是,她认为,在这个案例中,她不应这样做。姑且不论家长是否有这样的权利,这完全是不公平的。

## 本书的目的

拉塞尔女士面临着一个难题：它不仅仅是个管理的问题，也是一个涉及权利与公平冲突的道德困境。是什么决定了某些管理问题是伦理问题？管理者如何才能对道德事务做出可辩护的决定呢？诸如此类的问题，又引发了其他问题：伦理问题与事实问题有何不同？道德或伦理决策是怎样的？伦理推理真有可能吗？我们的道德价值观难道不只是个人选择的问题吗？它们与我们的文化无关吗？对伦理问题的回答可能是客观的吗？如果是，我们又如何确定这类问题呢？

在这本书中，我们将在教育管理的实践语境中讨论这些基本的哲学问题。为此，我们有几个目标。首先，我们希望让你信服，对于教育管理者来说，客观的伦理推理不仅是可能的，而且是重要的。伦理决定不仅仅是个人偏好的问题。如何将学生分给两个能力不同的教师，不同于决定吃冰淇淋还是巧克力蛋糕，只是个品味的问题。相反，我们将向你表明，伦理决策是有可能建立在他人可接受的良好理由的基础上，即便此类决定有违他们的偏好。

我们说客观的伦理推理是可能的，但不意味着，我们可以声称每个道德困境都有唯一正确的答案。伦理情境通常要求我们在错综复杂和晦暗不明的情形中做出艰难的选择。我们很难确定，我们做出的决定就是好的。但与此同时，一个选择常常会好于另一个选择。比如，在前述案例中，拉塞尔女士深信，相较于向家长让步、给予他们选择权，公平分班在道德上更加合理。我们也同意她的观点。我们也深信，为我们的选择提供理由，并根据这些理由做出客观的决定，让那些愿意对我们的证据进行公允判断的人信服我们的观点是正确的，这是可能的。只要我们是虚怀若谷、通情达理的人，我们就必须承认，我们常常会被人说服而改变自己的想法。道德推理都有个道德立场(moral point)。假如我们明白这个道德立场,道德推理就有助于我们做出更加合理、更值得辩护的决定。拉塞尔女士似乎意识到,对她所采取的行动进行道德辩护的重要性。至少当她说"这完全是不公平的",就表明她意识到了这一点。但是,"这完全是不公平的"还算不上是一种辩护。作为专业人员,她需要有能力说明在这个语境下"不公平"意味着什么,并向他人清晰地阐明她的理由。

因此,本书的另一个重要目的是,帮助你学会如何进行伦理的反思和辩护。这并不是说,你对此一无所知。毕竟,人们无时无刻不在进行伦理反思。但是,我们确实认为,我们可以帮助你做得更好一些。我们的任务之一,是促使你对日常管理活动中出现的各种伦理议题更为敏感。这就是本书广泛采用案例的原因之一。我们也深信,我们可以帮助你更为清晰地陈述一些伦理原则和论证,并以此引导你在面临真实情境中的原则冲突时做出自己的决定。最终,我们希望你成为一个更加优秀的管理者。

## 伦理探究的性质

是什么使拉塞尔女士的管理问题变成了一个道德困境?我们会在下一章更为详细地讨论道德议题的特征,但在这里,还是让我们先开个头吧。拉塞尔女士面临的困境具有以下特征。第一,它涉及何为应做的正确(right)之事——不仅仅是最为便利或最不麻烦之事,而是公平或公正之事。道德议题的特征往往体现在某些类型的语言上,常见的有正确、应该(ought)、公正(just)和公平(fair)等之类的词。道德议题关涉到我们对彼此的义务和责任,关涉到什么构成了对彼此的公平或公正待遇,关涉到我们每个人拥有什么样的权利。

第二，拉塞尔女士面临的困境不能借助事实加以解决。在确定道德问题方面，事实是相关的，但不是充分的。拉塞尔女士知道她的选择带来的后果。她知道，如果她满足了这些父母的分班要求，那些父母不强势的孩子和那些学术能力弱的孩子就会毁在那些很糟糕的教师手里。但是，这不能解决她的道德难题。这不能告诉她什么是将学生分配给老师的公平方式，也不能告诉她家长在子女教育方面应该拥有什么样的权利。在这里，事实不足以让她做出决定。她还需要引入某些道德原则——关于公平与权利的原则——才能做出决定。

最后，拉塞尔女士发现自身面临道德困境，是因为她的道德情感出现了冲突。这是一个典型的特征。她从直觉上同时诉诸了两个道德原则，但她并未对其中任何一个有非常清晰的说明。一方面，她诉诸公平原则。将最差的老师分给最弱的学生，是不公平的。另一方面，她也承认父母的权利原则。父母确实对他们子女的教育有发言权。即便不能进一步澄清这些原则，基于这个案例中的事实，两者的冲突是显而易见的。要解决她的困境，拉塞尔女士需要更为清晰地阐明这两个原则及其正当理由。她还需要对两者冲突时何者优先的问题有些看法。

拉塞尔女士面临的困境的特性体现了伦理推理的某些一般特征。将原则应用于案例，是伦理推理的一部分。将道德原则应用于案例，要求我们表明和澄清原则，查明案例中的相关事实。比如，拉塞尔女士诉诸的公平原则，可能是建立在教育机会均等的观念基础上。这可能意味着，孩子们对教育资源的获取，不应该依赖诸如家庭背景、种族或社会经济阶层之类的无关特征。然而，一旦我们理解了这个案例中的事实，就会发现，如果拉塞尔满足了父母对自己孩子教师分配的要求，这些特征就可能是决定性的。中产阶级的孩子就会拥有更好的教师。

为了完成将原则适当地应用于事实这个任务，我们还有必要探究一下原则的正当理由。这是伦理推理的另一方面。为什么我们应该接受教育机会均等的原则？它服务于何种目的？除非我们对它的要义和原理有清晰的认识，否则我们就不可能理解其应用的确切性质。

我们在思考这些问题的过程中,经常会接着追问其他更为复杂的问题:我们应该怎样在相互冲突的伦理原则之间进行抉择?道德证据的性质是什么?我们如何区分道德陈述和非道德陈述(claims)?我们可以根据某种一般的良善生活观,建构一种一般的理论,来对我们的伦理原则进行排序吗?

这些伦理问题之间的差别并不分明,它们似乎很容易相互牵缠。但是,它们确实在以下方面有所不同。其中一类问题(比如如何应用平等机会原则),似乎关涉到我们在特定情境中应该做什么。我们想要知道,在那些情形下,我们于当时当地(here and now)应该怎么做,以及我们为什么应该那样做。我们关注的是在特定语境中道德上正确的选择及其辩护问题。另一类问题(比如如何解决伦理原则之间的冲突)似乎更为一般化。这些问题与我们的道德推理过程本身有关。在这里,我们需要描述我们的辩护过程,需要理解我们何以可能在任何情境中进行富有成效的道德反思。我们更为关注对我们的道德原则和伦理理论的辩护,而不是对具体行动的辩护。我们力图从一般的道德生活视角,定位我们持有的具体的道德原则;这种视角确定了道德原则的秩序,告诉我们在它们冲突的时候如何抉择。

哲学家常常对这些问题进行区分,将前一类问题称为伦理(ethical)问题,将后一类问题称为元伦理(meta-ethical)问题。在后面的章节中,我们不打算再用这些术语,但这两类问题还是会反映在这本书的架构中。在接下来的五章中,你会发现每章都由四个部分组成,有两个部分处理伦理问题,还有两个部分讨论元伦理问题。首先呈现的是一个"案例",就像本章的拉塞尔女士的案例一样,确立伦理困境。接着是一场想象的"争论",以直觉的方式列出案例中涉及的某些伦理问题。这些论争类似于在宿舍或教师休息室中发生的讨论——其时人们感觉到某些事情在道德上存在问题,并对道德上的问题进行论争。再接下来是讨论具体的伦理"概念",这些概念对思考案例中涉及的元伦理问题至关重要。在这些讨论中,我们会探讨诸如自由、平等与正当程序之类原则的意义和辩护。最后在"分析"的部分,我们会对道德推理和道德理论的一般特征进行元伦理学的讨论。为了进一步反思各章讨论的概念,每章的末尾都附有补充的案例和问题。

## 学会道德推理

我们之所以采取这种编排方式,是因为我们深信人们能够学会道德推理。我们采用案例,是因为道德反思过程部分在于学习如何将原则应用于真实的难题。学会思考,部分在于学会借助有用的概念看待这个世界。我们采用争论,是因为我们相信,你的直觉的道德反应,你对对错的感受,你对你感受背后的原则的初步描述,都是道德资料的重要的最初来源。多数的伦理推理,都试图系统而准确地陈述和检验一个人"本能"反应背后的原则。在"概念"部分,我们会讨论一些教育上至关重要的概念,如思想自由和个人自由、平等、正当程序和民主。这些概念意味着什么?为什么我们应该将它们作为引导伦理决策的原则?这些讨论都触及了伦理推理的内容,但也提出了某些元伦理问题。最后,在"分析"的部分,我们提出了许多其他的元伦理问题。这些问题对我们理解伦理推理是如何推进的至关重要。我们提出这些问题,是因为我们作为教师在专业伦理上都有这样的经验:在这些问题变得重要之前,是不可能对伦理问题进行深入讨论的。在我们的课堂中,上课伊始就会遭遇这样的问题:"难道那不是你个人的意见吗?""难道你不是在把你的价值观强加在我们身上吗?"(学生们可能一开课就能想到这些问题)如果我们想要帮助人们建设性地思考伦理问题,我们就必须帮助他们思考诸如此类的元伦理问题。

因此,本书的最终目的是,帮助现在和未来的管理者透彻地思考他们在履职过程中碰到的某些伦理问题,以便他们可以成为更为尽责的伦理型管理者。我们聚焦于管理者在伦理推理中使用的某些主要概念,以及伦理反思的过程本身。人是道德的主体。他们要为自己的选择负责,并有义务以道德上负责的方式进行抉择。因此,人们有能力对他们的选择和行动进行伦理反思,这是很重要的。当个体对他人的生活拥有权力和影响的时候,这一点尤其重要。而我们能想到的最重要的领域莫过于学校管理了。

(程亮译,袁文辉校)

第二章

# 思想自由

## 案 例

萨顿高中的校长保罗·罗宾逊(Paul Robinson)坐在学区督学办公室的座位上,他知道上司马上就要批评他了。督学希金斯(Higgins)博士手里拿着一份晨报,他把报纸折了起来,有意露出了"读者来信"专栏。保罗边吃早饭边读报时就已经知道,那个阴魂不散的读者又"杀"回来了。

至少今天,他希望伊莉莎·菲茨杰拉德(Eliza Fitzgerald)女士只是个幽灵,但她切切实实地存在着。她手不辍笔,经常向该地区的好公民们报告当地学校的管理人员和教师们的所谓缺点。去年,她披露的是运动队的学习问题。在她看来,学生运动员的分数是考试放水混来的,从而保证他们可以参赛。前年则是初中的英语课程。为什么?她一直在想,她到底为什么在高一新生刚入学时,得不停地纠正他们的写作毛病呢?要是初中教师也像她那样能干就好了。

毋庸讳言,她在初中部并不是一个特别受欢迎的人。她的评论通常都道出了真相,这或许会招致怨恨。菲茨杰拉德女士不仅是该学区最引人注目的人物,而且是该学区一流的英语老师。在她的学生中,有几位报纸编辑和一位获奖小说家。她的学生们在班级聚会时会花大量时间详述她的轶事。她可以说是一个传奇人物了。学生们把她的训斥和她给的不及格分(D-grades)当成紫心勋章。当学生们写作时语不成句或胡乱分段时,菲茨杰拉德女士就会加以讽刺羞辱,学生们对此却感到自豪。他们知道她很关心他们。

今年,她决定搞点大事。学区正在与教师就新合同进行谈判,此时谈判正处于关键、敏感的阶段,管理人员与教师之间的关系也变得紧张起来。教师们已经发起怠工抗议——只履行合同的最低要求。作为回应,管理人员更加严格地执行教师所须遵循的规章制度。教师必须准时出勤,也不敢早退。课程计划被仔细地检查并被频繁退回修改。结果是,学校管理层注重各种技术性细节(technicalities),而教师们则动辄投诉(litigiousness)。

菲茨杰拉德女士感到心烦意乱,因为这种紧张的氛围影响了"她的"学生的教育,有损"她的"学校的福祉。她随即如掷手榴弹似地给当地报纸写了封公开信,希望她的批评能如四散的弹片般波及翻阅报纸的每一位读者。她尤其关注督学希金斯博士和教师工会代表特维斯特(Twist)先生。她将前者比作贪婪冷血的犹太商人夏洛克(Shylock),把后者比作一心敛财的织工西拉斯·马南(Silas Marner)。至于其他没被文学典故点名的人,她斩钉截铁地指摘他们贪财,她认为这恰是这个学区的罪恶之源。教师和管理人员出卖了他们作为教育工作者的天赋权利,为眼前小利而争吵不休。

希金斯博士也许已经对自己被比作夏洛克不以为意了。其实,他对谁是夏洛克只有个模糊的概念。他非常希望谈判能够成功,但他最担心的是菲茨杰拉德女士的信会使谈判陷入更加困难的境地。不过,在希金斯博士看来,菲茨杰拉德女士在公开信中提及一个广为传播的有关谈判的谣言,这反而使她有所失据。她帮助传播了这样一种说法,即该学区坚持要求在合同中规定绩效工资。当然,希金斯博士曾和一些社区群体讨论过绩效工资,但其实那是他为确保工会更加配合而采用的一个策略。事实上,学区并没有向工会提出这样的建议。因此,菲茨杰拉德女士因一个错误而毁掉了她做事从不出错的传奇声誉。

希金斯博士气得脸色铁青。他提了一个简单的建议:罗宾逊先生须让菲茨杰拉德女士闭嘴。她若再就这个话题发表公开信,将被视为不服从学区的规定,并将受到相应的处理。

保罗对向菲茨杰拉德女士转达这话持严肃的保留意见。因为这只会让她反应更激烈,而且他相当怀疑最终会是谁来对付谁。贬低菲茨杰拉德女士是无济于事的。此外,保罗隐约记得大学时学过,言论自由和新闻自由等观念在社会中很重要。他怀疑学区雇佣的律师最近因没收到钱而尸位素餐。但是希金斯博士并没有心情讲道理,他要菲茨杰拉德女士保持沉默,而且她不能说"不"。于是,保罗顶着希金斯博士的批评,狼狈起身返回他的办公室。他打算把菲茨杰拉德女士叫到校长办公室,不过他并不觉得自己能让菲茨杰拉德女士不摔门而出。

## 争 论

甲:人们可以在任何情况下发表自己的观点,这是人们的一项权利,一项基本权利。这就是我们社会所谓的言论自由。

乙:不是这样的。你不能对人们公开造谣、恶意中伤,那是诽谤罪。在美国,你不能鼓吹暴力推翻政府,那是煽动罪。即使在民主社会,言论自由也必须受到一定限制。

甲:哦,我不是那个意思。我的意思是,即使权威人士不同意你的意见,你也可以自由发表意见。

乙:但是如果你的观点是错误的、包含谎言的或者完全愚蠢的呢?

甲：由谁来评判？这是重点。在一个自由的社会里，意见和想法不能被审查或压制。我们必须假设，只有当众多思想自由竞争时，真理才能最终胜出。

乙：理论上听起来不错，但是如果你的个人观点会损害他人的利益呢？

甲：意见怎么会伤人？真是可笑！

乙：不是的。试想你是权威人士，比如警察或教师。假设在你看来，来自某个特定种族的人是愚蠢的、狡猾的、不诚实的，别告诉我你不会区别对待他们！

甲：当然，可能会，但仅仅说他们"愚蠢的、狡猾的、不诚实的"并没有害处。只有当你按照自己的信念行事时，它才是有害的。重要的是要看到，我们谈论的是言论自由，不是行动。行为可能是有害的，而言语不会。

乙：我不确定对别人仅仅说那种话是否无害。如果我是警察局长或学校负责人，我会制定一条规则，禁止我的员工们对任何种族使用侮辱性语言，你说呢？

甲：不。从来没有一个充分的理由能限制言论自由。

乙：那么诽谤罪和煽动罪呢？

## 概念：言论自由

希金斯博士和罗宾逊先生准备挑战菲茨杰拉德女士向公众表达自己对学区事务看法的权利。希金斯博士认为自己有充分的理由这样做，即为了让学区与工会之间的谈判能够顺利进行，这是必要的。他这样做是为了学区的利益。谈判越早结束，每个人就能越早回到学校的管理和教学中去。这对每个人都有利。

但这果真对每个人都有利吗？有充分的理由对菲茨杰拉德女士以纪律处分相胁，以让她不再写一封公开信吗？这是一个属于思想自由的议题。在一个自由的社会里，人们本应该有持有自己观点和表达自己观点的自由。但是，为什么他们应该有这种权利？一个人表达自己观点的权利受到哪些限制？

区分持有意见的权利和表达意见的权利很重要。一般来说，我们可以假设每个人拥有相信自己想要相信的理念的绝对权利。没有人有权利指示我们可以相信什么。部分原因是，信念本身不会对持有这些信念以外的人们造成影响，只要人们不表达出来或付诸行动。但是，言说或写作就是行为，所以基于我们信念的行动可能会对他人的福祉产生影响。因此，践行我们意见和信念的自由不可能是绝对的。我们必须探究它的限度。

请注意，在这些评论中，我们已经做了一些重要的伦理假设。我们假设人们有权成为自己信念的创造者。为何这样假设？我们还假设，一个人的行动只有在损害他人利益的情况下才会受到规制。这是正确的吗？我们又为何要相信它？

某些言论的危害性似乎可以成为限制言论自由的一个原因。最高法院法官奥利弗·温德尔·霍姆斯（Oliver Wendell Holmes）写道，言论自由的权利并不意味着人们有权在一个挤满人的剧院里大喊"着火了"。因此，如果表达某些意见的直接后果是危及他人的生命和财产，那么就有适当理由来禁止这样的言论了。这种做法应该是合理的。

另一方面，因思想表达可能会产生一些危害而加以限制，这对于言论自由和新闻自由的价值观来说相当危险。通常，人们认为那些持不同观点的人是危险且有害的。确实，有些思想是危险且有害的，譬如那种认为某些种族或某些宗教信徒天生低人一等的信念已经并且还将继续给人类制造许多痛苦。但是，如果我们仅仅因为想法可能有害就希望压制它们，那么我们将对言论自由造成极大的损害。政客们常常认为他们对手的观点是危险且有害的，如果把潜在的伤害或危险作为压制言论的一个充分理由，那么关于公共政策问题的自由公开的辩论将很快消失。在案例中，希金斯博士认为菲茨杰拉德女士的信会危及谈判。如果这理由足以压制菲茨杰拉德女士在教育政策上表达观点的权利，我们其实便不需要通过进一步探究来评判案例中的是非了。菲茨杰拉德女士确实已经危及敏感的谈判,她的信可能会使学校里令人不快的紧张局势持续下去,并且危及教育过程。但我们还需要知道什么?

我们希望你能赞同这一点,即我们确实需要知道更多。一种想法是有害的,或者有人认为它是有害的,这并不足以成为禁止它表达的理由。如果我们不这样认为,我们最终将排除掉对许多议题的自由讨论,尤其是那些最重要的议题。

为何我们应当如此重视言论自由?它的意义和辩护理由是什么?为了回答这些问题,我们应该重温约翰·斯图亚特·密尔(John Stuart Mill)在《论自由》中关于自由的经典论述:

> 第一,如果任何意见被迫保持沉默,那么至少我们可以肯定的是,这个意见有可能是正确的。否认这一点,就是假定我们自己是绝对正确的。
>
> 第二,尽管被迫沉默的意见可能是错误的,它也有可能而且通常包含部分真理;由于对任何论题的一般舆论或普遍意见很少或者从来就不是全部真理,所以只有在相反意见的碰撞下,真理的其余部分才有可能得到补充。
>
> 第三,即使公认的意见不仅正确而且是全部真理,除非让它遭受且实际上经受了严格而认真的争议,否则大多数接受它的人就只是像抱持一个偏见那样,很难领会它的理性根据。
>
> 不仅如此,第四,教条本身的意义也会有丧失或减弱的危险,失去其对品格和行为的实质影响;教条变成了仅仅在形式上宣称的东西,而对于善是无效力的,妨碍人们去寻找根据,并阻碍了来自理性和个人经验的任何真实的、发自内心的信念的增长。(Mill, 1859/1956, p.64)

在这里,密尔为我们提供了支持言论自由的更有力的论据。言论自由是探索和发现真理的条件。如果不允许我们的想法受到挑战，就永远不能提炼或改进我们的想法，因为思想会在辩论中得到检验，批评和辩论是找到真理的最佳过程。不仅如此，如果我们所持的观点不受质疑，那么我们将很快忘记自己为什么持有这些观点，最终忘记它们的全部含义。因此，未经检验的思想会退化为陈词滥调，不再对行动产生影响。

我们可以根据密尔的论点来思考菲茨杰拉德女士的案例。在我们的社会，教育政策是用民主的方式制定的。制定大多数教育政策的学校董事会和州议员是由选举产生的。在缺少信息的情况下，选民如何才能对教育政策问题进行明智的投票？如果不对教育议题展开辩论，那么他们如何才能提高对教育政策问题的认识呢？此外，在教育议题上，谁比教师更适合向公众提供信息？据此，我们可以说，菲茨杰拉德女士履行了一项公共服务，她向公众就与他们利益相关的事务提供她的看法。她就一个重要问题发起了辩论和讨论。公众难道不会因为她而变得更加明智，并且对这些议题形成更合理的看法吗？她仅仅履践了密尔所极力主张的自由、公开辩论的过程，并产生了密尔所预期的结果。

因此，保护言论自由权利的一个原因是，批评和辩论是滋养合理性（rationality）的条件。它们扩大了存储已经受检验的思想的公共空间，提高了公共决策的合理性。没有言论自由，我们就没法做出充分有效的决策。

重视言论自由的第二个原因在于促进个人的发展。有关这一点，密尔也做过有力辩护：

> 凡是听凭世界或者自己那部分狭隘的世界代替自己选定生活计划的人，除了需要猿猴般的模仿力外便不需要任何其他能力。而一个由自己来规划生活的人，就要使用他的全部能力了。他必须使用观察力去看，使用理智和判断力去预测，使用活动力去搜集决策所需的各项材料，还要使用毅力和自

制力去坚持自己深思熟虑的决定。他所需要和运用的特性,完全是按照他习惯于根据自己的判断和情感所决定的那部分行动而相应发展起来的。(Mill, 1859/1956, pp. 71-72)

个人的发展需要自由。参与进行思想评价的反思、论证等过程,不仅能完善思想,而且提升了参与者的智识水平。因此,菲茨杰拉德女士不仅让公众获知了一个重要议题,而且通过激起一场辩论,为参与者的能力发展作出了贡献。或许希金斯博士现在并没有因为菲茨杰拉德女士的信而感到自身有多大改善。但当某天尘埃落定时,他可能会愿意承认,菲茨杰拉德女士帮助他看到了他的行动是如何影响学生,并由此成为一名更好的管理者的。

言论自由有助于提炼思想、有效决策以及发展个体。这些就是我们重视言论自由的理由吗?不言而喻,更好的思想、更明智的决策以及个人发展都是有其价值的。此外,我们可以通过进一步探索支持这些价值的理由,来增强理解言论自由的存在理由。那么,为什么我们应该重视更好的思想、更明智的决策以及个人发展呢?

一种回应是,我们应该重视这些特质,因为它们有助于实现社会及其成员的整体利益。如果社会或个人评价思想、做出更好决策和促进发展的能力增强,我们都将获得更好的结果。人们会做出更明智的决策,更多人会得到他们想要的,最终我们都会更加快乐。可见,言论自由和新闻自由最终是有价值的,因为它们会帮助人们获得幸福,获得快乐。

另一种回应可能是,这里的终极价值不是实现幸福,而是个体道德能动性(moral agency)的实现。人类是自由的道德主体,这不仅意味着他们有能力自己做决定,而且有责任这样做。当人们对自己的选择负责时,他们就有责任做出明智的选择。

比如我作为一个道德主体(moral agent),有义务做出负责任的选择,那么那些使我能够做出明智选择的资源就对我有利。其他人作为道德主体,同样能够从中获利。我们必须尊重彼此的道德主体地位,因此,我们每个主体都必须尊重这种资源带来的利益。这意味着我和其他人都有权利去获得必要的信息,也意味着我有权利期望可以自由地与他人讨论自己的想法,或自由地从与他人的讨论和辩论中获益。如果我要做出相对更明智的选择,那么就需要能够获得的、最好的想法和信息。如果言论自由、新闻自由和信息自由对于启发我的思想很重要,那么作为一个道德主体,我有权利获得这些自由。最终,我有权利获得使我能够从相互争鸣的观点中进行评价和选择的条件。其中一个条件就是自由而公开的思想辩论,另一个条件是教授这种评价技能的教育。

根据这个观点,我们可以说,菲茨杰拉德女士所做的已经是在为她所在地区的选民服务了。选民们终将做出负责任的选择,决定他们在学校董事会选举中支持什么人或拥护什么政策。菲茨杰拉德女士帮助他们更加负责地履行公民义务。

这两种观点都颇令人信服地支持了言论自由、新闻自由和信息自由等制度。第一种观点强调这些制度的社会效用(social utility);第二种观点强调当个体面临做出负责任选择的道德要求时,这些制度是多么重要。菲茨杰拉德女士的所作所为可能同时满足了这两个方面。

那么上述种种观点足以维护菲茨杰拉德女士的所作所为吗?我们是否应该得出结论:她有权利或应该有权利给编辑写信,而希金斯博士或罗宾逊先生阻止她的企图则是不合适的?此时做出这样的结论还为时过早。我们还必须考虑是否有其他权利或利益与菲茨杰拉德女士写公开信的自由相冲突。

希金斯博士肯定会申辩,菲茨杰拉德女士行使新闻自由的权利与一项重要的权利(即学生受教育权)相冲突。学区与教师工会之间的敏感谈判正在进行中,菲茨杰拉德女士的公开信可能对谈判产生不利影响。如果谈判失败,教师罢工,那么学生的受教育权不就受影响了吗？这难道不是限制菲茨杰拉德女士过激的写作方式(literary excesses)的充分理由吗？此外，她的信中有一些事实错误。新闻自由的权利包括犯错的权利吗？能容许菲茨杰拉德女士因其错误而危及谈判吗？我们不打算深入考虑这些问题，但我们对此确实有两种看法。

第一，我们认为一般而言，权利不是绝对的。它们常常会与其他权利或其他重要利益相冲突。在这种情况下，菲茨杰拉德女士的想法和信很可能对谈判产生不利后果。如果谈判不力，行政人员和教师之间的关系持续紧张，那么该地区儿童的受教育权利可能会受到侵犯。因此，我们必须解决如何在思想自由的权利与其他权利和利益之间进行权衡的问题。

第二，我们也必须坚持，思想自由是我们社会中最重要的权利之一。我们在上文中已经陈述了有关的基本观点。思想自由为社会效用和个体责任提供了重要考虑因素。因此，如果有其他考虑因素可以与之抗衡，并且足以压倒言论自由或新闻自由，这些因素必定是非常重要的。那么，是否存在如此重要的考虑因素，从而必须压制菲茨杰拉德女士呢？

## 分析：伦理决策

教育管理人员是做什么的？如何描述他们的角色？显然，这些问题没有统一的答案。管理者是决策者，是领导者，是组织者。他们促进了全体教职员工的工作。他们编制预算，聘用和评价教师，分配资源，并且与学生、家长、学校董事会打交道。

这些管理任务中，有许多(或许全部)会涉及伦理方面的内容。如果说管理人员是领导者或决策者，那么我们就要问，有关决策是否是公平地或者民主地制定出来的。如果说管理人员分配资源，那他们就必须公正而平等地进行分配。如果说他们评价教师，那评价工作就必须做得公平合理而且人道。如果说他们训导（discipline）学生，那他们所采取的惩罚措施就必须是正当的。注意这些词：公正的、公平的、平等的、人道的，它们似乎意味着伦理是管理工作的一部分。那些在决策中被视为不公平、不公正、不人道或朝令夕改的管理者，通常会给自己的工作带来很多麻烦。的确，根据我们的经验，不公正的管理者和无能的管理者一样容易失败。有失公允的管理者很快就会面对怀有敌意的教师们和恼怒的社区成员。伦理是管理工作的一部分，事实上是一个实质性的组成部分。管理者处理公平、平等、公正和民主的问题，就像处理考试成绩、教师工资、家长和预算的问题一样重要。

既然如此，那么很少有大学开设管理伦理课程就令人惊讶了。如果伦理是管理工作的一部分，那么为什么伦理决策不是学校管理者培训的一部分？对这个问题的一个回答可能是，管理是一门科学，因而不应该处理价值问题。就决策而言，有一种观点认为，我们行动的最佳指南是经过充分论证并能将行动与其结果联系起来的科学研究。董事会和公众决定目的，教育者决定达成预期目的的手段。科学告诉我们，什么样的决策和行动将产生他人认为可取的政策与目标。这似乎是许多主流教科书所假定的管理观。

上述观点或许是对的。然而，即便管理科学确实存在，似乎也是不够的。多少次科学探究能告诉我们一项评价是否公平合理，一项决策是否民主，或者某种资源分配是否平等？这仍属未知。事实上，有时候我们能够知道自己的行为会带来什么结果，却不知道行为本身是否正确。道德问题悬而未决。我们既要做管理判断，也要做道德判断。

但是，道德判断是价值判断！我们怎样才能学会正确地做价值判断呢？"这是一种价值判断"，这句话经常被用来中断交谈。言下之意，似乎所讨论的问题没有对错，只是一个关乎意见（opinion）的问题。一切都取决于我们的品味和感受，因而没有必要进一步去讨论。价值议题不可能有理性的解决方案。

如果上述观点确实存在，那就能解释为什么伦理理论不是管理研究的一部分了。有人认为，对于管理学，伦理学没有什么可学习的，也就是说，伦理学中没有和管理学相关的知识。伦理学只是关于人们碰巧感觉如何或碰巧相信何为对错的学科，没有什么是需要学习和掌握的。当然，我们可以科学地研究人们的对错观，这可能会帮助我们更有效地处理那些观念，但不存在合适的探究方法来确定伦理观点或伦理决策是否正确。

真是这样吗？这本书的目的之一就是说服你相信事实并非如此。我们认为，产生上述误解的原因部分在于人们过于草率地使用诸如"价值判断"此类术语。如果仅仅考虑个人或群体偏好，道德主张并不是价值判断，这将在下一章讨论。在本章的"概念"一节中，我们似乎完全有能力为道德主张提出客观的、令人信服的理由。我们认为，为了增进社会福祉，人们作为道德主体应该享有思想自由的权利。如果你接受这一基本论点，那么人们就有权利持有自己的意见和信仰，也有权利发表或公开这些意见和信仰。言论自由和新闻自由增进了公共福利和个体责任。此外，我们还建议，这些权利可能需要与其他权利和利益相平衡。

所有这些主张都是道德主张，我们进而为它们进行了辩护。我们必须申明的这一切或许并没有说服你，但我们愿意相信，我们是在辩护我们的道德主张，而不是仅仅表达了自己的偏好或信念，你们应该不会对这一事实感到奇怪或觉得不对。在现实世界中，即便不做哲学思维练习，大家也总能进行令人信服的道德讨论。我们提出并聆听关于何为对错的观点，却不会怀疑这些观点只是取决于个人喜好的"价值判断"。

这提示了一种策略。我们在此提出一个将在本书其余部分进行检验的暂定假设（working hypothesis）：道德争论和道德讨论在我们的生活和制度中都有效。

即是说，我们初步主张，通过听取论据和权衡证据，我们有时可以判断某些行为是正确的而另一些行为是错误的。在其他并不那么泾渭分明的情况下，我们仍然能决定某些选择在道德上优于其他选择。如果我们接受这一假设，即道德对话（discourse）在达成伦理决策时确有效用，那么我们就可以转而专注于如何能够成功地互相讨论道德问题。如果我们能够合理解释我们实际上如何进行有意义的道德讨论，或许我们的谈话就不会因一句"这是一种价值判断"而停止。

我们更仔细地来看看关于菲茨杰拉德女士言论自由权利的讨论。我们是如何为这项权利辩护的呢？我们借助了两种不同的道德原则。一方面，我们诉诸公共利益的好处。我们认为，言论自由有助于人们做出更好的决策，所有人都因此变得更好。另一方面，我们诉诸个体责任的道德原则。我们认为，由于人们是道德主体并对自己的选择负有责任，他们有权期望那些提供负责任选择机会的条件得到满足。我们提出，知情权（right to information）就是这样的条件之一。反过来，这些论点又假定了两个更基本的道德观念，即利益最大化原则和平等尊重原则。

## 利益最大化原则

利益最大化原则认为，当我们面临一个选择时，最好且最公正的决策是为大多数人带来最大好处或最大利益的决策。因此，该原则通过审察结果来判断我们行为的道德性。它表明，最好的行动是能带来最好的整体效果的行动。它并没有直接告诉我们何为利益、何为好处。这需要额外的反思。它仅仅表明，一旦我们知道好处是什么，那么最好的决策就是达成最多好的结果的决策。例如，如果带来快乐被认为是一种基本的好处，那么根据利益最大化原则，我们就应该做出相应的决策，并从事那些为最大多数人带来最大快乐的行动。你可能听说过，这个版本的利益最大化原则被称为"功利主义"。

**平等尊重原则**

平等尊重原则要求我们以尊重道德主体的平等价值的方式行事，要求我们认为人类具有内在价值，并相应地对待他们。这个思想的精髓体现在黄金法则（the Golden Rule）中。我们有责任按照我们所期望他人对待我们的方式，去同样地对待他们。该原则包含三个具体观点：

第一，平等尊重原则要求我们把人当作目的而不是手段。这意味着我们可能不会把他人仅仅当作促进我们自己的目标的手段。我们也必须尊重他们的目标。我们不能把他人当作事物（things），甚至仅仅是物品（objects），认为他人的价值只在于为我们的幸福作出贡献。我们也必须考虑他们的幸福。他人不能被视为仅仅服务于我们目的的工具。

第二，当我们探讨把人当作目的而不是手段的含义时，我们必须围绕着人是自由和理性的道德主体这一事实来展开。这意味着，我们首先必须尊重他们选择的自由。即使我们不同意，也必须尊重他们的选择。此外，这意味着我们必须高度重视创造条件，使人们能够负责任地做出决定。关键在于，人们要拥有信息和教育，从而能够以负责任的方式履行自由的道德主体的职责。

第三，无论人们如何不同，作为道德主体，他们都具有同等价值。这并不意味着我们必须认定人们具有同等的能力或潜力，也不意味着我们在决定如何对待他人时否认人们之间存在相对的差别。例如，因为一个人比另一个人工作更努力、贡献更大，就付给他比另一个人更多的工资，这并不违反平等尊重原则。当我们说人作为道德主体具有同等价值时，我们是指人们享有同等的基本权利，并且他们的利益有着平等的价值。每个人，无论其天赋如何，都有权享有平等的机会。在民主选举中，每个人都享有一票表决权，并且每张选票的价值应该与其他选票相同。没有人有权把自己的幸福看得比别人的幸福更重要。作为人类的一员，每一个人都应被等量齐观。

## 结　论

我们希望你能注意到关于利益最大化原则和平等尊重原则的一些重要观点。首先,我们假定这两条原则都(以某种形式)作为本书每个读者道德概念的一部分。这两条原则是每个人进行道德争论时早晚都会求助的基本道德原则。我们以你们可能觉得新颖的方式来表述这两条原则,但其思想本身你们已经熟悉。它们构成了我们共同的伦理理解的一部分。在为言论自由辩护时,我们用到了这两条原则。我们认为,言论自由会带来更多的知识和更明智的决策,而这样的决策会让每个人都变得更好。我们还认为,作为负责任的道德主体,人们享有获得那些帮助他们做出更明智决策的资源的权利,这便需要平等尊重原则。上述两条原则都在争论中得到了应用。这两条原则或者单独或者一起,在大多数道德争论中都会出现,它们是我们日常伦理思考的一部分。

其次,这两条原则相互依赖。任一原则都不能单独解决问题。平等尊重原则要求我们重视他人的福祉,亦即我们必须将对象的福祉视为与我们自己的和其他人的同等重要。但重视我们自己和他人的福祉,就意味着要考虑利益,实际上就是要关注利益的最大化。我们希望人们都尽可能地生活幸福。

反之,利益最大化原则的前提是平等尊重原则。毕竟,为什么我们必须重视他人的福祉?为什么不坚持只有我们的幸福才重要,或者我们的幸福比他人的幸福更重要?对这些问题的回答将很快使我们确认,人在价值上是平等的,因而每个人的幸福都应该得到平等的重视。因此,这两条原则互相交织在一起。

第三,这两条原则也可能互相冲突。有时候,如果我们要遵循利益最大化原则的逻辑,我们就必须违反平等尊重原则,反之亦然。例如,假设希金斯博士是正确的,菲茨杰拉德女士之后的来信实际上会破坏谈判,损害该地区儿童的教育。因此,利益最大化原则可能会使我们得出这样的结论:为了所有人的利益,菲茨杰拉德女士应该保持沉默。但是,如果我们要把她作为一个人来尊重,就必须尊重她发表观点的权利,即使她可能会危及谈判。否则,那就等于把她当作一种手段来对待,其目的只是为了他人的福利。

因此,即使我们不得不赋予每条原则应有的地位,有时也必须决定哪一原则优先。为此,我们不仅需要了解它们之间的关联,还需要了解它们之间的差异。利益最大化原则与平等尊重原则的区别之一在于它们如何看待结果。就利益最大化原则而言,最重要的是结果。在选择行动方案时,唯一考虑的因素是哪种行动会产生最好的结果。但对于平等尊重原则而言,结果并不总是决定性的。具有决定性作用的是,我们的行动所涉及的个体的尊严和价值。我们被要求尊重人们的权利,即使在这样做的过程中,我们会选择一种比其他可能的行动产生更少利益的处理方式。因此,利益最大化原则和平等尊重原则之间的冲突通常可归结为一个关键问题:什么时候可以允许为了产生更好的结果而侵犯一个人的权利?

通常,哲学家们将利益最大化原则主导的伦理观点称为后果论(consequentialist theories)。这种理论完全依靠后果来判断一种行动是否道德。相反,非后果论(nonconsequentialist theories)认为,后果不是决定性的。非后果论者并非无视后果,但对于以平等尊重为基本原则的非后果论者来说,使一种行动成为一种道德行动的关键是,所采取的行动首先要考虑人的价值和尊严。有时,这将导致一个非后果论者更倾向于采取一种尊重个人权利的行动,而不是产生最佳结果的行动。

在接下来的章节中,我们将会说明,后果论者和非后果论者可能如何思考、解决管理中的各种伦理问题。我们认为,在上述两种观点之间难以取舍,这存在于管理者所面临的各种伦理困境之中。我们还认为,理解它们将帮助你更好地诊断道德困境,做出更好的伦理决策。

## 补充案例

### 同等的时间?

增税在当时似乎是个好主意,但现在萨姆·特纳(Sam Tumer)博士已经不那么肯定了。他不得不承认东塞勒姆纳税人协会(East Salem Taxpayer's Association)的福斯特(Foster)先生占点理儿。也许学校董事会的宣传册已成为一份政治声明。但他不明白为什么学区要给福斯特先生的反增税团体"同等的时间",这样做很可能会导致预算投票失败。为什么他要帮助一个反对派团体,让东塞勒姆学校得不到急需的改善呢?在他看来,作为该学区的督学,他的工作是改善孩子们的教育,而不是让情况变得更糟。

这场居民与学区间(town-gown)最新的摩擦,与东塞勒姆学区的很多其他问题一样,都涉及钱。东塞勒姆是一个相对贫穷的学区,由于州政府最近削减了资金,情况变得更糟。学区不得不尽其所能,为学生提供合格的教育。其中的一部分努力就是要说服该学区的纳税人,增加本来就已经很高的税率。如果学校要提供说得过去的计算机教育,要给老师们涨早就该涨的薪水,要开设新的数学课程,那么就都需要钱。萨姆·特纳已经竭力说服持怀疑态度的董事会,向学区内的选民提议增加14%的税收,作为上述项目的经费,并支付其常规项目不断攀升的费用。

董事会同意了萨姆的提案,但有几个成员对这个增税计划疑虑重重。他们认为,在东塞勒姆,有关预算问题的投票结果总是不太稳定,而且情况似乎愈演愈烈。去年,选民以历年来最微弱的优势通过了预算。但从那以后,镇上一家较大的制造厂关闭了,导致失业率增加。现在似乎不是大幅提高税收的好时机。一名董事会成员认为,他们可能会面临一场重大的抗税行动——这场行动不仅会挫败那些教育新举措,还会使它们明年更难获得批准。这也可能给未来所有改善学区项目的尝试带来严重困难。她还指出,目前社区反对改善办学和增加税收的做法基本上是没有组织的,而增税14%足以加速引发一股持久、有组织并强有力的反对浪潮。尽管如此,萨姆还是说服了董事会,使增税方案得以宣布。

萨姆还说服董事会,需要持续地采取措施,让选民知道增税是明智之举。措施之一就是,萨姆写了一本措辞严谨的宣传册,描述了该学区将如何使用这笔钱,以及学生因此将获得的好处。例如,他在手册中写道,目前该学区只有极少数学生有机会使用电脑,而新计算机教育项目将使每个中学生都有机会拥有计算机素养(computer literacy)——这在当今世界可是一项基本技能。他还提醒大家注意,东塞勒姆学区的员工工资在该地区是最低的,学区不能指望以目前的工资吸引到有能力的教职员工。学区出钱印刷了这本宣传册,并寄给了镇上的每一位选民。

两周后,福斯特先生出现在萨姆的办公室里。他说他是新成立的东塞勒姆纳税人协会的会长。他解释说,成立该协会旨在监督纳税人的钱是如何使用的,并向社区居民通报是否存在低效、浪费和滥用的现象。为了达到这个目的,协会也准备了一本宣传册。福斯特把这本宣传册给了萨姆,要求萨姆把宣传册进行印刷并邮寄给东塞勒姆的每一位选民,费用则由学区承担。

协会的作品令萨姆印象深刻。写这本小册子的人做得很出色。宣传册编撰得当,事实确凿,观点有力,措辞打动人心,只除了几处例外。它很可能会让许多人信服,而且,它完全是在逐条驳斥萨姆的增税主张。

例如，它同意东塞勒姆教师的工资低于周边学区。然而它也指出，学生在校学习时间比其他学区短，整个学年也少了 5 天，而且教职员工的一些附加福利也更丰富。这本小册子认为，当把这些因素考虑在内时，东塞勒姆教师的处境并没有那么糟糕。

此外，这本小册子还强调了这样一个事实：先不说邻近学区的同行的工资，与社区居民相比，东塞勒姆教师的生活水平是很高的。教师的平均年收入接近 3.6 万美元，比其他居民的平均年收入整整高出 1 万美元——并且他们的收入是按 10 个月而不是 12 个月的工作计算的。宣传册上问道：为什么教师应该生活惬意，却要牺牲那些努力工作、不想依赖社会救济的人？萨姆不得不承认，不管这种比较是否正确，它很可能会对选民产生巨大的影响。

这本宣传册还嘲笑了每个学生都应该精通电脑的想法。它说，随着计算机在工作场所的普及，大多数工作对计算机技能的要求越来越低，而不是越来越高。它还说到目前为止，这些机器最常被用在超市里：收银员把顾客买的东西划过扫描仪就行了。今天，商店职员甚至不需要知道如何操作收银机，更不用说编写计算机程序了。计算机素养只是最新的教育潮流，而且成本高昂。这本册子继续引用一些教育研究的数据，试图说明已有成千上万台电脑在全国各地的学区里积灰。东塞勒姆的居民也要为类似的情况买单吗？萨姆不确定，但他怀疑宣传册的作者可能恰好掌握了有关这一点的所有事实。

但萨姆确定，至少在某些方面，该册子列举的事实是错误的。例如宣传册上说，一位地区行政官员用纳税人的钱支付旅行费用主要是为了消遣。上面还说，学校成本如此之高的一个原因是，该学区的师生比远低于该州其他学区的标准。同时，它断言，学区在前一年损失了近 1.5 万美元的州资金，只是因为督学错过了州规定的申请时限。萨姆知道自己可以证明这些说法是完全错误的。

最后，宣传册吹响了战斗的号角。所有纳税人都被邀请参加在高中礼堂举行的公开会议,以分享他们的忧虑,组织起来反对即将到来的预算投票,并推举协会官员候选人。("这真是令人无语,"萨姆想,"他们要利用学校的设施来帮助他们反对好的教育!")

然而,不管宣传册上的事实是否全部正确,萨姆知道印刷和邮寄这本册子对即将到来的预算投票会产生灾难性的影响。它肯定会影响很多人,让他们投反对票。考虑到投票结果可能很接近,小册子只要影响一些人就可以了。或许更糟的是,发布这本宣传册肯定会使学校董事会成员的最坏的担忧成为现实。该学区会帮助建立一个永久的、有组织的、强大的针对东塞勒姆学区优质教育的反对派,并使之合法化。将来,无论预算案如何有价值,如何节俭有度,要想获得批准都将更加困难。萨姆根本不确定他是否想参与其中。

也许最好的办法就是告诉福斯特先生:"谢谢,但不行。"东塞勒姆纳税人协会得自己承担宣传费用。

**思考题**

1. 我们说过,在一个自由的社会,人们有权利表达自己的观点。这是否意味着政府官员有义务帮助他们这样做?萨姆·特纳有义务使用学校的资金来帮助东塞勒姆纳税人协会吗?

2. 人们常说,当政治利益受到威胁时,学校必须保持中立。即是说,如果学校提供了一方的论点,那么它也应该提供另一方的。然而,当危及的政治利益本质上是教育利益时,它还必须保持中立吗?

3. 如果特纳博士同意出版这本小册子,他是否有权要求纠正小册子中的事实错误?这难道不等于审查吗?

4. 当意见会伤害他人时,表达意见的权利是否会受到限制?在这个案例中是这样吗?假设现在东塞勒姆学区除非提高工资,否则无法吸引好教师,并且孩子们实际上因此受到伤害,那么这个事实足以成为拒绝出版这本小册子的理由吗?

5. 如果你是萨姆,你会怎么做?你如何合理解释你的决定?你的论点是后果主义的还是非后果主义的?

## 两只黑天鹅

苏珊·罗斯米勒(Susan Rossmiller)被史蒂夫(Steve)的问题吓了一跳。在九年级的健康课上,史蒂夫是最聪明的孩子之一,经常提一些尖锐的问题。但在这个问题上,他已经超越了他自己的理解能力。她必须仔细考虑她对史蒂夫问题的回答。

这门课研究的是人类的性行为。这通常是一个敏感的话题,尤其是在科林斯(Corinth)。该社区的人们对许多问题都持相当保守的观点,性就是其中之一。事实上,将这一单元引入健康课程,已经引起了小小的骚动:把它留给父母不是更好吗?它会鼓励青少年去尝试吗?但最终,董事会被说服了,确信这个单元的内容是必需的。促成这个决定的重要因素是,董事会非常尊重罗斯米勒小姐——她聪明、专业,对父母的担忧很敏感,可以指望她以适当的方式处理这些资料。

在今天早晨,性虐待的话题被提了出来。毫无疑问,学生们的兴趣被一个臭名昭著的案件激发了。一个来自科林斯的好公民,被控猥亵一个11岁的女孩。彼时当地法院正在对这个案件正在审理,报纸对此也进行了报道。小镇因此闹得沸沸扬扬。在科林斯,以前从来没有发生过这种事。或者即使有,至少人们没有谈论过它。

罗斯米勒小姐乐意介绍这个话题。她认为这提供了一个机会,可以就该主题教育她的学生,警告他们,并鼓励他们报告可能遇到的不良事件。

课程进行得很顺利,直到史蒂夫问出他的第一个问题:"罗斯米勒小姐,与小孩发生性关系总是不好的,这是真的吗?"

她毫不犹豫地回答:"当然是。研究过这个问题的专家一致认为是这样的,史蒂夫。这种性行为往往伴随着最恐怖的伤害。直到最近,这个问题才被认识到,它是一种特别伤人的虐待儿童的形式。我想……"

史蒂夫打断了她的话:"抱歉,你误解了我的问题。我并不是指发生身体伤害的虐待性行为,那样孩子们当然会受到伤害,成年人也是如此。我指的是温柔的、充满爱的性行为。难道一个成年人和一个年轻人不可能相爱吗?我是说肉体上的爱。他们就不能在不伤害年轻人的情况下发生性关系吗?我说的不是特别年幼的儿童,比如女婴,而是大一点的孩子——比如10岁左右的孩子。假设这个年轻人是个男孩呢?这总是坏事吗?"

九年级健康课中学生们认真记笔记的氛围突然被搅乱了。史蒂夫吸引了全班同学的注意力。有些学生用怀疑的眼光看着他,有几个学生开始嗤笑起来,另一个男生问史蒂夫心里有没有特别想到谁。实际上,罗斯米勒小姐心想要记着和他单独谈谈。或许他的问题本来并不完全是以学习为出发点的。这次,她犹豫了一下才回答。

"好吧,"她说,"也许这样的事情是可能的。结果可能不会造成实际的身体伤害。但正如我之前所说的,身体上的伤害只是事件的一部分,所导致的心理伤害对年轻人来说才是毁灭性的。这常常给他们的生活留下创伤,使他们无法与丈夫或妻子建立真正有爱的成人关系。"

"是的,我知道那是可能的,"史蒂夫说,"但这也不是我想问的。我问的是与小孩发生性关系是否总是不好的。我们所读到的和你所说的让我相信,大部分时候都是这样的。但总是这样的吗?"

这次,罗斯米勒小姐犹豫得更久了。"嗯,我不知道它是否总是坏的,我甚至不确定你是否能找到答案。你会怎么做?对世界上所有有这种经历的人进行调查吗?但正如我所说过的,所有的专家都同意这是非常有害的,尤其是对儿童的个人成长和心理发展有害。"

"不，你当然不能做调查，"史蒂夫回答，"这是愚蠢的。你不需要这么做。如果你认为某件事总是对的，那么有一个更简单的方法可以证明你是否错了。你去寻找一个错误的实例。只要你发现一个，仅仅一个，你就知道你错了。我记得一位科学老师说过，很久以前，有个人说所有的天鹅都是白色的，然后另一个人展示了黑天鹅的存在。我想，它们住在澳大利亚。无论如何，第二个人证明了第一种观点是错的，因为他找到了一只黑天鹅。"

罗斯米勒小姐抓住这个机会，她想结束这次谈话，回到要讲的课上来。"说得好，史蒂夫。事实上，这就是科学家们通常的工作方式。他们创建一种陈述——他们称之为假设——然后审慎地去设计一个实验来证明这个假设是错误的。如果经过反复尝试，他们仍然不能证明假设是错误的，那么他们就会得出结论，认为假设一定是正确的。但显然，你不能这样尝试虐待……我是说与孩子发生性关系。也许我们现在该继续上课了。"

但史蒂夫并不准备这么做。"嗯，我认为那不太正确。我是说科学家。我认为，如果他们一直试图证伪——'证伪'，是这个词，不是吗？——如果他们一直试图证伪一个假设，但又做不到，他们就只能得出假设可能是正确的结论。他们不能断定那是正确的，至少这是我在科学中学到的。不管怎样，这不是重点。如果你能找出一个成年人和孩子发生性关系而没有造成伤害的案例，那么你就能得出这样的结论：和孩子发生性关系并不总是坏事。难道不是这样吗？"

这时，罗斯米勒小姐有一种不舒服的感觉，觉得自己被逼到了一个角落里。然而，她是一名好老师，她认识到，利用她的权威来结束讨论并回到她计划的课堂内容上是不可取的。于是，她带着几分惶恐，继续接招。

"好吧，史蒂夫，我同意你的观点。如果我们能找到一个这样的例子，那么我的'假设'将被证明是错误的。但就我所知，没有这样的例子。所以，难道我们不能说我可能没有错吗？同样，该领域的专家也没有提出相反的意见。"

"嗯,这在某种程度上取决于你所说的'专家'是什么意思,不是吗?"史蒂夫说,"我记得曾经读过一篇关于希腊哲学家的文章。亚里士多德和那些人,他们非常聪明。我想可以叫他们专家。他们还注重道德,认为每个人都应该按照一些非常崇高的原则行事。他们中的一些人被认为是非常好的老师,就像你一样,罗斯米勒小姐。不管怎样,重点是他们中的很多人都和他们的学生发生了性关系。"

"听着,史蒂夫,我不太了解希腊哲学家,也许他们确实和学生发生过性关系。但那是很久以前的事了,而且是在一种不同的文化里。也许当时的希腊人认为这是可以接受的,但在我们今天的文化中,这是不好的。我们认为这是有害的。"

"但这就是我的观点,罗斯米勒小姐。如果某件事在一种文化中是有害的,而在另一种文化中不是,那么它可能并不总是有害的。那是一只黑天鹅,不是吗?"

"嗯,也许吧,史蒂夫。但我们真的不知道那些性关系对那些孩子产生了什么影响。此外,也许希腊人对什么是伤害有不同的看法。他们似乎对很多事情都有独特的想法。现在我们可以回到……"

"说得对,罗斯米勒小姐。我们真的不知道那些孩子是否受到了伤害,那是很久以前的事了。但我不确定这对现在的孩子们和以我们自己的标准来看是否总是有害的。

"你知道吗,罗斯米勒小姐,"史蒂夫在她打断之前继续说,"我一直对你利用课外材料、小说和其他东西来帮助我们了解健康的方式印象深刻。我常听你说起你对文学的热爱,谈到我们如何能从伟大的作家而不是心理学家那里学到更多关于人性和人类行为的知识。我记得你说过——他叫什么名字,冯内古特(Vonnegut)?——可以教会我们很多关于对与错、好与坏的认识。就是这样的,是吗?小说家能教会我们很多东西,甚至健康?"

"是的,史蒂夫。"罗斯米勒小姐说,听起来像是听天由命了。

"嗯,我没有读过任何真正伟大的作家如冯内古特的作品,罗斯米勒小姐,但是我读过一个叫纳博科夫(Nabokov)的人写的小说。他应该也很不错。这本书叫《洛丽塔》,写得真的很有趣。总之在书中,一个老头爱上了一个年轻的女孩,也许她只有10岁或12岁。他和她发生了性行为。或者说至少当她让他这么做时,他才做,但这并不经常,不足以让这个怪老头满意。她没有遭受任何'心理伤害',但他肯定是。他整天像一只生病的小狗一样跟着她。说到心理伤害,她把他变得病态。所以,又来了一只黑天鹅。

"总之我在想,罗斯米勒小姐。如果与孩子发生性关系并不总是有害的,如果我们能找到一个案例……"

就在这时,铃声响起,九年级健康课接近尾声。在科林斯高中换课堂时常见的大混乱中,罗斯米勒小姐在好奇她的学生今天学到了什么。然后她意识到,如果她快点的话,她或许能赶在学生们从图书馆借走所有的《洛丽塔》之前拿到一本。

**思考题**

1. 罗斯米勒小姐应该要弄明白,假设她的许多学生离开教室时坚信,至少在某些时候,孩子与成人发生性关系是无害的,这是性教育课允许的结果吗?如果不是,为什么不是?

2. 考虑一个更有力的假设。假设有些学生已经知道,有时孩子可以对成年人施加强有力的控制,并且在此过程中不会因为同意与他们发生性关系而受到伤害。这是允许的结果吗?如果不是,罗斯米勒小姐怎样才能阻止这一结果,同时又不忽略史蒂夫表达自己想法的权利,不阻止思想市场上意见的自由交流?

3. 我们提到过约翰·斯图亚特·密尔。密尔提倡自由的、批判性的思想交流,认为这是了解任何事情真相的最佳途径,就像史蒂夫和罗斯米勒小组之间的交流一样,但密尔肯定没有想到高中的健康课。你认为在课堂上自由表达思想有什么适当的限制吗?如果有的话,它们是什么?

4. 一个真正自由的思想市场，应该是所有参与者都平等地准备好来评判证据。会有这样的市场吗？特别是，教室可以算作一个吗？罗斯米勒小组创建了这样一个市场吗？如果市场中的一些参与者比其他人准备得更好，可能会出现什么问题？

5. 如果你是一位管理者，有学生家长向你抱怨罗斯米勒小姐处理这堂课的方式，你会怎么做？

## 最后一根稻草？

比尔·弗莱明（Bill Flemming）正值试用期的第二年，一年后才可能拿到正式教职。韦斯特菲尔德高中的校长盖尔·贝斯特（Gail Bestor）一直在纠结是否要续签比尔第三年的合同。直到几天前，她还倾向于延长，但没有真正下定决心。然后，"O先生"在今天上午已经把问题解决了。

贝斯特对是否续签弗莱明考虑得很深、很久。在某种程度上，弗莱明是一位完全称职甚至优秀的教师。他与孩子们之间和谐的交往关系确实令人羡慕。就在前一天，她在餐厅无意中听到一群学生在讨论他，有几个人说他是韦斯特菲尔德高中最好的老师。他们最喜欢的是他敢于挑战他们的想法，让他们深入思考重要的社会问题，以及理解别人的观点。这些是一个社会课老师的重要特质。此外，他显然愿意花大量的时间与学生在一起。伊芙琳·怀廷（Evelyn Whiting）是今年的优秀毕业生，她告诉贝斯特夫人，比尔花了几个小时的时间同她谈论各种院校的优点，解释复杂的奖学金申请程序，甚至前往她家去说服她的父母，说她应该去数千英里之外的哈佛大学，而不是他们最初青睐的当地社区学院。怀廷说："比尔绝对比我们的辅导老师更有帮助。"

问题是，该高中的大多数学生和伊芙琳并不属于同一阵营。大多数人最多只能顺利完成学业并毕业；以任何客观标准衡量，学习并不是他们的强项。弗莱明似乎没有时间和兴趣与智商低于120的人共事。很明显，他在与才华横溢的学生相处时处于最佳状态——这些学生才能理解他的观点的复杂之处,能够"深入思考重要的社会问题",这是他在与贝斯特女士交谈时经常强调的一个目标。

这并不是说他不能容忍学习一般或学习困难的学生——他们似乎只是半途而废了。盖尔·贝斯特认为,如果韦斯特菲尔德高中的学生都是像伊芙琳·怀特这样的,她会毫不犹豫地继续雇用弗莱明。但事实并非如此。此外,弗莱明还有另一个恼人的癖好:他能敏锐地看到不公正的现象,哪怕它是无意中产生或尚未发端的。他是学生权利的捍卫者,并且曾就他认为学生遭受不公的事,与同事和校方发生过几次争执。盖尔·贝斯特其实对此倒不在意。作为校长,她力求公平,如果她没有做到这一点,那么她很感激别人能提醒她——但希望是在私下里,并以合乎专业人员身份的方式来告诉她。然而,弗莱明的行事风格是对抗性的。这种倾向和今天上午的事件使原本犹豫不决的贝斯特再也忍无可忍了。

这起事件要追溯到几个月前,贝斯特任命了一个由学生和教师(包括弗莱明)组成的委员会来起草一份新的学生行为准则。三个星期前,委员会向她提交了一份文件草稿,她不顾弗莱明和学生们的强烈反对,坚持要做几处修改。基本上,贝斯特希望在处理学生纪律问题时,学校行政有更多的处理权,而不是小题大做,对相对轻微的违规行为也采取类似司法程序的做法。弗莱明和学生们则希望在做出决定或裁定惩罚之前,有一个如州最高法院审判般的程序。在就这些议题进行讨论时,弗莱明强势抗辩、咄咄逼人,并且几乎是在引导学生们去挑战贝斯特的权威。他也曾火上浇油,有一次,他提到了"独裁管理者",其中似乎包括贝斯特。会议中断后,唯一达成的协议就是再次开会。盖尔认为自己最好忽略弗莱明这次的蓄意滋事,以就他的延聘做出一个适度且公平的决定。

贝斯特再次听到"独裁管理者",是在今天早上开车上班途中的广播里。"O先生"是一名迎合本地青少年音乐品味和行为的音乐节目主持人,他在节目中就韦斯特菲尔德高中的新行为准则及校长发表了冗长且极具倾向性的看法。这篇报道包括对弗莱明的简短采访,其中他有力地阐述了自己的看法。

贝斯特到达办公室后,立刻叫来弗莱明,想弄清楚"O先生"是从哪里得到这个新闻的。弗莱明倒是敢作敢当,他坦率地承认,争取"O先生"的支持是学生们的想法,但他鼓励他们这么做。他说,他想向学生们说明,可以如何鼓动公共舆论来支持政治问题的一方观点。后来,当那位音乐节目主持人打电话给弗莱明来核实学生的说法时,弗莱明也同意接受录音采访。其中那些富含细节的片断被"O先生"在今天早上播出了。

这最后一根稻草让贝斯特忍无可忍。贝斯特当时就决定,明年她不再需要比尔·弗莱明了。

**思考题**

1. 作为韦斯特菲尔德学区的一名教师,比尔·弗莱明在该学区的言论自由是否应受到限制?如果是的话,有哪些限制?

2. 有些人会认为,弗莱明表达自己想法的权利受到以下要求的限制,即韦斯特菲尔德高中必须以有序和有效的方式运行,而电台主持人的广播所带来的恶名妨碍了这一要求的满足。是这样吗?它是如何妨碍的?

3. 弗莱明在委员会与贝斯特的会议上的评论也许可以说是不专业的行为。如果确实不妥,那么公开批评另一位教育工作者,或者含蓄地抨击他或她的动机,究竟有什么不专业的地方呢?

4. 在"O先生"事件之前,贝斯特就对弗莱明的教学能力表示严重怀疑。这是否影响了贝斯特不再雇用弗莱明的决定的道德性?是如何影响的?

5. 如果你是校长,你会怎么决定?你会怎么解释?其他人可能会如何反对?在这种情况下有正确的决定吗?

(孙嘉蔚译,袁文辉校)

第三章

# 个人自由与公共利益

## 案　例

萨姆·恩迪科特（Sam Endicott）猛地噎住了，几乎把整杯啤酒倒在腿上。舞台上的年轻女子与丹尼森初中的九年级英语老师苏珊·洛林（Susan Loring）极其相似。他觉得那响彻心肺的音乐和漫无方向的频闪闪光灯一定影响了他的感官。这个女人并不像洛林老师那样，总穿着相当严肃的花呢外套。事实上，她不着寸缕，除非那一条带亮片的丁字裤也算是衣服的话。

恩迪科特先生盯着那个翩翩起舞的舞女。她和苏珊·洛林实在太像了，但应该不可能是一个人。洛林小姐是他担任丹尼森初中校长以来遇到的最好的老师。学校的员工们都很尊重她。她受到学生们的崇拜，尤其是女孩子们，这些女孩子在萨姆看来，已经开始无意识地模仿她的言谈举止和衣着打扮，使自己也有了巨大的进步。虽然她确实很漂亮——九年级的所有男生都很喜欢她——但她也是一个完美的职业女性。事实上，她巧妙地把学生们近乎盲目的崇拜用在具有建设性的教育行为上。事实证明，她对浪漫主义英国诗人的爱是有感染力的，恩迪科特最近听到学校里一些最粗鲁的男孩也能引用济慈(Keats)的诗。想到她能在一个无上装酒吧里成为明星舞者,真是荒唐可笑。

然而,他记得苏珊告诉他,她发现仅靠她做教师的工资不可能照顾她重病的母亲,同时她也在周末做兼职以补贴收入。他回答说,只要她的兼职工作不会影响到她在丹尼森的工作,他就没有异议。从那以后,他没有发现任何证据表明她的教学能力有所下降。如果说有什么不同的话,那就是她的财政状况已经好起来了。也许是因为努力维持收支平衡的压力减轻了,她现在能更多地投入到自己的职业中去了。

就在他沉思的时候,音乐结束了,当灯光亮起来时,舞蹈演员消失在幕布后面。不管那个女人是谁,萨姆不得不承认,她很有天赋。在这样的地方,她的舞蹈让人感觉到了一种感性的美,一种接近艺术的优雅,而不是可想而知的那种无脑的搔首弄姿、极尽挑逗。

萨姆环视了一下其他顾客——全都是陌生的男人。他很不舒服地意识到,如果学校校长在一个无上装酒吧里被人看到的消息传开,社会舆论将不会支持他。他很高兴自己来到了贝尔维尔,这是他自己所属学区斯宾塞镇附近的一个小镇。如果这样的酒吧在斯宾塞镇境内开业,一定会引起愤怒。尽管如此,萨姆还是很后悔自己参加完全县的行政会议后,在回家的路上停下来喝了杯啤酒。虽然他认为自己和员工在校外的私生活与其他人无关,但他也意识到有些人会认为他作为公立学校管理者,应该对此持有不同的观点。

恩迪科特先生叹口气,放下酒杯,准备起身离开。这时一只手搭上了他的肩膀,随即传来一个明确无误的声音:"嗨,恩迪科特先生!你喜欢我的表演吗?"

他转过身来盯着苏珊·洛林的笑脸,她还穿着刚刚的戏服。他感到刻骨的尴尬。他为苏珊感到难为情,也为自己在酒吧被人逮到感到脸红,但最难堪的是,他的那双混账眼睛总不想乖乖地只盯着苏珊的脸看。

## 争　论

甲：教师是一项独特的职业。无论你喜欢与否，他们都是易受影响的年轻人的榜样，因此他们有特殊的义务去行善（be good），而医生和律师可能没有这个义务。

乙：你所说的"善"具体是什么意思？

甲：当然是道德上的善！如果一名教师在上课时对校长撒谎，或者一名教师从隔壁教室偷教学用品，学生们可能会认为可以去偷窃和撒谎。教师必须树立良好的榜样。

乙：成为性工作者会是一个好的榜样吗？

甲：当然不是！

乙：但是，如果一名教师只是在周末提供特殊服务，而且是到另一个城市里去做他（她）的业余工作，学区里也没有任何人知道这件事，那会怎么样呢？如果学生们不知道教师在做什么，也就不存在教师的示范行为。

甲：那只是个时间的问题。总有人会发现，继而学生们也会知道。这件事本身就是不对的。这样的教师应该被解雇。

乙：但是，教师难道不是和其他任何人一样，都有权选择他们想要的生活方式吗？他们可以在自己的自由时间内选择要做的事，只要不伤害任何人，那就理应是自己的事情，而与其他人无关——不管是校长、督学、学区董事会，还是家长。

甲：在公立教育系统，学校和学区行政及董事会对社区和学生都负有责任。无论是上班还是下班，教师所做的事情如果对学生可能有（might have）负面影响，学校行政就应该管。

乙：你说的"可能有"是什么意思？谁来决定？负面影响是什么意思？多年前，诸如教师结婚、跳舞或在公共场合喝酒之类的事情使一些社区民众感到不满，教师甚至因此被解雇。教师也有自己的生活，他们不能被奉为完人，并与他们所生活的成人世界隔绝。这是不公平的。

甲：但是没有人强迫他们当教师，作为一名教师就意味着需要成为一个非常特殊的人，因为不管你喜不喜欢，你都是你学生的榜样。

乙：我不喜欢！当然，在教室里，我会维护和遵守社区标准，但我的私生活将是我自己的事情。

甲：不，作为一名教师，(你的事)终究是大众的事。理应如此。

## 概念：个人自由

洛林小姐做无上装舞者（topless dancer）有什么问题吗？她这样做会不会让她不再适合教书了呢？在处理这些问题时，我们把重点放在个人自由的性质上，但还涉及其他问题。其中之一是性别平等。恩迪科特先生是丹尼森初中的校长，因此他相对洛林小姐具有官方权威，他可以把问题集中在她的行为表现上。然而，他发现了她的副业，因为他光顾了一个无上装酒吧。正如他不舒服地意识到的那样，他所在学区的人们可能对他光顾这个酒吧就像对苏珊·洛林在酒吧里表演一样感到不满意。那么人们是对的吗？

对这个问题的一个回答是，如果洛林小姐在无上装酒吧里表演是错误的，那么恩迪科特先生光顾那个酒吧也同样是不对的。无论对洛林小姐适用什么标准，都应该同样适用于恩迪科特先生。

有一些观点可能与这个判断相反。有人可能会说对恩迪科特先生的评判应该比对洛林小姐更严厉。与许多性工作者一样,洛林小姐也是受害者:由于无法以任何其他方式赚取足够的生活费用,她被迫屈从于男人的剥削。教师薪酬偏低可能是因为教师是女性主导的职业,这个事实可能会增加她被剥削的感觉。而恩迪科特没有被剥削。反之,他正在参与这项剥削。另一方面,人们可能会认为,偶尔光顾无上装酒吧与在该酒吧当舞者之间,在某种程度上有很大的差异。或者有人可能认为,教师与校长之间也存在着相对的区别。两种观点都有道理。也许因为校长的职位负有更多的责任,应该对其要求更严格。也许因为教师直接接触学生,应该对其施以更高的标准。我们应该注意这其中的基本原则,即我们会在下一章进一步讨论的公平原则。处境相似的人应该得到类似的待遇。这意味着,无论对苏珊·洛林采用什么标准,都必须用它来评判恩迪科特。然而,我们也提出了一些理由来考察他们是否处于同样的位置。

我们希望,在讨论个人自由问题时,你还将考虑前述提出的性别平等问题。然而,我们本章的主要关切点是个人自由。苏珊·洛林是否对她的第二职业有决定权?萨姆·恩迪科特是否有权光顾无上装酒吧呢?我们应如何看待个人自由的问题?

首先,要考虑案例的一些潜在相关特性。看起来洛林小姐在课堂上的效率并没有受到影响。她的学生喜欢她,并向她学习。此外,恩迪科特先生可以看出来,她也并没有把她的第二职业带到学校来。在她与学生的交往中,也没有一点性放纵的迹象。没人可以说她在以一种任何人都会感到反感的方式在影响学生的价值观。最后,洛林小姐的第二职业其实并不违法。

其次,毫无疑问,她的第二职业将被斯宾塞维尔学区的大多数公民认为是不道德的。大多数人都会震惊于她的行为,并且会拒绝将自己的孩子交给她来教导。难道他们对那些教导自己孩子的人的道德品质的看法不算数吗?而且,很有可能斯宾塞维尔的家长和学生很快就会知道洛林小姐在晚上的时间是怎样度过的。虽然她已经足够谨慎,在这个学区之外工作,但肯定会有人去贝尔维尔酒吧。在这一点上,恩迪科特先生便是头一个铁证(exhibit A)。

一旦洛林小姐的学生们知道真相,那么她的第二职业会对她的学生产生什么影响呢?毕竟,学生们是那么尊重她。这难道不会让她成为不良榜样吗?此外,如果消息泄露,访问她的工作地点似乎也会成为一些学生议程上的优先事项。当然,未成年人是不允许进入那些地方的,但恩迪科特先生对学生不能战胜这个微不足道的障碍几乎不存幻想。然后呢?今天的演出结束后,恩迪科特先生当然会以完全不同的观点看待洛林小姐。他想知道在她教学的时候她的学生会怎么想。他确信他们的所思将不会止步于济慈的诗。这些事实之间将如何关联?

也许从洛林小姐的案例出发,我们可以争辩说,洛林小姐在放学后的生活是她自己的私事。她对学校的责任只需是合格的工作表现。她在自己的私人时间里所做的事情与学校无关。她的职责评定是根据她教学生英语的好坏程度。除此之外,学校不应过问她的私生活。

这个论点的要点之一是区分了洛林小姐生活的私人和公共方面。也许我们可以借下述道德准则来维护她的隐私。人们只能就自己伤害他人的行为对他人负责。不能剥夺人们从事那些只影响其自身福祉的行动的自由。约翰·斯图亚特·密尔对此论点的阐述堪称经典:

> 人类可以个别地或集体地对任何成员的行动自由进行干涉,其唯一正当理由是自我保护。对于文明群体中的任何一名成员,可以违反其意志而正当地行使权力的唯一目的,就是防止对他人的伤害……只有涉及他人的那部分行为,才是任何人应该对社会负责的行为。从正当性上说,在仅涉及个体自己的那部分行为上,其独立性是绝对的。(Mill, 1859/1956, p. 14)

那么，我们可以将私人行为视为只会影响到那些行事者自己福祉的行为。与之相反，公共行为则会影响到其他人的福祉。民主政府可能会对上述公共行为感兴趣，但一个人的私人行为和私人福祉是他（她）自己的事情。

有人可能会争辩说，洛林小姐的第二职业与她的主业雇主无关，因为这是一件私事。当然，这里的重点不在于她在私下里兼职。很明显，她的兼职就是在人前露脸。重点是，洛林小姐和她的观众都是自主行动，并没有互相干扰。没有人逼着这些观众观看她的表演。每一方都是自愿的。既然每一方都是自愿参与的，那就没有理由去干涉洛林小姐的行为。这是私事，与她第一项工作的雇主和学校无关。

这些评论假定了解释密尔观点的某种方式。洛林小姐的舞蹈被认为是私事，并不是因为它不会产生公共效应。它显然会，甚至还会产生有害的影响。许多人会认为她的行为使道德败坏，亦即很可能是有害的。但即便如此，洛林小姐的行为可能造成的伤害，也是在别人自愿同意的情况下发生的。如果是这样的话，那么要负责任的应该是那些观众，而非洛林小姐。只要所有参与某项活动的人都是自愿的，就应将其视为私人事务。只有当某种行为以他人无力避免的方式产生影响时，它才成为公众关注的问题。

上述论点的第二个假设是，要对教师角色进行狭义的界定，或者说，只将其严格地界定为工作中的表现。洛林小姐只需要对她英语教学的好坏负责，而不是对她作为一个人可能对她的学生产生的影响负责。她在私人时间里到学区以外的地方跳舞并不是特别重要，主要问题是跳舞对她教师工作的影响。如果跳舞没有使她无法备课，或者没有使她无法获得足够的睡眠时间以保证她在课堂上的良好表现，那么她是否在私人时间到远离学校的地方做这件事情其实无关紧要。如果洛林的校外工作影响了她在学校的表现，恩迪科特先生对其行为的关注理所应当。然而，关键问题是，对她的学生产生良好影响是否是她工作的一部分。

至于是否应该认为无上装舞蹈是不道德的,我们还没有表达过观点。我们只是指出,斯宾塞维尔学区的公民普遍认为这是不道德的。我们这样做有两个原因。首先,我们希望你们正视教师是否对校外产生的道德行为负责的问题。如果你不认为无上装舞蹈在道德上是值得怀疑的,我们建议你用一些道德上困扰你的东西来代替。也许,假设洛林小姐原来是三 K 党(Ku Klux Klan)的一员,尽管成员身份对她的教学没有明显的影响,那么成为三 K 党的会员就是正确的吗?

其次,关键问题可能不是洛林小姐的行为是否不道德,而是根据社区的道德标准判断它是否不道德。在这里要切记,父母是被强制送子女去上学的,但是,父母对子女的道德教育的关切是合情合法的。那么,在家长已经发现教师的个人生活和性格都令人难以接受时,学校在多大程度上可以强迫家长让孩子接受教师的耳提面命呢?

回顾前述,我们确定了两个关键问题。第一,应该把洛林小姐兼职无上装表演看作公共行为还是私人行为?第二个问题涉及她作为一名教师的工作范围。请注意,两者之间是有联系的。如果教师的工作范围超出了教师本身指导者的角色,包括成为学生的良好榜样,那就有理由认为教师对学生价值观产生不利影响的任何行为都不是私事。

由此,我们很快就得出结论,恩迪科特先生可以合法地关注洛林小姐的兼职工作问题。如果有理由相信她的舞蹈会影响学生对公共裸体或性行为的态度,那么她的行为就是学校系统管理范围的一部分。

但同时,这一论点也是有问题的。如果要求教师对学生有良好的影响,那么几乎任何学生可以知晓的行为都可能被视为与教师工作有关。这不仅包括教师的性生活,还包括宗教或政治等问题。那是否应要求教师支持学区内占主导地位的宗教或政党?导致这种潜在后果的论点肯定是有缺陷的。

我们认为,该论点的缺陷源于如何区分公共行为和私人行为。一种行为属于公共领域还是私人领域，取决于其后果的影响范围。如果一项行动对其他人的福祉产生了某种影响，那我们就把它当作一种公共行为来对待。

然而，一个人生活中的某些领域，即使对他人的利益或福祉有影响，也应该被认为是私密的。其中两个就是宗教和政治信仰。这两个领域不会因为它们对其他人没有影响而被看作是私人事务。我们完全有理由相信，一个人的宗教信仰或政治信念能够影响他或她的行为，反过来也会对他人的福祉产生影响。举个例子，想想美国总统的信仰和行为吧。在这里，坚持把宗教信仰和政治信念当作个人隐私具有不同的理论基础。

宗教和政治应该被看作私事，因为我们有令人信服的理由来尊重人们对宗教和政治的自由选择。宗教信仰往往是人们关于自己是谁以及自身基本职责和义务的概念的核心所在。将宗教信仰视为潜在公共利益的对象，就是为施加大规模暴力于个人开辟道路。我们在很大程度上把宗教信仰和实践看作一件私事，这并不是因为这些事情没有公共后果，而是因为它们具有如此深刻的个人层面的影响。政治也是如此。参与民主社会公民事务的权利是我们最重要的自由之一。个人与他人联合以推进其政治目标的权利对民主至关重要。因此，教师的政治参与权也是一项重要的权利。它不应该为学校所干涉和控制，即使这可能会以一种不被社会普遍观点认可的方式对学生产生影响。

这告诉我们什么？我们试图得出两个与专业伦理有关的结论。第一，我们认为应该广义地将教师角色理解为包括道德教育，这是合理的。我们认为，教师不能将对学生品格和道德信念的影响视作与自身工作无关。第二，教师生活中有属于私生活且不受学校控制的领域，但如何界定它们，必须权衡特定权利或利益的重要性以及教师对学生可能产生的影响。人们生活的某些领域，如宗教和政治，理所当然地需要被当作隐私加以尊重，除非牵涉到极不可取的后果。

其他领域则不那么重要。如果一位教师午餐时吃大蒜的偏好妨碍了他下午的教学，学校就可以合理地过问他的饮食。限制个人食用大蒜不太可能对个人的信仰自由（freedom of conscience）或基本政治权利造成极大的伤害。因此，决定什么是公共的或是私人的，并不仅仅取决于一项行动是否对学校的重要利益产生影响，或者取决于它是否可能造成某些损害。相反，这是一个参照受到威胁的公众利益来权衡所涉及隐私的重要性的问题。

## 分析：道德评判的本质

事实、道德原则和偏好彼此有别，这对于许多道德问题（包括上述案例）的讨论至关重要。考虑以下例子，其中每个陈述都说明了一种情况。

1. 草是绿色的。
2. 我们应该永远说实话。
3. 泡菜比橄榄好。

第一句话表达了一个事实。事实陈述是描述性的，它们只是说了些有关这个世界的事。如果世界是它们描述的那样，那么陈述就是真的，否则即是假的。

第二句话表达了一种道德原则。它并不旨在描述世界的任何状况。相反，它说明了世界应该是怎样的，某种行动是强制性的。道德原则涉及关于对与错的概念，同时表达了责任和义务。与事实陈述不同的是，即便道德原则不对现实世界进行描述，也不会受到驳斥。如果草不是绿色的，那么说"草是绿的"就不是真的。但是，就算人们撒谎，也不会反驳"我们应该永远说实话"这一原则。

第三句话表示一种偏好或一种价值。偏好或价值的声明断言了有些东西是好的，或者有些东西比另一些更好。

这些不同类型的陈述以不同方式显示为真（或假）。事实陈述在描述世界真实性方面是正确的。然而,道德原则声明或价值声明似乎并非如此。这并不是说事实与道德观点是否成立无关。例如,如果我们认为造成不必要的痛苦是错误的,那么,嘲笑别人会造成不必要的痛苦这一事实,与确立我们不应该嘲笑别人这一道德判断息息相关。然而,这也并不能将道德判断当成对世界的描述。就算它正确地描述了世界,也不意味着就是真的。同样,诸如"一个人应该总是说真话"或"奴隶制是错误的"等道德原则的陈述可能包含与其正当性或"真相"相关的事实,但它们不是描述,而是规定(prescriptions)和禁令(proscriptions)。

另一方面,尚不清楚的是,偏好陈述是否在任何情况下都是真实的。一般情况下,我们不知道泡菜是否比橄榄好。事实上,我们之所以将价值陈述与偏好联系起来,部分原因就在于我们认为那些陈述通常只是个人品味或个人偏好的表现,且不能满足一般的真值条件。(而且,我们还是能够就巴赫的音乐是否比摇滚乐更好进行有意义的讨论。)不过,我们在这儿有意地既不争论某些价值判断的客观可能性,也不讨论伦理相对性的概念。(我们稍后会讨论这个问题。)重点是要认识到道德判断和价值判断是不同的。这一点很重要,因为道德判断和价值判断的混淆往往是有关伦理的不当争论的根源。

一个常见的错误是从价值判断没有真值条件的观点出发,混淆道德判断与价值判断,得出道德判断也没有真值条件的结论。把"泡菜比橄榄更好"这样的说法等同于诸如"你应该始终说实话"这样的陈述,将两者都当成关于偏好的问题,认为两种判断无涉真假,它们只是表达我们喜欢什么或我们觉得怎样。

这种混淆是不正确的。道德判断与个人偏好陈述具有不同类型的内容。道德判断中陈述的一些行为是强制性的,不仅是为了自己,也是为了其他人。此外,我们常常能以某些理由赞成或反对道德判断,却不能以同样的方式对待价值判断。比如,如果我相信只要我高兴,我就可以随时撒谎,那么很有可能会有人向我指出为什么不应该有此想法。如果我喜欢橄榄胜过泡菜,别人是否能证明我是错的,那就不得而知了。

因此,混淆道德判断与价值判断是导致道德判断客观性受到质疑的一个原因(且是一个糟糕的原因)。

第二个问题也源于价值判断与道德判断之间的混淆。一般来说,一个人把自己的价值观强加给另一个人是错误的。如果我决定喜欢泡菜或滑雪或划艇,那么任何人都没有权利告诉我,我必须更喜欢橄榄或撑杆跳高或马拉松跑。我的偏好是我的选择自由。但在道德原则方面采取类似的逻辑是错误的。一方面,我们希望人们能感受到相关原因的说服力,从而逐渐地自主接受他们的道德义务。另一方面,对那些不想自主接受其道德义务的个人采取强制手段往往也是完全合理的。一个人没有被说服有义务不去偷或杀人,这并不能成为其去偷去杀人的理由。道德原则表达的是对他人的义务,强制实施这些义务通常是合理的。如果不将自己的价值观强加于他人意味着我们不能强制推行道德义务,这个说法就是错误的。

这些观察为我们提供了另一种方法来思考公共事务和私人事务之间的区别,以及个人自由的范围。鉴于上述论点,我们可以得出这样的结论:价值观是私事,但道德原则不是。价值观表达我们对自身利益的选择。我们有权选择和追求自己的价值观,没有人有权把他们的价值观强加给我们。然而,道德原则是公众关注的问题。虽然我们希望人们自愿遵守自己的道德原则,但道德原则也意味着对他人的责任和义务,因此它们可能会被强制执行。

考虑一下如何将上述观点应用于洛林小姐的事件。也许有人会说,洛林小姐和那些来看她表演的人的行为根本不涉及道德问题,这件事只与不同的偏好或价值观有关。洛林小姐可能享受她的第二职业,就如同从事她的第一职业一样。正因为她喜欢,所以只要她愿意做,她就应该有去做的选择自由权。其他人喜欢看,这也是他们的选择,他们只是在表达自己的喜好。

当然，有些人可能会觉得洛林小姐的表现是难以接受的。不雅、淫荡或有伤风化等词常被用来形容无上装舞蹈。这些难道不也是表达出的喜好，或者更确切地说，厌恶吗？我们社会中的许多人肯定会不喜欢洛林小姐的表演，但这本身并不构成试图压制它的理由。因为如果喜好与道德原则不同，且喜好是私事的话，那么令人厌恶的东西也不一定是不道德的。

如果我们遵循这个论点的逻辑，我们会被引向这样的结论：没有理由让恩迪科特先生反对洛林小姐的第二职业。斯宾塞维尔学区的许多父母可能会对她的表演感到厌恶，但说那是不道德则是混淆了概念，其中并未牵涉道德问题。此外，人们有权选择自己的偏好。在我们的社会中，自由人的含义之一就是有权决定什么对于自己来说是好的。其他人无权把他们的价值观强加于我们。除非，恩迪科特先生尝试让洛林小姐辞掉她的第二份工作，或者采用停职的手段威胁她，就算她不愿意也要这样做。这是把斯宾塞维尔市民的偏好强加给洛林小姐和她的观众。如果不存在道德问题，所涉及的仅仅是偏好的差异，那么就很难看出干预这些选择的理由是什么。

如果没有进一步的考虑，那么我们可以到此为止了。虽然我们一般认为，人们确实有权自主选择什么对自己是好的，而且干涉这些选择是不适当的。但是，当选择偏好与某些道德原则不一致时，上述原则将不再适用。举个例子吧。有的美国人喜欢棒球，其他美国人则不然。当然对于那些不喜欢棒球的人来说，他们也没有理由阻止棒球爱好者参加比赛。然而，就在几年前，许多美国人不仅表示出对棒球的偏好，同时表示只有白人才能打棒球。我们可以把这种偏好仅仅看作喜好问题，认为它不涉及道德问题吗？我们是否可以说，那些反对高级联赛协会棒球赛中种族隔离现象的人无权反对，因为他们仅仅是试图把自己的偏好强加给其他人？

我们怀疑广大读者愿意接受这一论点。那么为什么不行呢？理由似乎很明显。有些偏好可能与道德原则产生冲突，从而导致不公正的行为。因此，虽然一般情况下，偏好是私人事务，但这并不总是正确的。偏好必须受到道德原则的约束。

为了完成这场讨论，我们应该问，在洛林小姐的案件中所表达的偏好是否与某些道德原则产生了不一致。许多人认为，观看洛林小姐无上装舞蹈的人所表达的偏好与维护女性尊严之间存在冲突。他们认为，这种偏好导致将女性作为物品来对待，并强化了男性对女性的剥削和支配。这些论点是有道理的，并值得进一步关注。如果这些论点在进一步的检验中被发现是有说服力的，恩迪科特先生可能会找到干涉洛林小姐第二职业的理由。

至此，我们的讨论表明，区分生活中由个人决定的方面与可以进行正当干涉的方面是复杂的过程，需要考虑各种因素。为了说明这种复杂性，让我们看看个人自由的论点，因为可能后果主义者（主要以利益最大化原则为基础）和非后果主义者（强调对人的尊重）都会提到它。

一种类型的后果主义是功利主义。它认为幸福是最终的善，最好的行为是为最多的人谋取最大的幸福。一个功利主义者如何推导出（reason）个人自由？显然，我们需要立论：较之干涉他人的私生活，不干涉会对更多的人产生更好的结果（更多的幸福）。为什么要相信这个观点？论点之一是，个体自身最能够判断什么会使自己快乐。如果我试图对你的幸福做出决定，那么我很可能会为你选择我所珍视的。我可能会误解你的想法和需要。你比任何人都更了解自己喜欢什么。第二个论点认为，自由决定本身让人们快乐。自由是幸福的一部分。因此，赋予更多人自由，更多人将感到幸福。第三个论点是，自由提供了对各种生活方式的实验，这是一种在不同生活方式中进行的宏大实验，它允许人们发现新的、有价值的生活方式，从而增加他们自己的幸福。它还使社会得以发展，从而同时提升了整体的幸福感。

另一方面，非后果主义者强调把人当作道德主体加以尊重的观念，以及发挥道德能动性所需的条件。试考虑如下三个论点：

第一，尊重道德主体需要尊重其自由选择。如果我把你当作一个能够自由选择的道德主体，我必须尊重你的选择，是因为那是你的选择自由。你自由地选择了一些你自认为好的，那么我和其他道德主体就需要尊重那些选择。这就是尊重道德主体的部分意义。

第二，给予人们自主选择的自由是道德责任的必要条件。我们不能既让人们为他们的选择负责，又干涉他们的选择权。将人视为对自己负责的人，就是赋予他们为自己做出决定的权利。

第三，如果我们反对或干涉他人对于其自身利益的选择，从而强化我们自己的利益，这实则等同于把他人视为达成我们目标的阻碍，而不考虑他人决定自己目标的权利。如果我们把他人当作像我们自己一样的道德主体，那么我们如何希望他人尊重我们的选择，就必须同样尊重他们的决定。不这样做就是把他人当作达成我们目标的手段。

上述关于个人自由的论点都没有得出这样的结论，即人们可以仅仅因为他们选择了做什么，就可以为所欲为。所有观点都要求我们找到一种合理的方法来区分私人领域和公共领域。然而，正如我们所看到的，这不是轻而易举就能区分开的。虽然我们已经考虑了许多合理的论点，但我们并没有解决恩迪科特先生的难题。然而，在这个过程中，我们可能已经学到了一些关于伦理和道德推理的知识。让我们考虑一下这种可能性。

我们从区分事实、偏好和道德原则开始，进入本章的分析部分。这样做的原因之一是我们相信，人们经常被错误地引导到道德怀疑论的立场，这些错误的争论会把偏好和道德原则贴上价值观的标签。如此，人们认为价值观是偏好问题，从而有权对它们进行自主选择。那些主张可以理性思考道德原则的人，因而就会被判定犯了双重罪行,一是试图对偏好问题进行理性推理,二是试图将自己的价值观强加于他人。

通过区分偏好和道德原则,上述两种主张都被削弱了。将偏好归为个人喜好比将道德原则视为个人喜好似乎直觉上更加可信。我们很难知道如何主张泡菜比橄榄好。即使我们可以主张某些偏好比其他的好,例如巴赫的音乐比摇滚乐好,但这并不意味着我们可以把我们自己的观点强加给其他人。另一方面,我们可以轻而易举地提出谋杀和种族主义是错误的,而诚实和守信用则是义不容辞的。

此外,将不干涉原则应用于偏好比用于道德原则更有意义。我们提供了各种各样的论证,以表明(在其他条件相同的情况下)人们有权自由决定他们自己对于善(good)的看法。然而,道德原则主张责任和义务,因此,在许多情况下,我们可以合法地干涉违反这些责任和义务的人。规范人与人之间的互动行为是道德原则的重点。

上述论点试图消除对价值观和道德原则之间常见的混淆。然而,它们并不表明客观的道德推理是可能的。实际上,事实和道德原则之间的区别经常被用来证明道德推理不可能是客观的。

一个基本的主张是,道德原则不能简单地从事实中推导得出。苏格兰哲学家大卫·休谟(David Hume)(1888/1967,第469—470页)提供了这样的论点,他指出,有效论证的一个性质是,其结论中的所有术语也包含在其前提中。考虑下述例子:

> 人终有一死。
> 苏格拉底是一个人。
> 因此,苏格拉底终有一死。

如果论述稍作改变,那么我们将看到一个未从论述的前提中得出的结论(即使它可能为真)。如下述例子:

> 人终有一死。
> 苏格拉底终有一死。
> 因此,苏格拉底的狗也终有一死。

我们无法得出关于苏格拉底的狗的有效结论,除非论证的前提提到了狗。毕竟有效论证告诉我们的是从前提中能得到什么。休谟注意到了这一点,然后指出,任何只包含事实性前提的论点都不可能有效地得出我们应该做什么的结论。因为任何这样的论证都会使结论中出现一个前提里没有的新观点,即"你有义务"。"应当"的结论不能从"是"的前提中得出。

那么我们对这个论证有回应吗?第一,我们要清楚地了解休谟论证会推导出什么,这很重要。休谟的论证并不表明道德知识或道德论证是不可能的。即便它是正确的,也只表明道德主张不能仅仅从事实中推导出来。第二,演绎推理可能不是道德推理的形式。我们要再次推荐我们的策略:通过参与道德论证和检视如何构建道德论证,来发展关于道德推理的观点。

## 结 论

我们从一个困难的案例开始本章内容。为了解决那个难题,我们确定需要区分公共行为和私人行为。我们借用了密尔的观点:人们有权在私人领域获得完全的自由,但他们必须要对公共领域的其他人负责。密尔的区分方式在两方面得到了检验。第一，我们通过将它应用到其他案例中来对它加以验证。我们发现在某些情况下，应用密尔的观点会产生令人难以接受的后果。这是需要修正其观点的一个理由。第二，我们试图通过考察如何应用两种抽象的道德观点来论证个人自由的概念——那两种道德观点就是我们前文中曾简单说明过的利益最大化原则和平等尊重原则。

我们所进行的这个道德推理过程是否有帮助？可以公平地说，它并没有完全成功。我们和恩迪科特先生对于洛林小姐这一事件似乎仍然不确定该怎么办。此外，公共行为和私人行为之间界限不明，个人自由这一概念错综复杂，我们又把它们与两种不同的一般道德理论（后果论和非后果论）牵扯在一起，而这两个理论对根本的利害关系有着十分不同的看法。简言之，我们在没有解决问题的情况下使问题变得更加复杂了。

另一方面，我们认为在理解伦理推理的过程中，我们已经做出了两方面的努力。首先，我们已经学会用自己的道德经验来证明我们的道德原则构建是否充分完整。例如，我们认为某些关于公共行为和私人行为区别的设想不可取，因为当将它们应用于某些情况时，会导致违背直觉的道德结论。由此，我们提出，我们的道德经验和我们在某一特定情况下的是非认识，是我们道德理论的最初依据。这是道德推理的一个值得注意的特点，也是我们以后需要讨论的一个主题。

其次，即使我们没有解决我们提出的诸多问题，我们也开始以一种更根本的方式理解其中的利害关系。这本身可能指向更负责任的道德决定。这也是道德推理的一个可喜迹象。伦理学和其他类型的思考一样，是一个困难和复杂的过程。它并不总是立即指向一个明确和显而易见的决定，但这并不意味着不可能进行伦理反思。事实上，我们能逐渐更好地理解这些问题，就已经表明伦理思考是可以产生一些成果的。

## 补充案例

**猛虎！猛虎！焰焰煌煌！**[①]

莎伦·阿蒂斯(Sharon Athis)显然困扰重重。学期刚开始不久,她就来到史密斯(Smith)的办公室,要求和一位咨询师(counselor)约谈。作为恩特伍德社区学院咨询服务的主管,史密斯负责对新来访者的初始访谈。访谈的目的是确定学生问题的性质,如果符合条件,就将他们分配给适当的咨询师。莎伦毫无疑问符合条件。

莎伦是个身体略胖、普普通通的年轻姑娘,她很害羞,粉刺严重,焦虑不安。在30分钟的谈话过程中,她越来越心神不宁。起初,她只谈了她的体重和皮肤问题,史密斯建议她去恩特伍德健康中心(Entwood Health Service)看医生。莎伦则对这个建议报以沉默。当她又开始说话时,显然刚刚那些问题并不是让她感到不安的原因。正如史密斯所能确定的那样,她的焦虑与她的男朋友布莱克(Blake)有关。然而,她显然不能敞开心扉与史密斯讨论这件事。这位心理学家猜测,这是他经常在大一女生身上看到的一种困难处境——由正在发展的性关系引发的相当严重但短暂的焦虑症状。由此,他建议莎伦和他手下的心理学家克莱斯博士(Dr. Cleis)约个时间。

伯尼斯·克莱斯(Bernice Cleis)是个非常能干且专业上非常自信的人。虽然她在史密斯这里只工作了三年,但她是在获得心理咨询的博士学位后立即来到了恩特伍德,所以很快成为史密斯团队中较有能力的成员之一。她尤其擅长处理莎伦这类有焦虑症状的案例。在莎伦离开后,史密斯按下内部电话的开关呼叫克莱

---

[①] 此句出自英国浪漫主义诗人威廉·布莱克(William Blake)的《老虎》(*The Tiger*)一诗,与后文短诗出自同一作者。意为老虎象征着美丽又危险。作者暗示,别太靠近老虎,否则你会被伤到。——译者注

斯。史密斯描述了他的面谈情况，并说莎伦会与她预约。

几个月过去了，史密斯对莎伦事件几乎没有更多的想法了。当克莱斯博士在员工会议上讨论她在处理性焦虑案例中成功使用的几种治疗方法时，莎伦的案例曾被提到过一次。史密斯确实注意到了克莱斯医生比通常更频繁地约见莎伦，他认为莎伦的问题比他原先想象的要严重得多。

两件一起在春天发生的事让史密斯相当担心。第一件事是，一天晚上，他从附近城镇的电影院出来时，看到了克莱斯博士和莎伦小姐在一起。她们沿着黑暗的街道挽着手臂走着，笑着沉浸在彼此的谈话中。两人都没看见史密斯。史密斯一直以来都认为心理学家和来访者之间发生个人关系是不明智的。他下决心一定要尽早找机会和克莱斯谈一谈。

一周后，史密斯收到了院长兰姆（Dean Lamb）的一张便条，对此他更加犯愁了。附在便条上的是莎伦父亲阿蒂斯先生给院长的一封信，他要求兰姆跟他女儿谈谈。阿蒂斯先生很担心。他说莎伦变得极度忧郁，她回到家时大多数时候都在哭。上周，她更是在自己的房间里度过了整整一个周末，几乎没有跟父母讲话。

更有甚者，阿蒂斯先生在莎伦的梳妆台上发现了一首令人不安的诗，那诗不是她抄写的，署名是"B."。上面写着：

　　禁欲用沙砾，埋瘗

　　红润的肢体、如火的发丝；

　　餍足的欲望却在那，

　　种植生命与美的果实。①

　　　　　　B.

---

① 本诗原作者为威廉·布莱克，故史密斯下文说抄袭。——译者注

虽然阿蒂斯先生很沮丧,但他是个通情达理的人。他的信接着说,他意识到他的女儿不再是个孩子了,她很可能和某个年轻人恋爱了。然而,莎伦与"B"的罗曼史在他看来并不寻常。"B"显然给他女儿带来了极大的痛苦。他和夫人非常担心她的心理健康。他还说,莎伦完全拒绝与他或他的妻子谈论她的男朋友。他在信的最后为这一次不寻常的请求道歉。他为他的女儿感到害怕,如果可能的话,他想请院长兰姆和莎伦谈谈,尽其所能帮助她度过这次不幸的、非同寻常的初恋。

兰姆的便条附在这封信上,他请史密斯把莎伦找来,尽其所能为她做点什么。

史密斯想知道院长或者阿蒂斯先生是否在怀疑这场初恋可能有多特殊。虽然这首诗的作者确实是个男性,但他对抄袭者的性别就不那么确定了。

那天晚上,史密斯在他的办公室里处理白天的公文,一直待到很晚。晚上9点左右,他以为办公楼已经没人了,却很震惊地听到一扇门关上,随即传来一个女人哭泣的声音。过了一会儿,他意识到他的内部电话开着,他听到有人在另一个办公室。当他伸出手来想关掉这个装置时,他清楚地听到克莱斯说:"莎伦,我告诉过你不要回家。我知道那没有用,我很想你。"

史密斯犹豫着,他的手停在了内部电话的开关上。

**思考题**

1. 如果史密斯开着内部电话,他会侵犯克莱斯的隐私权吗?职业心理学家在与来访者的关系中是否有隐私权?

2. 如果你对上述问题的回答是"是",请将隐私(privacy)与保密(confidentiality)、秘密(secrecy)区分开来。作为一个职业心理学家,克莱斯有哪种权利(如果有的话)?克莱斯是学校雇员而不是私人执业者,这会有什么区别吗?

3. 如果有的话,史密斯对莎伦负有什么义务?

4. 假设这个案例发生在几个月前,也就是莎伦只是一个高中生的时候,这会改变你的分析吗？为什么？

5. 如果你是恩特伍德社区学院的校长，你希望史密斯告诉你这件事吗？如果他这么做了，你会怎么做？你会如何证明你的决定是合理的？

## 怀孕

学年末，海伦·纳尔逊（Helen Nelson）和往常一样忙。也许这就是她没有注意到丽贝卡（Rebecca）怀孕的原因。丽贝卡在过去的几个月里多次请病假，但海伦真的没有多想。现在她必须得好好想想了。

海伦是西南高中的校长，这所学校是一个大型的中心城市机构，位于伍斯特经济较为贫困的地区之一，而这个城市本身就经济萧条。这所学校以"困难"著称，海伦每年都要费力地招聘新教师。

如果有选择的话，大多数新教师都会前往伍斯特周围更加富裕的郊区，那里的教学应该更容易一些。此外，如果有机会的话，海伦的许多经验丰富的员工都会转到本学区其他更好的学校。海伦已经花了好几年时间来解决这个问题，但到目前为止，她几乎没有取得什么成果。无论她怎么做，每年春天，海伦还是要花很大一部分时间来为她的学校招聘人手，以为接下来的9月份开学做准备。自3月份以来，她几乎完全忙于招募新的职员，以填补不可避免的流失造成的空缺。终于，那天早上，在学校放假前的最后一天，她补满了下一学年的最后一个空缺。或者她原本是这么想的，直到丽贝卡走进来。

丽贝卡是在那天快要结束的时候到访的。丽贝卡是高中数学组的一名重要成员。事实上，她有着七年的工作经验，几乎是学校的资深教师。当她走进办公室坐下时，明显很紧张。在闲谈完夏季计划之后，丽贝卡说到了重点。她的预产期在11月初。"你可能不知道，"她说，"但我和我丈夫多年来一直想要一个家庭。所以我们很高兴。"

海伦向她表示祝贺,但内心却很沉重。现在她要在9月份前找到一个数学老师,但那是很难的。现在教师很短缺,她不确定她会有什么运气能得到一个称职的人。那些真正的好教师早已经签过合同了。

她在心里估算了一下。如果丽贝卡在11月初分娩,那么至少几个月前她大概已经知道预产期了。

海伦对丽贝卡在今天之前都没有跟她提过这事感到有点恼火,但最糟糕的还没来呢。"反正吧,"丽贝卡继续说,"只要医生说没事,我想尽可能地工作到10月份结束。然后我打算在余下的几个月里休产假,直到明年9月回到学校。"

"你真的认为这是明智的吗,丽贝卡?"海伦尽可能平静地说,"毕竟,今年秋天你只能工作几个月,然后就不得不休息。你现在就停止工作,放松节奏,直到孩子出生,这样不是更好吗?你的工作在新学年里等着你呢。"

"我和本(Ben)谈过这种可能性,纳尔逊夫人,但坦白说这是不可能的。本已经被解雇了,我们需要钱,尤其是在马上要有一个孩子出生的情况下。"

海伦俯身探过她的桌子。"听着,丽贝卡,我想你没意识到这会引起什么样的问题。你知道好的数学老师很少。我会尽力在9月前为你的班级找到一个合格的老师。如果我到11月才能给其他人提供一份工作,那么我自己都不想这么做。因为那样充其量只能找个代课老师,他很可能要照看你的班整整一年。你应该知道我能找到什么样的代课老师——他们不会教几何或三角。上次我找来替你代课的那个家伙甚至不能教四年级的算术!对学生们来说,几乎整整一年都由代课老师授课是不公平的。这些孩子已经有够多的问题了。你的首要义务是对你的学生负责。"

"不,纳尔逊夫人,我的首要义务不是我的学生,而是我的家人。"丽贝卡尖声回应,"如果我给你和孩子们造成了麻烦,我很抱歉。如果我能选择怀孕或者休假的时间,我会安排得好一些,没这么多不便,但我别无选择。所以9月份我会坐在我的办公桌前,继续教学。你只要尽力而为就行了。此外,学区在这方面的政策是相当明确的。我有权休一年的产假,只要我的身体状况允许我继续工作,我就可以在任何时候开始休产假。还有费希尔(Fischer)医生说他没有预见到任何问题,他认为我可以一直工作到最后一个月。"

我敢打赌他没有预见到任何问题,海伦想。医生们对招聘数学老师能知道些什么?

**思考题**

1. 我们已经试图区分公共行为和私人行为。但是把怀孕看作公共或私人的行为有什么意义呢?公共行为和私人行为的区分能帮助海伦·纳尔逊思考她的问题吗?如何帮助呢?

2. 我们曾经说过:"其他人不能干涉我们的偏好,除非这些偏好本身与某种道德原则相冲突。我们认为某人的偏好是令人不悦的(或感到不方便的),这并不是干涉他们的理由。"在这一案例中,是否牵涉到道德原则,使海伦·纳尔逊能够正确地干涉丽贝卡的产假计划?如果你回答说,学生对一位称职的数学老师的需求是干涉的正当理由,那这又基于什么道德原则呢?

3. 如果你认为学生的需求中包含了道德原则,那么教师合同中关于产假的条款又是怎样的呢?这不是道德原则吗?当然,履行合同就是其中之一。这两者应如何平衡?

4. 学区如何才能避免诸如最后一刻辞职这类问题呢?只能单纯依靠教师的专业承诺吗?试着为伍斯特起草一项政策,以平衡教师和学区的权利。

## 《酒小二》报

萨拉·卡茨(Sarah Katz)不喜欢《酒小二》(*The Publican*)这种报纸,所以她错过了那篇文章。但在一个小时内接了三个电话之后,她出去买了一份。对此她并没有感到特别不安。即使来电者正确地转述了报道的内容,她也不怎么相信这件事。她知道那种报纸,她也认识弗雷德·缪勒(Fred Mueller)。前者是一流的造谣小报,后者是一流的物理教师。她带着报纸回到自己的公寓,开了答录机来拦截电话,接着给自己盛好一杯喝的,然后坐下来读那篇文章。

从本质上讲,她的来电者似乎把这个故事说对了。很明显,《酒小二》在做一个系列报道,每周都会刊登关于卡姆登及其周边地区的观点偏激团体的报道。本周这一期的主角是"雅利安兄弟会",缪勒被认定为该组织的一员。

据该报纸记者称(该记者为了得到这个故事冒充了新兵),兄弟会是一个极端暴力组织,鼓吹白人绝对至上,其他种族智力低下,犹太共产主义阴谋的确存在,否认大屠杀曾经发生过,以及相信每个(白人)公民都有上帝赋予的拥有重机枪的权利。

如果报道没有突出弗雷德·缪勒的身份——"卡姆登高中的长期教职人员",萨拉会毫不犹豫地把这篇文章和雅利安兄弟会扔到一边。据记者报道,弗雷德是该组织的一名副手,并被指定为"知识领袖"。这位记者质问道,缪勒先生是怎么既能相信并履践人种和民族偏见,同时又给卡姆登高中的少数族裔和犹太学生上物理课的?

如果证据确凿,萨拉也会怀疑。但她知道,弗雷德确实设法教黑人和犹太人以及"雅利安人"物理。作为卡姆登高中的校长,她有充分的机会观察弗雷德,阅读他的数学组长对他的评价,并与他的学生交谈。虽然缪勒可能不是学校最好的老师,但他比大多数老师都要好得多。更重要的是,据她所知,他在教室里说的或做的都没有丝毫偏执的迹象。事实上,就在一周前,四年级非裔学生苏珊·麦基萨克(Susan McIsaac)还特别赞扬了缪勒,因为他花了额外的时间,帮助她在高级物理课程中学习一个特别难的单元。苏珊也不是第一个给校长如此反馈的黑人学生。

萨拉在晚上休息之前做了备注，要在第二天早上和弗雷德谈谈。她甚至对与他谈论这个问题感到不安。

结果，她不需要与弗雷德预约见面。等她做好几件常规事务时，第一阶段的课程就结束了。而弗雷德·缪勒已在她办公室的外间，一群吵闹的学生紧随其后，苏珊·麦基萨克也在其中。

萨拉让他们安静下来，很明显大家都知道发生了什么事。许多学生已经读了那篇文章，并一上课就向缪勒提问。缪勒拒绝谈论这个故事，并尝试继续上课。当学生们紧咬不放，有些学生甚至开始大喊大叫时，弗雷德十分生气。"我的政治信仰和政治组织与你们无关！"他说。课恰好在那一刻结束，大家出奇愤怒，成群结队地去往萨拉的办公室。

在办公室里，大多数学生只是重复报纸上的指控，要求缪勒做出回应。弗雷德则采取了和在教室里一样的策略，强调他不需要向学生解释自己的情况。然而，苏珊却把这件事置于不同的角度。

"听着，卡茨小姐，虽然缪勒先生在课堂上从来没有说过任何过分或贬义的话，但他说政治和种族信仰只是他的事，这是不对的。从现在开始，每次他看着我，或者我不得不问他问题的时候，我都会担心他会认为我是另一个愚蠢的黑人。我不能向一个我认为不尊重我的人学习。"

萨拉让学生解散之后，坐下来和这位物理老师交谈。她说："苏珊说得有道理，弗雷德。也许你会愿意给我讲讲报纸上报道的故事。"

缪勒停顿了很长一段时间才做出回应。"不，卡茨小姐，她没有道理，而且我不想说。苏珊没有道理，她有问题。但那是她的问题，而不是我的。她抨击的是她在造谣小报上读到的我。上周她告诉我，我是个好老师。我和上周一样，我没变，我还是个好老师。改变的是苏珊的观念和态度，那是她的问题。其次，我也不想和你讨论这件事情。我可能只是一名物理老师，但至少我知道第五修正案和我的隐私权——即使你和这些高中学生似乎对它们完全忽视。关于这件事我要说的就是这些。只要我不把它们强加给我的学生,我的政治信仰和组织隶属就是我自己的事。没有人可以指责我的做法。"

**思考题**

1. 假如你是萨拉,对于缪勒的声明你会采取什么样的立场?为什么?

2. 假设新闻报道中的事实是绝对正确的,请考虑下面的观点。如果缪勒是一名历史老师,那么相信大屠杀从来没有发生过就证明他在其领域不堪教职。当然,如果他是物理老师的话,情况则并非如此。在前一种情况下,卡茨试图让缪勒离开教学岗位的行为难道不是合理的吗?在后一种情况下就不合理了吗?如果缪勒教授历史,他的观点会更加"危险"吗?

3. 仍然假设报道中的事实是正确的,但是这些事实是通过诡计收集的,缪勒并没有故意公开宣布他的像纳粹一样的信仰。这样的话,如果你是莎拉·卡茨,你的决定会有什么不同吗?

4. 把这个案例与苏珊·洛林的第二职业进行比较。学校是否有责任提倡种族宽容?这能把这个案例和苏珊的案例区分开来吗?这个案例涉及结社自由这一事实,是否可以将两者区分开来?

(张晓月译,袁文辉校)

第四章

# 教育机会均等

## 案　例

伯根先生(Mr. Bergen)早就知道关于这个议题的政治交锋会很艰难,但现在他才知道有多难。新成立的"卓越公民"组织(Citizens for Excellence)对他虎视眈眈。在阿普尔盖特学区,今年不是反对追求优异的好时机。他需要向董事会解释为什么他反对投入更多资金到天才学生(有天赋的和有才能的学生)项目中,并不是在反对卓越。

伯根先生所在学区的人口组合十分特殊。多年来,它一直是个农业社区。目前在很大程度上仍是这样。但最近几年,该地区经历了相当大的中产阶级化。来自周围大都市的富人们发现了阿普尔盖特连绵起伏的山丘和宜人景色的魅力。很多农民抵挡不住房地产开发商的金钱诱惑,就把他们的奶牛场和果园卖给了新来者。

人口的第三部分为流动工人(migrant worker),他们大多说西班牙语。虽然这部分人口相当少,并且随着该地区农场的衰落而逐渐减少,但在阿普尔盖特学区仍然有7%的儿童讲西班牙语。

流动工人最明显的问题是他们的英语能力差。此外,伯根先生怀疑很多家庭是非法移民。至少他们面对包括他在内的公职人员时总是畏畏缩缩的。这些问题因他们是临时人口而变得更加复杂。这些家庭的收入来源是在秋天到来的时候在果园里采摘水果。大多数人采摘完水果就结束了工作季，然后挤进拖车等待春天的到来。他们的孩子上学晚、离校早。如果他们的父母在该地区以外找到了工作，那他们可能会离开几个星期。很少有孩子会在下一年回到阿普尔盖特学区读书。

伯根先生觉得有义务去帮助这些孩子。既然他们在自己所管辖的学区，他认为有责任确保他们获得他所能争取到的最好的教育。他曾一直跟董事会协商，结果是聘请了一位顾问来制定方案。那位顾问制定了伯根先生认为一流的项目，它给这些流动工人的孩子带来了一些希望，但是花费巨大。

尽管如此，伯根先生还是相信他有很好的机会向董事会推荐此项目。他所在学区的新居民带来的一个好处是，他们建造了昂贵的房子并且几乎没有孩子。阿普尔盖特的"金库"拥有新项目所需的资金。

可惜的是，"卓越公民"组织已经提出了他们自己的新计划，即为该地区的天才学生提供一系列广泛的新服务项目。这地区所有新来的地主乡绅（new landed gentry）中，每家似乎都至少有一个被认为有天赋的孩子，其中有一些确实是。同样，这个项目也十分昂贵。显然学区只能有一个新项目，唯一的问题是选哪一个。

伯根先生支持为说西班牙语的孩子服务的项目。天才学生在这个世界上总有照顾好自己的方法，尤其当他们的父母很富有的时候。另一方面，说西班牙语的孩子极度需要良好的教育。他对此深信不疑。

"卓越公民"组织的成员对此似乎并不买账。他们滔滔不绝地谈论着我们社会对数学家和科学家的迫切需求，以及学校在培养下一代的技术领导能力方面做得如何失败。对他们来说，最重要的是在经济竞争中保持领先地位。拒绝接受他们的计划显然是不符合美国精神的。

伯根先生并不是反对科学家,尽管他不太确定作为一个教育者的主要职责是打败经济竞争对手,但他也知道这个地区的权力所在。新居民交了大多数的税收。他们和农民是这个地区绝大多数的选民,但这两个群体都没有很关注西班牙裔人的福利。新居民认为西班牙裔人拥挤的拖车和吵闹的孩子降低了社区房价。农民们认为采摘水果不需要很多知识。移居者则不投票。

当伯根先生进入董事会大楼时,他知道如果想要西班牙裔孩子的项目启动的话,他今晚的话必须得有说服力。

## 争 论

甲:在这个地区,我们相信平等,尤其是机会平等的重要性。我们的学校是社会上最重要的机构之一,向年轻一代教导平等的知识并切实为他们提供平等的机会。因此,我们设立了针对弱势群体的特殊项目,他们需要额外优待。

乙:我同意平等是一件好事,但这里听起来很有意思。难道平等不意味着平等对待吗?如果你将更多的资源给一群学生,不就对其他人不平等了吗?

甲:在某种程度上是这样,但你最终要做的是,确保那些一开始不平等的人,有机会与那些有幸获得良好开端的人相比,在教育上更为平等。机会平等意味着给每个人一个真正成功的机会,而不仅仅是给他们平等的资源。除此之外,这些是社会资源,将它们投资在弱势群体身上会带来一定的社会效益,诸如减少犯罪和提高生产力等。

乙:是的,这些是社会资源,而且只要把它们投资在天才学生身上,在未来的科学家、医生、研究者和发明家身上,就会带来更多的社会效益!如果你要提供机会,那么这些才是要提供的最重要的机会。公平地说,你所要做的,就是给每个人一个平等的机会去展现他或她的才华。然后,一旦你发现有才华之人就加以培养,即使这意味着为少数有才华的人投入更多的钱。

甲:但这会给已经是优势群体的人带来更多优势。平等和公平要求我们以不同的方式对待人们……我说过了吗?我想我有点困惑了。

乙:如果你认为自己困惑了,那我们学校的学生呢?我们教导他们,平等作为民主的基本价值有多么重要,却继续不平等地对待他们,给某些学生群体提供比其他学生更多的有限资源!

## 概念:平等

伯根先生面临着一个机会平等的问题。他相信公平要求他为自己所在学区的弱势学生提供额外的资源,而不是为学区的天才学生提供额外的资源。公平真的要求这么做吗?如果学校董事会通过投票决定把钱投给天才学生项目,这是不公正的吗?

请思考争论双方会如何为自己的观点展开辩护。伯根先生认为,学区里的西班牙裔孩子应该享有额外资源的主要原因是,他们需要更多的资源。他依据需要的标准来证明自己的选择。那些支持天才学生项目的人已经含蓄地表明,这些学生应该接受额外的资源,因为他们可以使项目发挥最大效用。正是这些人将来能够为全民族的福祉作出更大贡献。这里似乎假设了,能力是分配教育资源的标准。我们应该将更多的资源用于支持那些学术上最有能力的人,因为正是他们将尽最大的努力来造福所有的人。

在开始思考这个选择之前,请考虑一条附加的原则。我们将称其为平等对待原则(principle of equal treatment)。它告诉我们:在任何特定情况下,人们应该得到相同的对待,只要在该情形下,他们被决定如何对待的各个方面都相同。这条原则的一个推论是,不同的人应该得到不同的对待。

这条原则意味着什么?假设史密斯(Smith)和琼斯(Jones)在入学考试中取得了同样的分数,现在要决定这两名学生是否被名牌大学录取,我们应该选择史密斯还是琼斯呢?平等对待原则并没有解决这个问题。它所说明的是,无论我们给予史密斯什么待遇,我们都必须给予琼斯同等的待遇,因为史密斯和琼斯在相关方面的表现是一样的。这一原则还要求我们应该有决定如何对待人的理由(Peters,1970)。例如,如果我们认为史密斯应该被这所大学录取,理由是他在考试中取得的分数表明他有能力进入这所大学。这个论点在逻辑上把史密斯的特征(他的考试成绩)与一种待遇(大学录取)联系起来了。至关重要的是,只要史密斯和琼斯在相关标准上是相同的,那么任何使史密斯取得成功的论证也必须同样适用于琼斯。因此,我们不能合理地为我们应该录取史密斯而不是琼斯进行辩护。

我们如何从平等对待原则转向教育机会均等的理念?通常,关于教育机会均等的最重要问题之一,是我们把什么看作教育项目准入的无关标准。有一个强有力的推断认为,种族、性别、宗教和族裔等特征与大多数正当的教育目的无关。因此,如果我们发现有人根据与这些特征有关的方式,对两个人提供不同的待遇,就有力地证明了不公正的现象正在发生。然而这并非一概而论。在确定谁将从旨在纠正种族歧视的项目中受益时,将种族用作一项标准想必是允许的。将宗教用作进入神学院的标准也是正当的。然而,考虑到种族、性别、宗教和族裔几乎与所有正当的教育目的无关,这里存在着一个强有力的推断,即用它们作为分配教育资源的标准是不当的。

这一分析表明,任何关于机会均等的争论都会涉及三种主张。

1. 道德(Moral)主张:平等包括平等地对待相同的人和不平等地对待不同

的人。

2. 相关性（Relevancy）主张：某些因素与人们将被如何对待有关，其他因素则无关。

3. 效能论（Efficacy）主张：特定的对待方式产生令人满意的结果。

因此，要全面考虑教育机会均等，我们必须明确与教育有关的各种因素和适当的对待方式。伯根先生目前还无法做到这一点。他面对着两个非常不同的群体。假设能力和需求都是与教育相关的因素，伯根先生需要知道它们如何与不同的待遇相连，在这种情况下什么是公平对待。

我们可以从利益最大化原则和平等尊重原则的角度来探讨他的两难处境。

利益最大化原则要求我们从善的最大化的角度来看待这一问题。我们假设，我们希望最大化的是一种相当模糊的商品，简称为"人类福利"（human welfare）。我们也可以假设，虽然人类福利与一个特定社会的生产力不同，但一个社会的生产力是衡量人们富裕程度的一个公平标准。那么，从利益最大化原则的角度来看，平等对待原则是正当的（justified），它认为根据相关而非无关的标准来为人们做决定是在最有效地利用资源和机会。如果我们不能平等地对待相同的人和不平等地对待不同的人，我们最终将无法有效地利用我们的资源和机会，从而无法最大限度地增进人类福利。

例如，为什么把种族因素考虑在内是令人反感的？从利益最大化原则的角度看，其原因是效率低下。如果我们在招聘时考虑种族因素，这意味着，我们有时不会聘用最适合这份工作的人，因为他是某个种族的成员。因此，我们可能会把钱付给一个效率较低的员工，因为我们在决定雇用谁时，参照了一个无关紧要的特征。同样的论证也适用于教育机会。如果我们要最有效地利用教育资源，就不会用种族等特征来决定谁将得到什么教育机会。

我们在确定什么是相关标准时也可以诉诸利益最大化原则。如果想知道我们应该在一个优秀的员工身上寻找什么特征,答案是那些能够让这个人最高效(productive)的特征。如果我们正在寻找篮球运动员,那么身高将是一个相关标准。如果我们要找会计师,那么数学能力就很关键。同样,如果我们希望了解在分配教育资源方面应该注意哪些特征,那么问题就在于什么特征能让人们最有效地利用资源。

这个论点似乎是那些为天才学生项目辩护的人所呼吁的。事实上,他们声称该地区应该把资金投入到天才学生项目中,因为这是对资源最有效的利用。这些孩子是社会未来的领导者和科学家。如果我们把钱用在他们身上,就是将钱投入到最富有成效的地方。

伯根先生能不能代表弱势的西班牙裔学生诉诸利益最大化原则,还是只能用它来证明把我们的教育资源花在天才学生身上是合理的?想一想。把我们的教育资源用在最有学术才能的人身上,并不总是最有效的方式。例如,把额外的资源投入到最有能力的学生的教育中可能不会产生额外的好处,也许我们最终会花钱教这些孩子他们本可以自学的东西。或者,我们对这些孩子的投入回报已经到了递减的地步。无论我们怎么通过创建一个新项目为他们购买额外的学习效果,相对于所涉及的成本来说,回报都是很小的。而为伯根先生所在地区的西班牙裔儿童提供的项目对社会的好处或许相当可观。如果他们的教育需求得不到满足,这些孩子的余生可能都会贫穷度日。如果他们在有机会上学的时候没有获得最低限度的能力,那么他们可能会遭遇失业,从而不断消耗社会资源。但是,如果伯根先生的项目成功了,这些孩子将有机会成为有用、有生产力的社会成员。因此,伯根先生为他所在地区的西班牙裔儿童所制定的项目给社会带来的福利完全有可能超过天才学生项目带来的福利。如果伯根先生想要运用利益最大化原则来说服学校董事会为西班牙裔儿童投资一个项目,那么他将不得不说服董事会,满足西班牙裔儿童的需求是这笔钱最有效的用途。

从平等尊重原则的角度看待机会均等的观点,使我们能够以不同的方式看待这些议题,尽管在许多方面会有一致意见。例如,那些从平等尊重原则的角度进行论证的人,仍然希望区分相关和无关的特征。他们也会坚持平等对待相同的人和不平等对待不同的人是一种道德义务。此外,相关和无关的特征与它们在利益最大化原则下的区分大致相同。相关特征是那些与正当目的相关的特征。在招聘中,这些目的是完成工作。在教育方面,它们则是学习。平等尊重原则并没有要求我们雇用不能从事这项工作的人,或将教育资源用于无法从中获利的人。

然而,在一些重要的方面,平等尊重原则使我们对平等有了不同的看法。其中一个不同之处是,机会均等将以另一种方式得到论证。从平等尊重原则的角度出发,我们可以考虑如何反对使用种族因素来聘用员工。我们假设,琼斯拒绝雇用史密斯为木匠,如果琼斯的理由是史密斯不如其他木匠优秀,那么琼斯在拒绝时并没有否认史密斯作为人的基本价值。琼斯可能继续认为史密斯是一个值得尊重的人,也可能会继续把他看作与自己平等的人。他只需要相信有更好的木匠可用。但是,如果琼斯因为史密斯的种族而拒绝雇用他,那么他就否认了史密斯作为一个人的基本价值。当我们因为一些不相关的理由拒绝给某人一个机会时,实际上是在说,我们拒绝他是因为我们认为他不是一个完全有资格的人。出于他个人骨子里的原因,我们不想跟他有任何关联。琼斯不能因为史密斯的种族而拒绝雇用他,而要继续把史密斯视为一个值得尊敬和公平对待的人。因此,根据无关紧要的特征而拒绝给予一个人任何利益或机会,就是否认这个人的平等价值,并拒绝给予这个人同等的尊重。

平等尊重原则与利益最大化原则的第二个不同之处在于,平等尊重原则并不要求我们在任何情况下都能有效利用资源。最能表达对人平等尊重的资源使用,并不一定使结果最大化。

例如,假设我们知道为西班牙裔儿童服务的项目会对那些孩子有一定好处,这将使其中许多人在某种程度上获得稳定收入。但是,让我们也假设(为了讨论的目的)把这个项目给天才学生,会对整体经济产生更大的影响。鉴于此,利益最大化原则推导出来的选择很明显,我们应该选择天才学生项目。但这是唯一站得住脚的选择吗?伯根先生可能会回应说不是。尽管假设了天才学生项目会产生更大的整体影响,但是西班牙裔儿童项目对他们个人来说更为重要。它将使他们的生活在处于经济崩溃边缘和丰富安稳之间产生差别。虽然天才学生项目的整体影响力更大,但西班牙裔儿童的需求仍然是极为重要的。剥夺西班牙裔儿童过上更好生活的机会是不公平的,有时候,满足某些人的需要比最大限度地增进所有人的平均福利更为重要。

伯根先生的主张也可以诉诸平等尊重原则来论证。如果人类具有同等价值,那么他们的利益和福祉就具有同等的价值。但利益最大化原则并不总是平等地关注每个人的利益和福祉。有时它似乎告诉我们,我们可以用一些人的福利来换取另一些人的福利。实际上,每当平均福利增加时,我们便可以这样做。但是,这样做就是把一些人只当作为他人谋福利的手段来对待。这就不把他们的利益和福祉视为与其他人的具有同等价值,就是不把他们当作人来尊重。

因此,当要求我们用一些人的福利换取另一些人的福利时,利益最大化原则可能就与平等尊重原则相冲突了。有时这似乎不公平。我们能为不平等对待辩护吗?还有什么可供选择呢?假设我们认为,只有当获得较少份额的人因此受益时,才允许我们对某些资源进行不平等的分配。这是约翰·罗尔斯(John Rawls,1971)深入研究的观点,我们称之为最大化最小值原则(maximin principle)。它要求我们最大化那些得到最低份额的人的福利。在目前的情况下,只要这个项目给西班牙裔儿童带来的好处大于天才学生项目,我们就应该选择这个项目。即使把钱花在天才学生身上能产生更高的平均效益,我们也会选择这么做。

最大化最小值原则有三个值得注意的特征。第一,虽然它不要求所有利益都平等分配,但它确实要求,只有当每个人都因此受益时,才允许不平等(偏离平等分配)。只有表明那些得到较少份额的人的处境比在平等分配的情况下要好,才能证明不平等是合理的。禁止出现用一些人的福利换取另一些人的福利的不平等现象。

第二,这一原则特别关注社会最弱势群体的需要。实际上,它要求我们只能以使他们受益的方式分配资源。如果处境不利者因此变得更糟,我们可能不会为了提高平均福利而分配资源。社会公正的试金石不是一般人的福利,而是最弱势群体的福利。

第三,这一原则平等地尊重每一个人。虽然它并不要求每个人都有好的处境,但它确实阻止了一些人以牺牲他人利益为代价而去获得较好的处境。只有当所有人都受益时,才允许资源分配上的不平等。

这对伯根先生有帮助吗?很有可能。这给了他一种思考自己选择的方式,从而支持了他的感觉,即正义要求特别关注他所在学区弱势学生的需要。

## 分析:道德经验

在前面的讨论中,我们介绍了一条新的道德原则:平等对待原则。这条原则要求我们以同样的方式对待处境相似的人,以不同的方式对待处境不同的人。我们发现,我们可以通过诉诸利益最大化原则或平等尊重原则来为这一原则辩护。两者似乎都能证明平等对待原则,尽管出于不同的理由。但是,当我们看一个关于天才和处境不利者的具体案例,以及如何在这两个完全不同的群体之间分配资源时,平等对待原则不足以对这个问题做出抉择。我们必须回到利益最大化和平等尊重的基本原则上来。然而,这产生了相互矛盾的结果。因此,我们似乎应该开始问,是否有什么理由让我们更倾向于这些基本原则中的一个而不是另一个。现在我们来考虑一些论点。

对利益最大化原则的一个异议是,有时它证明了那些直觉上似乎不公平的结果是合理的。在本案例中,它似乎可以证明拒绝向有迫切需要的儿童提供重要的教育项目是合理的。然而,还有比这更有力的案例可以反对利益最大化原则。

重要的是认识到,只要平均福利增加,利益最大化原则就可以证明一个群体的福利与其他群体的福利之间的任何交换都是正当的。这个原则要求的是平均福利越高越好。那么,假设在某个历史时刻,奴隶制是最具生产力的经济体系。利益最大化原则能否为奴隶制辩护?如果事实上,在一个一些人由其他人所支配的社会中,人们的平均生活水平确实提高了,那么利益最大化原则将证明奴隶制是合理的。但毫无疑问,任何能为奴隶制这种冒道德之大不韪的行为辩护的道德原则,肯定都是有问题的。

此外,奴隶制并不是利益最大化原则在道德上存在问题的唯一潜在后果。如果剥夺人权使得平均福利增加,那么似乎任何人权都可能受到威胁。在第二章中,我们诉诸利益最大化原则来为思想自由辩护。我们认为,个人自由在创造所有人的总体幸福方面是有效的,但假设在某些情况下会产生相反后果。也许在某些情况下,自由不利于整体幸福。菲茨杰拉德(Ms. Fitzgerald)的学区督学希金斯博士(Dr. Higgins)认为她的情况就是这样。这是否意味着我们必须在这种情况下中止自由?看来,利益最大化原则就会导致这一后果。

因此,利益最大化原则似乎是对基本权利的潜在威胁。它不仅允许我们用一些人的福利换取另一些人的福利,还允许我们用一些人的基本人权换取另一些人的福利。唯一重要的是平均福利的增加。这严重违背了利益最大化原则本身。然而,平等尊重原则不会导致这种后果。它的核心要求是,我们要尊重他人的权利,而不是以权利换取福利。

这表明，一般来说，后果论面临着非后果论所没有的一种困难。当且仅当基本人权带来的结果是可取的时，后果论才为基本人权所辩护。如若不然，后果论就会允许我们拿某些人的权利换取他人的福利。这是不是确定无疑的呢？在否弃利益最大化原则和一般意义上的后果论之前，我们应该努力为它们辩护一二。在这里，请大家考虑两个论证。

第一，后果论者经常争辩说，应用利益最大化原则所产生的想象中的不良后果，只是一种想象。以奴隶制为例，如果奴役某些人可以增加社会的平均福利，那么利益最大化原则就证明了奴隶制是正当的。但是，是否存在这样一种真实的情况，奴隶制最终会让社会变得更好呢？后果论者可能会说，当我们考察任何社会中奴隶制的全部后果时，答案肯定是"不"。在某些情况下，奴隶制可能会带来一些经济效益，但要考虑其他后果。一个蓄奴的社会必须把它大部分资源用在维持进行压迫的各种手段上。它必须有许多警察、士兵和监工。这些人既不从事生产，又会对主人和奴隶的自由构成威胁。此外，奴隶制对奴隶以外的人也有不良后果，主人必然生活在对奴隶的恐惧中。在这些方面，奴隶制通常会削弱社会结构，一个蓄奴社会必定是剑拔弩张和不稳定的。因此，没有一个现实中的蓄奴社会能够满足利益最大化原则。毕竟，这就是为什么奴隶制是不正义的。后果论者认为，在实际情况中，这一原则最终导致对人权的肯定，而不是否定。

第二，非后果论观点也会带来非正义的结果。在本章的前一节中，我们认为最大化最小值原则最好地表达了平等尊重人的原则。只有当不平等分配对所有人都是有利的，尤其是有利于那些在总体利益中获得较少份额的人时，才允许出现不平等。但在某些情况下，可能为了极少数人从中受益，要求我们放弃对几乎所有人来说都非常丰厚的好处。假设一所私立学校收到了一份非常可观的用以改善设施的捐赠，足以建造一座学校所需的现代图书馆，还能在其尚未完善的体育设施方面增加一个健身房或游泳池。然而，富有的捐助者做出了捐赠规定，它的使用需符合最大化最小值原则。因此,校长决定用所有的钱为一名截瘫学生配备非常昂贵的特殊设备,花大笔的钱改造建筑,包括修电梯。当然,当处境最不利的学生没有使用这些设备的时候,其他所有学生也可以使用它们。这公平吗?有时用一个人或少数人的福利换取多数人的福利,这在道义上是不合理的吗?那是不是多数人会被少数人挟持为道德人质?因此,对于后果论观点和利益最大化原则,的确有一些值得商榷的地方。

这些思考有用吗?显然,问题还没有解决,但我们已经了解了支持和反对两种道德观的论证结构。看来,当利益最大化原则与平等尊重原则发生冲突时,核心问题是我们愿意在多大程度上允许某些类型的交易。如果有的话,什么时候我们愿意用一些人的福利或权利换取另一些人的福利?基本人权有商量余地吗?如果基于大众福利需要,我们可以停用平等尊重原则或利益最大化原则吗?如果我们没有解决这一争端,至少我们更清楚地了解了它的性质。当我们做出道德选择时,即使它比我们想象的要复杂得多,我们也能更好地理解什么是利害攸关的。

我们对道德推理是否已有所了解?在这里,和前几章一样,我们通过推导道德理论的结果,并根据我们在特定情况下的道德敏感性来检验这些结果,发现这些道德原则似乎是我们道德理论的基础。例如,我们注意到,在某些情况下,利益最大化原则似乎产生了道德上令人难以接受的后果,从而对这一原则的充分性产生了一些怀疑。我们用类似的方法检验了最大化最小值原则。这种情境、原则和直觉之间的互动(play)是道德推理的一个特征。

我们似乎正在经历一个普遍的过程,在这个过程中,我们需要做出某种道德选择,并对这种选择做出某种直觉的道德反应。例如,伯根先生认为,在有其他学生急需帮助的情况下,用现有资源为天才学生提供一个项目是不公平的。然而,他并不能清楚地说出原因。有一种方法可以帮助我们清楚地认识到自己的道德直觉,那就是尝试陈述一个或多个道德原则,这些原则可以用来证明我们的道德直觉是正确的。当我们能够形成一个以我们的感觉为基础的原则时,可进而用其他案例来检验这个原则。我们追问,在不同的情况下,应用这一原则可能会产生什么结果。如果我们发现这些结果也符合我们的道德经验,那么这就是接受这一原则的理由。然而,如果这一原则在应用于其他类型的案例时似乎产生了道德上令人反感的结果,那么这一原则就站不住脚了。因此,我们用道德感受来检验我们的道德理论,就像我们用数据来检验科学理论一样。

通过发展我们的道德理论,我们也可以更清楚地了解我们道德选择中的利害关系。将自由和平等问题与利益最大化原则或平等尊重原则等联系起来,有助于我们通过诉诸适用于更广范围的各种案例的道德观念来发展我们的道德理论。我们可以用更广泛、更充分的可能性来检验我们的道德观念。因此,道德推理在某些方面似乎与其他形式的推理相似。这是合乎逻辑且客观的,考虑到一切可能性和合理的批评。它既包括构建理论,也包括检验理论与经验相抵触的结果。

## 结 论

还请注意,虽然我们还没有解决我们正在处理的两种主要道德理论之间的紧张关系,但已经取得了一些进展。例如,我们已经表明,一些重要的伦理思想是有充分理由的。如平等对待原则已在我们的道德经验中得到了成功的检验。而且,它在理论上似乎与利益最大化原则和平等尊重原则一致。这对它非常有利。虽然我们没有解决我们提出的每一个问题,但这不应该太令人沮丧。毕竟,我们已经试图触及困难的问题,并且至少对它们有了一些清晰的认识。这似乎是对客观道德推理的可能性持乐观态度的理由。

# 补充案例

**数学家能够推理吗？**

高斯函（Gauss Function）是波士顿学者高中数学教研组组长，他已经为自己的决定苦恼了很久。如果要在奖学金申请截止日期前将推荐信送达积分学院（Integral Institute），他今天就得把信写好。他必须在伊丽莎白·菲茨杰拉德（Elizabeth Fitzgerald）、查尔斯·米勒（Charles Miller）和雷蒙·奥尔特加（Ramon Ortega）之间做出选择。

每年都有十个奖学金名额（Integral Summer Fellowships）颁发给即将进入大学学习数学的高三学生。获奖学生们在加利福尼亚的积分学院度过他们的夏天，与一些全国顶尖的数学家们一起工作。这一奖学金的竞争异常激烈，全国最好的学生都会争取。获得奖学金，实际上就保证了该学生能进入美国最好的大学。

根据奖学金申请表，要考虑的首要标准是"创造潜力"，即候选人进行原创数学研究的潜力。显然，这一标准要求裁判员做出高度主观的判断。虽然会考虑高中成绩和测试成绩，但该文件强调它们不是决定性的。文件还强调，积分学院对有前途的少数族裔和女性学生特别感兴趣。

高斯函知道他提名的学生一定会被接受。积分学院的负责人冯·诺伊曼（Don Von Neumann）非常重视他提交的推荐者。高斯函和冯·诺伊曼是老朋友，他们一同在耶鲁大学获得了博士学位，多年来一直保持着联系。在冯·诺伊曼于数学研究方面取得卓越成就之际，高斯函已经从所谓的"学术事业竞争"中逃离出来，开始从事高中教学，因为正如他所说，他希望有机会帮助培养年轻人的心智，并让他们认识到数学之美。尽管高斯函选择做高中教师,但他也仍继续研究数学,并向研究性杂志投稿。冯·诺伊曼经常说,他很钦佩老朋友既能在高中教书,又能同时成为一名活跃的数学家。

每当冯·诺伊曼来到波士顿,他总是去看望他的朋友高斯函。有一次,他谈到了积分学院的奖学金。他曾说过,在选择学生时,他很少看平时成绩或考试分数。"数学创造力不是由学术文化中这些琐碎方面来衡量的,"他说,"我需要那些我可以信任其判断的人的深思熟虑的评估。"

高斯函知道他是冯·诺伊曼所信任的人之一。他也知道,他和他朋友的意见基本一致,即只有具有创造力的数学家才有资格识别他们学生的创造力。然而,高斯函也敏锐地意识到,这样做的实际结果是创建一些人所说的"校友关系网"(old-boy network)。因此,高斯函总是特别注意考虑平权行动。他认为,在过去,女性和少数族裔在数学上受到了不公平的歧视,他发誓只要有机会,就尽自己的一份力量去克服这一遗留问题。在目前奖学金申请的情况下,他不确定是否有人这样做过。

一方面,如果绩点和考试成绩至关重要,那么高斯函的任务就很简单:伊丽莎白·菲茨杰拉德将轻而易举地赢得他的支持。这位年轻女士的平均绩点 GPA 为 4.0,SAT 成绩为 800 分。以客观标准衡量,她是一个很有天赋的学生。不过,他对她的独创性就不那么有把握了。他在她身上只瞥见了区分天才研究人员与平庸研究人员的创造力火花。他相信菲茨杰拉德会成为一名出色的数学家,不管她是否能成为一名杰出的女性。

另一方面,查尔斯·米勒似乎是最有潜力进行创造性研究的。在课堂上,这个年轻人往往很聪明,提出的问题也很有洞察力。问题是他总不来上课,他翘了很多次课;他对自己不感兴趣的科目不屑一顾;他是个狂妄自大的人。一定程度上,他的这些特点导致他的成绩很差。但他成绩糟糕最主要的原因是他拒绝做那些他声称"无聊"的工作。虽然米勒说他要继续在大学里学习数学，但高斯函怀疑是否有好的院系会录取他。如果没有一份积分学院奖学金，那么他肯定进不去。

但米勒的个人特点使高斯函在推荐他时保持谨慎态度。高斯函怀疑，如果米勒觉得积分学院"无聊"，那么他会花整个夏天在加利福尼亚的海滩冲浪和无所事事。坦白地说，高斯函不愿意拿自己作为天才伯乐的身份冒险来推荐米勒。如果这个年轻人"失败了"，高斯函怀疑他以后推荐的奖学金申请者就不一定被接受了。

第三方面是雷蒙·奥尔特加。从成绩单上看，奥尔特加的成绩远远好于米勒，但远不及菲茨杰拉德。他的数学成绩是全优，但其他科目成绩平平；他的SAT成绩不错，但不突出。他很少在课堂上发言，高斯函也不清楚他有多少天赋，他怀疑奥尔特加的大部分问题源于明显较差的小学教育，但他对此并不确定。因此，在创造力的主要标准上，高斯函认为菲茨杰拉德和奥尔特加的水平差不多，但他确信米勒有更大的潜力。

正当高斯函考虑平权行动的标准时，他发现自己陷入了一个真正的困境。菲茨杰拉德几乎是美国社会所能造就的真正贵族。她是波士顿豪门的后裔。菲茨杰拉德一家（还有他们的财产）几乎和波士顿一样存在了很长时间。凭借她的学习成绩、家庭的财富、声望和政治影响力，她一定能被美国的任何一所大学录取。她当然不需要奖学金。然而，她是一位女性，而女性在数学方面缺乏代表性，获得奖学金肯定会促进她的事业。于是，在第四方面，高斯函想知道菲茨杰拉德的性别是否真的与他的决定有关。对于出自波士顿菲茨杰拉德家族（Boston Fitzgeralds）的人来说，身为女性真的会成为一个障碍吗？

尽管菲茨杰拉德有着深厚的背景，但如果她的性别仍然使她处于不利地位，那么奥尔特加的种族是否也使他处于不利地位？作为一个西班牙裔，奥尔特加的身份和菲茨杰拉德的性别一样，都给高斯函带来了困扰。事实证明，奥尔特加并非出生在波多黎各，而是和他的母亲一样，在波士顿出生（高斯函发现，她的娘家是史密斯家族）。奥尔特加先生来自波多黎各，但他从小就在波士顿，现在是一家成功的建筑公司的老板。奥尔特加家族虽然与菲茨杰拉德家族不属于同一个社会阶层，但却是实实在在的资产阶级。那么，在第五方面，出于平权行动的目的，真的应该把奥尔特加看作弱势群体或西班牙裔吗？

这个 n 维空间的最后一个维度，是米勒。他是典型的盎格鲁-撒克逊白人新教徒（WASP）。他出生在波士顿郊区，是中产阶级专业人士的独子，就平权行动的目的而言，他没有什么可以推荐的。事实上，他恰恰代表了那种旨在遏制无处不在的平权行动的人。米勒的 WASP 身份会对他不利吗？

高斯函一边考虑这些问题，一边坐下来给他的老朋友冯·诺伊曼写信。

**思考题**

1. 平权行动是一项国家政策，旨在纠正过去对少数族裔和女性犯下的错误。纠正这些错误必然需要对非少数族裔和男性犯下另一种错误吗？

2. 如何采取平权行动才能避免这种错误？具体来说，也就是为积分学院制定一项政策，增加女性和少数族裔成员在数学方面的代表性，同时避免对其他群体的不公正待遇。

3. 你为积分学院提出的政策与本章前面的"概念：平等"中讨论过的平等对待原则相比如何？

4. 如果你的政策违反了这一原则，你能在不诉诸矫正过去对女性和少数族裔的不公正的争论的情况下，为这种违反行为辩护吗？

5. 假设我们将关于米勒的粗暴个性和不愿做"无聊"工作的描述从案例中删除，但其他一切都保持不变，你会不会改变选择谁获得奖学金的决定？如果是这样，为什么性别和少数族裔身份只在与个性怪癖进行权衡时才算在内呢？

### 是他冥顽不化吗？

新雅典学区管理层（the New Athens Administrative Cabinet）的会议通常都是平淡无奇的。事实上，萨拉·布劳内尔（Sarah Brownell）督学有时很难让校长们保持清醒。在学校自助餐厅用完午餐后，与会者在讨论预算和人事政策的细节时往往昏昏欲睡，但今天的会议气氛变得越来越紧张。弗雷德·卡茨（Fred Katz）说得越久，大家就变得越焦躁不安。

弗雷德是新雅典高中的校长。在过去的20多年里，他一直是一个沉默寡言、有思想的人，他的专长是对问题进行细致的分析，然后仔细考虑行动。新雅典中学的变化并不频繁，但当改变发生时，通常是适当的。他也有着直言不讳的名声，如果他认为批评他的学校是不合理的，他就不乐意接受批评。

当弗雷德说话时，萨拉注意到有几位校长偷偷地瞥了吉姆·克劳福德（Jim Crawford）一眼，想知道他对卡茨的话有什么反应。吉姆目不转睛地盯着弗雷德，但他一句话也没说。最后，紧张气氛变得愈加明显，萨拉打断了弗雷德并插了一句话，说无论如何今天什么也不能决定，如果他们想在一个合理的时间内结束会议就必须回到议程上来。但是，即使花了一个小时研究错综复杂的公交时刻表，当所有人都离开时，空气仍然是紧张的。只有吉姆·克劳福德还站在走廊上等着。"我能和你谈几分钟吗，萨拉？"他问道。

吉姆是新雅典学区唯一的黑人校长。萨拉在两年前成为督学后不久就任命他为杰斐逊小学的校长。她致力于学校种族融合，包括学区专业人员的融合。她认为这样的任命特别重要，因为近年来该社区的黑人人口大幅增加。她很满意自己的选择。吉姆是一位优秀的教育工作者和充满活力的领导者，他的领导能力在杰斐逊小学产生了作用。教职工士气高涨，学生成绩不断提高，无论是白人家长还是黑人家长都对他评价很高。事实上，正是吉姆的主动和积极促使他在会议上对弗雷德·卡茨发表了评论。

吉姆就任的杰斐逊小学是新雅典高中的预备学校,当杰斐逊小学的毕业生进入中学阶段时,吉姆对他们的学习生涯产生了兴趣。为了跟进这一兴趣,他采访了一些以前的学生,与新雅典高中的指导顾问交谈,并收集了一些数据。在会议的"新业务"部分,吉姆介绍了他的工作成果。

他首先描述了这所高中的分流教学。它的课程和许多美国高中一样,分为大学课程、普通课程和职业课程。第一组的大多数学生都进入了州立大学。在普通教育领域,有相当一部分人要么上了当地的社区大学,要么在该地区众多的电子公司从事白领工作。但根据吉姆的数据,选择职业课程的大多数学生从事蓝领工作、参军或仍然待业。

吉姆说,和大多数被跟踪的高中一样,新雅典高中的学业分流与种族密切相关。参加职业课程的学生中有50%是黑人,参加普通课程的学生中有30%是黑人,而进入大学的学生中只有20%是黑人。

吉姆把这些数据视为新雅典高中机会不均等的迹象。"弗雷德,你学校里发生了什么事?"他问新雅典高中校长。他说:"大多数黑人孩子都来自我的学校,我认为他们已经做好了充分的准备。他们为什么要被分流到底层轨道?"

这个问题引起了大家的注意。弗雷德像往常一样,先把烟斗里的烟丝刮掉,然后才回答。

"你知道,吉姆,几年前我也想过同样的问题,我花时间仔细研究了这件事。"(萨拉暗自一笑。卡茨用一句话成功地表明,他在认识这一问题方面远远领先于吉姆,而且吉姆也没有充分考虑过这个问题。)"我不记得调查的细节,但调查的要点如下:

"我记得我担心我的员工可能存在种族偏见。但事实上一些黑人孩子进入了大学,这至少表明,如果员工有偏见,那么他们在这方面是严格择优挑选的。他们不可能对黑人学生本身有偏见。然后我采访了几乎一半的职业教育领域的孩子。不是什么正式的,你知道,只是在大厅里闲聊等。几乎所有人都告诉我,他们之所以选择职业教育,是因为这正是他们想要的。他们不想上大学。他们喜欢职业教育。他们喜欢汽车机械、美容或餐饮服务课程。

"这些都是很好的课程。事实上,就在一周前,我和露丝·希金斯(Ruth Higgins)交谈过,她在小镇西边经营着一家美容院。你知道的,她的大多数顾客都是黑人。无论如何,她刚刚雇了我们的一个女孩,她告诉我她做得有多好。她说,这个女孩显然在美容课程中学到了很多东西。

"现在,我碰巧认识她说的那个孩子。她在中学的头几年一直是个大麻烦。家里只靠她妈妈一个人养着一大群孩子,她妈妈有一半时间都是喝醉的状态,而且有一大堆男朋友,福利救济就是全部的生活来源。而她看起来也要过同样的生活。不过,这个孩子对美容学产生了兴趣,在她一生中第一次获得了及格的成绩,并坚持下来,然后毕业了。如果我们把她逼到学习美国文学和代数的高轨道的位置上,她可能会退学并依靠救济而活。相反,她现在找到了一份工作,开始了一种体面的生活。这有什么问题吗?

"我也和一些家长谈过,他们中的大多数人对送孩子上大学不感兴趣。你知道,孩子们不只是被困在职业课程里。我们会看他们的考试成绩,并考虑他们小学老师的建议。但最重要的是,我们与学生和他们的父母交谈。他们参与课程的选择,并在九年级时做出决定。我们解释了每种课程的优势,然后家长、学生和辅导员一起决定。但父母和学生总是有最终决定权。如果孩子想要另一种课程的话,我们绝不会让他们进入其他任一轨道的。如果孩子看起来能应付学业,我们会鼓励他们参加大学课程。但很多人不想要。我们该怎么办?让他们加入一种违背他们意愿的课程,因为在我们看来这样就能更好地实现种族平衡吗?或者我们应该完全废除这些轨道,每个人都必须学习莎士比亚、三角学和法语,无论他们是否能掌握这些知识，无论他们是否要上大学。

"最后，不要误解我要说的话，但让我们面对事实，即使事实是令人不快的。我所发现的每一项证据都表明，平均而言，黑人孩子的学业能力可能不如白人孩子。也许是因为"社会化"，不管那是什么意思；也许是因为他们的同龄人文化不太重视学术成就；也许是因为黑人家庭的解体；也许是因为美国的种族主义历史；也许，只是也许，是因为黑人不如白人聪明。我不知道，你不知道，其他人也不知道。任何说他们知道的人不是傻瓜就是骗子。如果……"

就在这时，萨拉·布劳内尔打断了谈话，把会议重新拉回议程。

当萨拉和吉姆在会议后走进她的办公室时，吉姆勃然大怒。"听着，萨拉，卡茨得走了，"他开始说，"我不敢相信像他这样聪明的人会说出这种种族主义废话。这个镇上的黑人孩子必须有机会过上更好的生活。我不需要列举有关新雅典地区的黑人贫困、失业和青年犯罪的统计数据。你知道他们，上学是他们的机会，也许这是他们唯一的机会。把他们集中到美容和餐饮行业是一个糟糕的笑话。那根本不是个机会。

"当我开始研究这个问题时，我就知道我在新雅典高中会发现什么——大多数黑人学生都在较低层的轨道上。大多数学校都是这样。我没想到的是，有一位校长竟然认为这是他们的归宿。'也许是这样，也许是那样，也许，只是也许，是因为黑人不如白人聪明。'上帝啊！他还漏掉了另一个'可能'，也许是因为我们的中学校长冥顽不化。

"我承认卡茨很聪明。但是种族主义也是一种会感染聪明人的疾病。我本希望当我和弗雷德讨论这个问题时，他会运用他的智慧来帮助解决它。但他不是解决方案的一部分，他是问题的一部分。在他任校长期间，那所学校什么事也不会发生。

"赶他走。如果有必要的话，趁你还有机会，把他'提拔'到学区办公室去做某种无害的工作。一旦这件事曝光,我们就得付出惨痛的代价。这事肯定会传开的——今天除了你和我,房间里还有 12 个人。这个城镇的黑人社区再也不能容忍这种态度了。"

萨拉告诉他,她需要一些时间来考虑整个事件。但她知道她不会有太多时间,她从吉姆的最后几句话中意识到了几乎不加掩饰的威胁。

**思考题**

1. 弗雷德·卡茨对同事们的评论既有事实,也有观点。其中哪些是事实,哪些是观点呢?

2. 为了便于讨论,假设关于新雅典中学的学生如何进入分轨的事实是正确的——例如,父母和学生拥有最终发言权,他们得到了对每个轨道的优点和缺点的公正描述,等等,在这种情况下,卡茨的观点有什么不同吗?哪里不同?

3. 我们说过,人们有广泛的权利表达他们所希望表达的任何意见,而不必担心政府的干预或惩罚。如果萨拉赶走卡茨,那他是因为发表不受欢迎的观点而受到了惩罚吗?

4. 关于种族的观点,是否有一些适用于教育工作者但不适用于任何其他公民的特殊限制?如果有的话,它们是什么?

5. 假设新雅典中学的学生确实被安排在他们和他们的父母想要的轨道上,那么,基于什么理由,学校有义务试图让他们相信他们想要的是错误的东西?种族平衡是其中一个原因吗?

6. 卡茨有权利期望在一个私人的、专业的会议上向同事们表达的意见被视为机密吗?如果有人向公众"泄露"卡茨的评论,这个人的表现是否不专业?

## 小学校,大问题

以弗雷德·黑斯廷斯(Fred Hastings)的专业眼光来看,北溪学区实在太小了。也许是时候让他根据那个判决采取行动,把这个学区并入埃斯特维尔了。

黑斯廷斯是哥伦比亚州(the state of Columbia)的教育专员。作为一名教育专员,他对州教育委员会负责,负责该区域所有学校的有效运作。他认为北溪学区既无实际成效,也无效率。

北溪学区从幼儿园到12年级(K-12)总共只招收了254名学生。去年它的毕业班有15名学生。此外,它的注册人数在过去10年里持续下降。如果目前的趋势继续下去,五年后可能会低于200。基于这些数字,它根本无法提供足够的教育项目——至少在不对居民征收巨额税收的情况下是这样。而北溪的居民几乎无法负担他们目前微薄的教育税收,更不用说巨额费用了。

另一方面,埃斯特维尔是一个中等规模的城镇,在北溪以西15英里(约24公里)。埃斯特维尔学区招收了3 000多名学生,几乎像黑斯廷斯说的那样,为学生提供了完全足够的教育。此外,埃斯特维尔的学龄人口也在下降,所以它的中小学有足够的空间来容纳北溪的学生。事实上,埃斯特维尔教育委员会最近表示愿意兼并它的小人国(Lilliputian)邻居。连接这两个学区的是一条路况良好的公路,所以很容易就能用校车把北溪的学生送到更大的城镇接受教育。

这样做有很多很好的理由。因为北溪学区太小了,它无法提供哥伦比亚其他地区的学生通常能上的许多课程。例如,法语是该学校系统提供的唯一一门外语,而且只提供两年。去年,有两名二年级的法国学生要求再学一年法语。很明显,这个地区没有足够的经费聘用一名教师来指导一个只有两名学生的班级,所以学生们就上不了这门课了。然而,埃斯特维尔开设了四年的法语(和四年的德语)课程。如果北溪附属于埃斯特维尔,那些想要提升外语水平的学生就可以修读这些课程。同样的情况也发生在大多数其他学术和职业课程中,如微积分、计算机编程和农业机械等,这只是北溪学生坐校车去邻近学区上学时可以学习的课程中的一小部分。

课程的贫乏也不是该学区面临的唯一问题。例如，因为教师人数太少，每位教师都必须涵盖他或她的学科的所有方面。因此，北溪的两位科学教师教授普通科学、地球科学、生物学、化学和物理学，但他们在所有这些方面都未获得足够的资格。

也许正是由于这些问题，该地区的学生在标准化测试中的得分相对较低，这些测试旨在衡量学生掌握学科知识的先进水平。然而，即使他们不是本州最好的物理和外语学生，他们肯定也不是最差的。也许更重要的是，他们在基本技能的测试上远远超过了该州的平均水平。

高中的课程安排问题很严重。这是因为很多课程只能每隔一年开设一次。如果学生错过了正常年份的一门课程，或者因没有通过一门课程而不得不重新学习，那么他们很有可能必须等待两年，但这又不符合他们的课程进程。

在北溪，很难招到和留住高素质的教师。许多教师不愿意在"穷乡僻壤"生活和工作。由于该地区相对贫困，招聘问题变得更加严重；学区给的薪酬是整个哥伦比亚最低的。

如果北溪并入埃斯特维尔，成为一个更大的学区，这些问题以及许多其他问题就会大大缓解。黑斯廷斯作为教育专员有权强制进行这种合并，如果按照他作为一名专业教育工作者的判断，这种举措是弥补该地区缺陷的适当方法。

问题是，无论是北溪的学生还是居民都不认为他们的学校特别差。更确切地说，虽然他们承认刚才提到的许多问题，但他们声称，像他们这样的小学校有许多优势，这些优势弥补了不足。例如，他们指出，由于学校规模小，几乎所有的学生都参加了许多课外活动。这些活动使他们有机会发展新的技能和领导能力。每个想打篮球的人都加入了北溪队，每个想写作的人都在学校的报纸和年鉴上占有一席之地。如果被迫去埃斯特维尔，许多这样的机会就会消失。

此外，由于北溪的班级规模较小，教师们可以更深入地了解学生，更好地满足个人需求。教师、家长和学生经常在校外的商店、教堂和社交活动中见面,这进一步促进了个性化。北溪的学生并没有像其他大型学校的同龄人一样出现普遍的失范现象,严重的纪律问题也几乎不存在。

最后,北溪学校是社区的中心。它是一个社交和体育活动的场所,也是社区自豪感的源泉。事实上,就在去年,该学区的游行乐队赢得了他们年龄组的州冠军,载誉而归时居民们夹道撒花欢迎。如果学生们被送去埃斯特维尔,那么这种学校和社区的紧密联系会消失。居民们想独占他们的学校,他们坚决反对任何将其与较大的邻近学区合并的企图。

黑斯廷斯认识到,小规模的学校有一定的优势,如果北溪与埃斯特维尔合并,可能会丧失这些优势。但事实仍然是,由于小型学校不可避免的课程缺陷,北溪的学生所接受的教育质量低于该州其他学校的学生。黑斯廷斯的工作是确保哥伦比亚有平等的教育机会。不管教育机会平等是什么意思,它肯定意味着该州的一些孩子不应该仅仅因为他们出生在一个小乡村,或仅仅因为他们和他们的父母碰巧对那里的学校感到满意,就接受不合格的教育。

**思考题**

1. 假设这个案例的事实是正确的,特别是北溪的学生不能上很多哥伦比亚其他地区学生可以上的课程,这是否否定了教育机会均等?为什么?

2. 如果你对问题1的回答是"是",请思考以下问题:

假设哥伦比亚州有一个非常富裕的地区,为学生提供七种不同的外语,包括乌尔都语。哥伦比亚州其他地区的学生是否因为不能学习乌尔都语,就没得到均等的教育机会?

3. 黑斯廷斯专员和北溪居民之间即将爆发的冲突,在一定程度上与对学生需求的不同理解有关。一方面,黑斯廷斯认为,学生需要更好的教师和更丰富的课程,这些可以在埃斯特维尔获得。另一方面,居民们认为学生需要小学校中的更亲密的环境。

那么,谁有权决定这些问题?

4. 想一想本章在"概念:平等"中讨论的"平等对待原则"。北溪和埃斯特维尔的学生有何相似之处,以至于前者应该与后者接受相同的高中课程?这是黑斯廷斯等专业人士需要解决的问题吗?

(黄苗苗译,袁文辉校)

第五章

# 教育评估

## 案　例

"要多少钱他才会辞职？"宝拉·卡尔顿（Paula Carlton）简直不敢相信自己的耳朵。就在刚刚，弗兰克·班纳（Frank Banner）的律师约翰·科拉勒斯（John Corrales）提出，出具一份他认可的优秀推荐信，再加 10 万美元买断班纳的合同，班纳就可以辞职。"10 万美元，"科拉勒斯又重复一遍，"你知道的，如果我们为此打官司，你要花的钱远不止这些。而且，如果拿着这个案子上法庭，你也一定会输的。结果是你钱照花，而弗兰克照样会留在学校。"

卡尔顿的第一个念头就是，把科拉勒斯扔出办公室，摔他个底朝天。为了辞退一个明显不称职的老师，她必须贿赂他，还得好心地把他推荐给那些不知其底细的学区。这种想法是她难以接受的。然而，她又不能对科拉勒斯的话置若罔闻，因为他很有可能是正确的。她解雇班纳的理由并不充分。此外，如果学区在法院上追究这件事，花费也是不菲的。对于学区来说，科拉勒斯的提议，很有可能也是一笔不错的交易。

卡尔顿认为，西部高中有两位不称职的长聘教师，班纳是其中之一，也是最糟糕甚至可能是最危险的一个。差不多从担任新特拉华学区督学的第一天起,卡尔顿就开始接到家长对班纳——西部高中三位化学教师之一——的投诉。家长们声称,班纳没有教给他们孩子任何东西,他对化学一窍不通,课堂纪律也荡然无存。在接到第五份家长投诉之后,卡尔顿决定调查这件事。

卡尔顿先是与西部高中的校长本·贝尔纳普(Ben Belnap)通了电话。贝尔纳普明显不愿意帮忙。他报告说,班纳虽不是西部高中最好的教师,但也算不上不称职。至于家长,"他们对于什么事情都会抱怨"。接下来,卡尔顿调看了班纳的人事档案,其中有三件事引人注意。首先,在州标准化的化学成绩测验中,班纳班上学生的得分明显低于西部高中其他教师班上学生的得分。由于化学课没有按能力分班,使用的也是同样的课程,除了教学质量以外,卡尔顿看不出有什么原因能够解释这种差别。

其次,尽管贝尔纳普对班纳的年度评价并不是很满意,但是它们并不能说明他的不称职。贝尔纳普必须对西部高中的每一位教师进行多方面的评价。评价采用五点量表,其中5分表示优秀,1分表示糟糕。在纪律方面,他给了班纳2分;在课堂管理上,他也给了班纳2分;在教学计划、教学准备等方面,班纳的得分都是3或4。在评估表底下的评语栏中,贝尔纳普写的是:"有些方面的绩效还可以改进。"再翻看前面的档案,卡尔顿发现,班纳很多年来得到的都是类似的评分。

第三件引起卡尔顿注意的事情是,档案里有几封极为愤怒的家长的来信,其中有一封只是署名为"一位担忧的家长"。所有这些来信都指责班纳十分不称职;还有几位家长指控他酗酒,但没有说他在工作中酗酒。遗憾的是,没有迹象表明贝尔纳普已经采取行动来核查家长投诉的内容,也没有迹象表明贝尔纳普已经让班纳知晓了这些信件的存在。这些信件仅仅是被收进了班纳的人事档案。

接下来,卡尔顿就档案和投诉的事情与班纳进行了讨论。班纳辩称,他与西部高中其他化学教师的教学理念不同。他信奉一种非指导性的教学方法。而且,他坚信，应该教会学生思考，而不仅仅是记诵事实。当然，虽然他的学生在州考试中成绩不佳，但他们都是善于批判性思考的优秀学生。他毫不客气地指出，学区没有任何政策对特定的教学策略做出具体的规定，相反，学区引以为傲的，正是把教学策略的抉择留给教师进行专业判断。

这次讨论让卡尔顿对正在发生的事情也不那么确定了。她决定对班纳的化学课来一次突访。家长的投诉和贝尔纳普的评估，都不足以解释她所看到的。在课上，班纳明显是对着讲台和黑板来教化学的。卡尔顿基本上什么也没听见，所以很难判断这堂课的内容。但她确实注意到，写在黑板上的三个方程式中有两个是错误的。她很高兴自己还记得大学化学课里的不少内容。

班里的学生从心不在焉到积极发言，各种状态都有。大多数学生都在交头接耳，还有几个学生在做其他学科布置的家庭作业。最令人担忧的是，有三个学生用一只本生灯加热烧杯，从似乎未上锁的橱柜里随手拿了一个广口瓶，并从中取了几匙化学品倒进了烧杯。而班纳先生似乎对此毫不在意。卡尔顿在想，是不是应该检查一下学校的责任保险。但是，今天的经历足以让她确信，班纳必须离开学校。学生从班纳那里没有学到什么化学知识，但幸运的是，他们顺利度过了这一年而没有毁了自己。当初，州立法机关起草有关解雇不称职教师的法律时，针对的似乎就是班纳这样的教师。

然而，是否能以班纳不称职而解雇他？这一点仍不清楚。他的档案记录并没有显示不称职这一点。因为一次课堂观察和未经证实的家长投诉，就可以解雇他吗？这样做是值得怀疑的。除非有可靠的理由，否则很难让他离开班级。她该相信校长贝尔纳普会提供这样的理由吗？他似乎没有严肃对待教师评估这件事。而且，卡尔顿不愿意把班纳留在班级里太长时间。班纳不只是无能，他在课上对学生缺乏监管也是危险的。10万美元可能只是个小小的代价。

## 争 论

甲：一个人在被证明有罪之前是无辜的。

乙：当然，这在法庭上是正确的，但要是你看到一个人明显不称职呢？作为一名管理人员，你有义务保护学生免受不称职教师的伤害。教室里的每一天都弥足珍贵，一旦失去，就无法重来。你必须有勇气尽快把不称职的教师清理出去。这就是你真正的职责所在。

甲：我不反对应该有勇气，也不否认学生失去的学习时间很宝贵，但是这必须得有程序来保护教师们免受专断和不公的管理人员的侵害，不是吗？如果没有固定的程序，管理人员可能仅仅出于一时冲动，或他们不喜欢之类的理由，就把教师解雇了。这是不公平的。

乙：听起来你就像个工会代表！难道要对学生不公平吗？你明知道某位教师不会教书，却把学生分配到他的班上，这公平吗？我知道，我们指控教师不称职有一系列程序，但我认为，它们太过繁琐冗长了。它们保护的是教师，不是学生。我们应该取消这样的程序，让管理人员履行他们的工作。相信我们，赐予我们力量来管理好学校，我们会做到的，否则你可以把我们开除。

甲：假如你被解雇了，你不想知道你被解雇的原因和依据吗？

乙：当然，我要知道。

甲：如果针对你的负面说法不是真的，难道你不想有为自己辩护的机会吗？

乙：当然希望有机会。

甲：如果有人说你不称职，而你认为自己相当称职，难道你不要求把你认为自己称职的证据和他们认为你不称职的证据比较一下吗？

乙：当然会要求。

甲：那么，在证明有罪之前，你希望自己被看作是清白的。

乙：我当然这么想！

甲：那不就对了吗？！

## 概念：正当程序

这个案例涉及的议题是正当程序。卡尔顿有理由认为班纳是不称职的。然而，她持有的证据在法庭上能否得到辩护，这一点并不是很清楚。班纳先生是否受到了公平的对待，这一点也不清楚。卡尔顿反对班纳的理由是否充分？班纳所受待遇是否公平？与此相关的大多数问题都是有关正当程序的议题。当然，正当程序是一个重要的法律概念，但它也是一个伦理概念。在这里，我们关注的是它的道德内容。

什么是正当程序？一般来说，正当程序议题涉及的是决策程序的公平性。其关涉的问题是：当我们就影响他人生活的事项进行决策时，什么才是公平？正当程序问题与决定本身的公平性通常没有直接关联，而与用以达成决定的程序的公平性有关。要求管理者或任何人做出的每个决定都是正确的，未免太苛刻了。但是，我们可以希望决策者在如何达成决定方面保持应有的审慎（take proper care）。正当程序告诉我们什么才是保持应有的审慎。

正当程序概念的核心是合理性观念。合理性要求对案件涉及的各方都给予同等的尊重，并对所有相关的证据都加以考量。对于任何决定，我们都希望它得到既有证据的辩护，希望它是合情合理的。正当程序划定了合乎理性要求的各种程序，由此形成合理而正当的决定。相反，不遵循正当程序，通常意味着未能对证据或程序公平的其他合理要求给予应有的关注。合理性虽然不是正当程序的全部,却是正当程序的核心要素。

让我们来考察一下正当程序的部分特征。

正当程序的一个方面是告知(notice)的观念。如果要根据人们的行为表现来评判他们,那么主张他们有权知晓据以评判他们的标准就是合理的。责成人们达成他们一无所知的期望,既不合理,也不公平。

正当程序的这一方面,要求用以评判人们的标准既要事先为人们所知晓,也要足够清晰,以便人们能够知道怎样才算达到了。可以说,班纳先生的案例是违反了正当程序这一方面的要求的。他每年都接受评估,但这些评估并没有给出任何理由,让他知晓他的工作是糟糕的。如果学区现在试图因为他一直以来都是如此的工作质量而解雇他,那么指责学区缺乏评估教师的持续一贯的公共标准,就是合理的。而且,学区也没有可取的有关教学方法的政策规定。他们把这些事项都留给教师决定。因此,班纳先生可以合理地认为,他从未收到关于学区要求的公开告知,也就无所谓是否遵从这些要求了。

正当程序的第二个方面是理性的要求,即标准的应用必须一致。如果两个学生的作业质量是相同的,他们就应当获得相同的成绩。同样,如果一位教师每年的业绩表现是前后一致的,他也应当得到相同的评价。因此,如果学区声称有某种已知的标准来评估教师,那么班纳先生也可能会说,这一标准并没有前后一致地适用于他。他从贝尔纳普校长和卡尔顿女士那里得到的评价是截然不同的;这一事实表明,学区这些标准的应用是极为随意的。

正当程序的第三个部分是,应根据合理的证据做出决定,并应遵循程序,以系统地提供此类证据。在这个案例中,很多事情表明,在收集证据方面存在程序问题。首先,卡尔顿要解雇班纳的决定,是基于一次纯粹个人的视察(visit)。但是,督学的视察通常不是评估教师的程序的一部分。一次视察并不足以做出这样的评判,而且这次视察也没有事先通知。卡尔顿并没有给班纳先生一个机会来为他的评估做准备。当然,发现教师日常在做什么,或许比发现他们能做什么更为重要。然而,未事先通知的视察往往不符合教师评估的惯例,同时也可能违反了正当程序的要求。

其次,卡尔顿还拿标准化测试的成绩来评估班纳先生。如果想要这些测试成绩得到公平的使用,那么在教学方面纳入比较的教师,教的必须是差不多的学生,且要达成的必须是差不多的目标。卡尔顿掌握了一些证据可以采信前者——学生没有按能力分流到三个不同的化学班中。然而,高中教学安排的奇异之处就在于,即使没有刻意分层,也常常会出现学生能力不同的班级。某一门化学课可能与管弦乐队排练或数学先修课冲突了,诸如此类的事情,都可能将选择效应带入测试成绩。正当程序要求,如果要用测试成绩来评估教师,你就必须表明成绩的差异是由教学能力差异,而不是学生能力差异造成的。此外,卡尔顿有理由认为,不同的化学教师在教学目标上并不是一致的。倘若如是,那么标准化测试很可能就不太适合班纳先生的班级。

最后,贝尔纳普校长将未核实的匿名信放进了班纳先生的档案,这也引发了正当程序问题。除非采取进一步措施来核实家长的投诉,否则它们都无异于道听途说,都只是些未经证实的传言。收集和判断证据的规则之一是,道听途说的证据是不可接受的。因此,对班纳先生教学的投诉不应成为他档案的一部分。尤其是,它们不得被用来判断他是否适合教书,除非它们各自都获得了确证。

正当程序概念的最后一个特征是,用以判断个人或其工作的标准必须与法定目的有合理的联系。显然,卡尔顿并没有以班纳酗酒为由对他进行指控。如果她那么做,她就很有可能违反了正当程序的这一标准——除非她还能证明他的酗酒影响了其工作绩效。否则,班纳喝酒甚至酗酒,这个事实也与学校的法定目的缺少合理的联系。

在这部分讨论的开头,我们提到,正当程序观念的核心是对合理性的认识。

我们在总体上看到了这一点是如何体现的,同时也意识到,正当程序主要是确保以一种理性辩护的方式,使用充分的证据,对他人做出合理的决定。现在让我们更直接地考虑正当程序的这些不同方面如何与合理性以及证据的充分性和可靠性相关联。

通常来说,正当程序的标准只是收集和评估证据的程序。例如,对于做出有关某人的决定,道听途说的证据是不可接受的。这种观点是基于这样一种认识:谣言,或者对某事不在行的人所表达的意见,或者由有偏见或并非可靠旁观者的人所做的证词,作为证据都是可疑的。合理性要求抛弃或独立核查源自这些方面的证据。在这个案例中,家长提供的证据应被视为道听途说。这里的重点并不在于家长特别不靠谱或不够正直。可能他们所说的许多事情都需要查证。与此同时,他们既不能对班纳先生的课进行观察,也不是化学或教学方面的专家,他们必须靠他们的孩子获得很多信息。而且,由于他们的孩子在班纳先生的课上表现不好,他们可能带有偏见。因此,有许多理由表明对他们观点的可靠性持谨慎态度。

正当程序的其他许多特征也是为了产生可靠的证据。在可能暂停或终止指控的过程中,管理人员必须举行听证会,核查证据,盘问证人。举行这种听证会的意义在于,提供一个机会来检查作为决定依据的证据的可靠性。当这个决定特别重要时,详细的程序就是必要的。重申一下,这里的关键不在于使决策变得更加复杂,或为不称职的人提供庇护,而是确保有关重要事项的决策建立在可靠证据的基础上。

强调根据已知的和明确的标准对人们做出评判,这一点与合理性存在类似的关联。合理的判断需要一定的判断标准。例如,一名管理者如果对什么是好的教学缺乏清晰的认识,就不能对某个具体的教学实例是否是好的做出合理的判定。如果标准未知,或者模糊到不知道怎样才符合标准,那么教师就不能做出合理的尝试来遵循标准。而且,如果一名教师都不知道对自己的期望是什么,我们也就无法对该教师的能力做出理性的判断。因此,如果没有明确的标准,就不可能做出理性的决策。

最后,对标准应用一贯性的要求,表达的是对理性决策的要求。这里的论点与上一章中的论点相同,即对相同的人必须给予平等的对待。如果琼斯和史密斯在适当的标准之下表现相同,那么依据这一表现给予琼斯某种好处的理由,也会是给予史密斯同样好处的理由。因此,给表现相近的教师以不同的好处,不仅是不公正的,也是不合理的。

从本质上说,正当程序要求管理者遵循那些产生可靠证据和一致判断的理性程序来做出合理的决定。一般而言,获取可靠证据所需要的努力的广泛性,应与所触及的利益的严重性相称。

## 分析:尊重人

在前面的章节中,我们试图表明,我们讨论的概念在不同伦理学说的境脉中是如何进行阐释的。我们考察了以利益最大化为首要原则的后果论,以及以尊重人为首要原则的非后果论。在我们的叙述中,我们力图做到不偏不倚,但是精明的读者可能还是会察觉到我们对非后果论观点更为热衷。接下来,我们想要论证尊重人这一价值的首要地位。我们论证的重点并不是说,利益最大化原则在伦理思想中毫无作用,而是说,它应该从属于平等尊重原则。在这里,顺便就此做些讨论,是因为正当程序的原则似乎最适合非后果论的框架。

为什么给予人们正当程序?鉴于以上讨论,这个问题等于是在问,为什么人们应当得到合理的对待?对于那些以利益最大化为首要原则的人,答案必定是,合理对待他人的结果要好于不合理对待他人的结果。比如,如果对教师的评价是反复无常的,那么他们可能会被剥夺某些利益,如终身教职或绩效加薪,从而导致他们变得气馁,也不会努力表现更好。合理的对待似乎比不合理的对待带来更好的结果。

毫无疑问,这确实不假。然而,我们可以合理地追问,是否真的有必要证明某种利益应被最大化,以表明我们应该合理待人?如果合理对待某人没有任何好处,那该如何呢?难道就不能说,我们应该合理待人,因为这样做是我们的道德责任吗?合理对待他人,难道不是在做出道德上负责任的决定吗?难道不是一件尊重他人价值的事吗?假设我们可以指出在某些情况下,不合理的对待没有产生害处,合理的对待没有带来好处,我们是不是就应该对不合理的对待给予宽容呢?比如,我们考虑一下另一个经常引发正当程序议题的领域:评分。假设某教师在某个高中班级里随意给某学生评定了一个分数,且没有什么因为这个评分而发生改变。也许这个学生已经被大学录取了,因此这个随意的评分没有什么坏处。那么,把评分建立在完全任意的基础上,这在道德上是可以接受的吗?我们能不能把一篇期末论文扔到楼梯上,然后根据论文落在哪个台阶上给它打分?这样没有造成伤害,就没有违规吗?

对这个问题的一个回答是,这样做不可避免地会造成伤害。遭到随意评分的学生不可避免地会感到冤枉。这个学生可能会怨恨老师,或者变得讨厌这门科目甚至一般意义上的教育。这样一来,就造成了伤害。但是,这种回答的核心是非后果论的。如果利益没有受到威胁,那学生为什么会因为随意评分而感到冤枉呢?事实上,从后果论的观点来看,如果利益没有受到威胁,学生就没有受到不公正的对待。或者说,如果学生被冤枉了,其错误在于,任意的对待并未给予学生平等的尊重。如果学生有充分的理由感到冤枉,那是因为任意的对待是对学生尊严和价值的侮辱,而不是因为失掉了某些好处。其他的伤害来自对不公正对待的最初感受。只有当遭遇不公正对待的最初反应有正当理由时,它们才构成伤害。因此，平等尊重原则显然是正当程序观念的核心，而利益最大化原则不是。

此外，借助利益最大化原则分析正当程序议题，往往会带来奇怪的结果。让我们考虑一下纪律和惩罚问题。对于惩罚，有一个重要的道德概念是罪罚相当。总的来说，这个观念似乎意味着，那些犯下道德过错的人所受的惩罚应该与他们所做的坏事相称。惩罚过多或过少，都是不恰当的。从非后果论的观点来看，这种惩罚观是可以理解的，因为它认为人们应对自己的选择承担道德责任，并且承认人们可能会作恶，以及人们有时会犯错。这种观念提供了一种通过惩罚来赦免罪责的方法。一个人所遭受的痛苦与其所犯的过错相称，才是公正的。

后果论者很难解释为什么要罪罚相当。对于后果论者来说，惩罚若是适当的，就必须依据后果为其辩护。对后续不当行为的威慑，通常被认为是惩罚产生的理想后果。但是，如果惩罚的意义在于威慑，那么多少惩罚才够呢？当然，答案是，所需要的惩罚要足以阻止人们的不当行为。但是，没有特别的理由认为，这种具有充分威慑作用的惩罚，必然与所犯的罪行之间是相当的。

嚼口香糖是一种常见的学校"违规行为"，对它的惩罚通常是适度训斥，或短暂留堂——对轻微的违规行为所给予的惩罚也是轻微的。显然，对任何一名教师来说，这些惩罚并不能起到威慑作用，学生们仍会继续嚼口香糖。我们提议，如果对嚼口香糖学生的惩罚是让其在学校的旗杆下示众，那么嚼口香糖的行为很快就会停止。事实上，一旦这项措施得到宣布（假定它被采信的话），我们怀疑嚼口香糖的行为就会立即停止，从而免除管理者处理泡泡糖恶作剧的不愉快职责。不过，这一提议似乎非常令人生厌，兴许是因为罪罚根本不相称。然而，对非后果论者来说，这很难解释为什么解决办法即使有效也是不合适的。

而且，非后果论的观点为正当程序提供了更合理的解释。我们有义务以理性的方式对待人们，因为他们是人。以理性的方式对待人们，意味着把他们当作人来尊重。任性的对待，否定了那些遭到粗暴对待的人的价值。

在这里,重要的是回到人作为道德主体的概念。人是自由、理性的道德主体,既对自己的选择负责,也有义务做出明智的选择。我们所说的负责任和明智的选择,可能或多或少意味着,根据证据,以理性的方式做出决定。因此,尊重不仅是对人的尊重,而且也是对理性决定的尊重,这似乎是非后果论观点的核心。任性地对待别人,不仅没有对他们表示平等的尊重,而且是以一种不符合人作为自由、理性的道德主体的地位的方式行事。

我们想为非后果论观点补充两个论点。首先,利益最大化原则似乎预设了一些与平等尊重原则非常相似的东西。大多数人都重视他们自己的幸福和福祉。但是,他们为什么要重视他人的幸福和福祉呢?请注意,利益最大化原则要求人们平等地看待他人和自己的福祉。它要求我们在行动时,不是为了使我们自己的福祉最大化,而是为了使平均福祉最大化。事实上,利益最大化原则可以要求个体采取违背自身利益的行动,因为这是平均福祉的要求。按照利益最大化原则,每个人的幸福和每个人的福祉都同等重要。但为什么会这样呢?我们为什么要关心别人的福祉?或者,比起动物的福祉,我们为什么要更关心人类的福祉呢?在这里,虽然可能还有其他答案,但诉诸尊重人的观念还是很有吸引力的。我们应该像关心我们自己的幸福或福祉一样关心他人的幸福或福祉,因为他们与我们一样都是人。他们的利益和福祉与我们的同样重要。这样的回应当然是有吸引力的,也是合理可行的,但给出这种回应就是使利益最大化原则从属于平等尊重原则。简而言之,这就要承认我们在辩护的观点。在道德上,平等尊重原则是基本的;其他原则要通过这条原则予以辩护,并从属于这条原则。

最后一个论点与幸福和成长的概念有关。这应该是特别吸引教育工作者的一点。我们认为,非后果论的观点更加重视反省的、理性的选择的能力。如果承认人是自由的道德主体,那么其核心问题就是,应该负责任地运用这种理性选择的能力。然而,人生来并没有自由选择的能力,也没有负责任地运用这种能力的技能和态度。婴儿不能选择，他们只是对刺激做出反应。自由而负责任的选择能力的生成是一个复杂棘手的问题。对于这种成长是如何的甚至是否是可能的这一问题，或许需要长篇大论。在这里，我们有两个假设：其一，成长为道德主体是可能的，成为道德主体的过程涉及学习和教育；其二，教育工作者从事的是塑造负责任的道德主体的工作，事实上，我们认为，这是他们的中心任务。

然而，我们设想一下，没有道德成长，幸福也是可能的。我们可以思考一个相当富有想象力的，但也希望有说服力的例子。试想一下，在未来的某个时候，一群科学家宣布他们已经发现了某种让全人类享有无限和永久幸福的方法。对人们来说，所要做的就是把自己交给医院，在那里将电极植入他们的大脑，每隔适当的时间，这些电极就会刺激他们的快乐中枢。由于他们不会意识到自己愉悦以外的任何事情，他们会通过静脉注射进食，并在医院的病床上度过余生。人们不必担心，因为机器人和自动化技术的进步已使经济实现自给自足、自我调节和万无一失。除了自己的幸福之外，人类不必担心任何事情。实际上，一旦给人们大脑中的电极通电，他们就不需要担心任何事情。担心本身将变成过去的事，心灵会完全沉浸在幸福的体验中。

这个思想实验提供的是一笔交易。它让我们自问，为了一种确定而无尽的幸福，我们是否愿意拿我们的反思与选择能力——它们是我们人之为人的标识——的运用和发展去做交换。对于这样的提议，我们出于道德上的敏感性，会强烈反对。想来大多数读者也同意这一点。但是，这种反应的依据是什么呢？对非后果论者来说，这是很容易回应的。这个提议要求我们放弃那些对负责任的人类生活而言具有道德核心意义的一切。这种交换是不可接受的。我们不清楚后果论者（至少是那些主张幸福最大化的人）会怎么说，这个思想实验设定的即是幸福最大化。那还有什么事情是重要的呢？

## 结 论

　　苏格拉底说过，未经审视的生活是不值得过的。为什么不值得呢？在我们看来，这条格言的要义在于，一个人不反省自己是如何生活的，就是不承认自身作为道德主体的地位。这就意味着拒绝对自己负责，从根本上而言是在拒绝做人。我们之所以对后果论感到不悦，是因为在后果论者看来，构成道德核心的是幸福或人类福利，而不是人的成长。他们把成长看作一种权变的（contingent）价值。当且仅当它带来幸福时，才能引起他们的兴趣。

　　在我们看来，一个人作为道德主体的成长才是激动人心的事情。作为道德主体，他们关心他人，愿意且能够对自己负责任。促进这种发展是教师和管理者从根本上应该做的事情，不管他们还关注什么其他的事情。作为教育工作者，我们从事的首要工作就是造就人。

## 补充案例

**一封推荐信**

1986 年 9 月 23 日

约翰·西托斯基先生
约克学区督学
西大街 1301 号
新罕布什尔州，约克，90814

敬爱的约翰：

　　来信昨日收悉。很高兴你能来信，希望诸事顺遂。从你的描述中，约克听起来像是一个困难重重的学区。无论是何条件，督学都是一项艰巨的工作。你刚刚上任，又加上主管像约克这样的学区，情况可能不是很好。挺住！你还记得我在韦斯特韦尔的第一年吗？当时，你在哈蒙德学校当校长。那是我作为学校发展总监(chief school officer)的第一份工作，我以为自己熬不过那一年。我会永远感谢你在那段困难的日子里给予我的支持。

　　好了，你问到卡罗尔·米勒(Carol Miller)的情况。凡是能告诉你的，我会知无不言，但对于有些细节，我的记忆可能也有点模糊了。由于我离开韦斯特韦尔差不多已经有五年，我也拿不到她的记录了。务必要从人事部门的工作人员那里拿到这些记录，这样你就可以核实我对她教学表现的回忆了。

　　米勒太太是1977年春来到这个学区的。原来固定的家政课老师休产假了，米勒太太来临时顶替。在我的记忆中，她有州立大学教授的极力推荐。起初，我只是打算让她待到学年结束，因为我希望伍德沃尔(Woodwall)太太(固定的家政课老师)九月回校上课。当伍德沃尔最后一刻决定在家抚育孩子时，我陷入被动，只好让米勒留任。

　　总之，这是个不错的选择。我不记得听过她几次课，大概两三次吧，但我确实记得，她上课精心准备，对工作也有兴趣，总是能打动我。我非常肯定地记得，她有能力激励她的学生，尤其是男生——其中大多数都不想上家政课。我认为，她是位极好的家政课老师，肯定比伍德沃尔好。

　　我还记得，在米勒来韦斯特韦尔的第三年，我任命她领导一个课程修订委员会。那时我有机会直接和她一起工作，她给我的印象是，她在自己所在的领域得到了全面的训练。就学科的胜任力而言，她可能达到了你所期待的水平。

　　不利的方面是，她的出勤率有问题。至少在我管理韦斯特韦尔期间，我能预见她什么时候要利用病假、私人事假和专业活动日，也清楚每到周一她都要请假。

每个管理者都知道，教师很容易在周一和周五生病，但米勒已经在这方面创下了纪录。务必和韦斯特韦尔的人事主管核实此事。

识别缺勤的模式很重要，但更重要的是弄清它为何会发生。也许米勒只是碰巧每周一都得了感冒。虽然我压根儿就不相信这事，但这的确也是有可能的。也许，就像有此"特技"的多数人一样，她仅仅是想要比校历规定的更长的周末而已。我给出的解释是"确有可能"。让我疑惑的是，她只在周一不来上班，而非周一和周五都不来（很快你会发现，这是你的教职员工延长周末的常见模式）。

我听说，她和她的丈夫在周末酗酒严重，因而他们需要周一来醒酒。当然，我现在不知道这是否是事实。但是，我曾在一次吉瓦尼斯俱乐部会议上遇到了她丈夫的老板，他抱怨米勒的丈夫也有同样的缺勤情况。他说，在社交方面，他非常了解米勒夫妇，他们是一对"酒鬼夫妻"。这是他亲口说的话。他声称，他俩周一不上班的原因就是他们酗酒了。

如果我是你，我会努力把这事查清楚。我认为米勒太太是名很好的老师。如果她不是老缺勤，我就聘她了。即使这样，我也可能会聘她，如果我能确定她只是喜欢休三天假的话。（当然我会事先和她坐下来，与她开诚布公地谈谈我希望她周一来校的问题。但是，我可能会聘她。）不过，如果她继续这么严重地酗酒，以至于每隔几周需要休假一天来恢复的话，那我就不会聘她了。这样做风险太高了。我们不能冒险雇个酗酒者来组织课堂，特别是家政课，这里随时会有发生严重事故的风险。在这种情况下，教师真的必须警觉，而不是宿醉。

好了，这就是我能告诉你的关于卡罗尔·米勒的一切。祝你在新工作岗位上有好运，代我向海伦（Helen）和孩子们问好！

你真诚的，

查尔斯·L. 考夫曼（Charles L. Kaufmann）

波尔克郡学区督学

**思考题**

1. 考夫曼的行为是不道德的吗？也就是说，在推荐信中说些道听途说的证据，算不算是不道德的行为？

2. 如果你对上一个问题的回答是"是"，那么考夫曼应该如何履行他的职责，提供准确的建议，并提醒他的同事注意可能面临的非常严重的问题呢？请草拟这样的一封信。

3. 教师大量摄入酒精很可能是评判教师是否适合课堂教学的重要信息，同时大多数酗酒的教师也可能不会主动向现在或未来的雇主提供这一信息。那么，学校管理者如何在不侵犯教师隐私权和正当程序权利的情况下获得这些信息呢？

4. 在本章开篇的案例研究中，我们说过，除非能表明酗酒影响到了教师工作表现，否则在绩效评估中考虑酗酒问题，就是对教师正当程序权利的侵犯。除了像教师在课堂上"醉倒"这样显而易见的证据之外，难道就不能证明酗酒影响教师的工作表现了吗？如果你认为这是可能的，说一说你会怎么做。

5. 管理者有时会辩称，如果是为了学校的利益，那么在教师正当程序权利之类的问题上"走捷径"是可以的。可以吗？后果论者和非后果论者对这个问题的回答会有所不同吗？

**标准问题**

查尔斯·布里克(Charles Brick)很是困扰。作为伊斯特威高中的校长，他有责任就学校教师的聘用和任期向学区的督学进行推荐。对于莉莲·威尔逊(Lillian Wilson)的续聘，他不知道应该推荐什么。更为准确地说，对于推荐什么，他不知道怎样决定才是合理的。

这是莉莲在伊斯特威高中做美国历史教师的第三个年头。因此，她要么被授予终身教职，要么在聘期结束时离任。在这两个方案之间进行抉择时，校长总是在很大程度上依赖部门主管的判断。布里克意识到,作为一名前体育教师,他在判断学科胜任力方面不如部门主管。

切斯特顿学区要求,实习教师入职头三年,要由两位部门主管来评估。表面看来,这一政策是有道理的。其用意在于,确保在评价过程中纳入另一种视角,从而确保新手的职业生涯不能依赖于某一个人的观感。因此,威尔逊在伊斯特威高中试用期内,接受过社会科主任查理·汤姆金斯(Charlie Tomkins)的三次评估。而且,她也在这期间接受过罗斯福高中的社会科主任丽塔·莫拉莱斯(Rita Morales)的三次评估。根据学区的政策,所有这些评估都是相互独立实施的。

学区的教师评估表提供了一系列衡量标准,以便观察员评判教师的胜任水平。各种教学标准都用五点量表来评分,即从"优秀"到"低于平均水平"五个尺度。比如,观察工具要求观察员对下列题项进行评分:

**纪律**:教师始终在控班吗?与纪律有关的程序是不是公平的?请描述。

**个别差异**:教师是否考虑到学生的个别差异,以调整他或她的教学?请举例说明。

**课堂教学目标**:是否向学生明确了课堂教学的目标?请描述。

之所以出现问题,是因为莫拉莱斯和汤姆金斯的评价几乎完全不一致。莫拉莱斯给威尔逊的部分题项打了"优秀",其余题项都打了"高于平均水平"。她强烈推荐威尔逊续聘。然而,汤姆金斯给威尔逊的最高评分是"平均水平"。在好几个指标上,汤姆金斯给她打了"低于平均水平",并且不建议给她终身教职。对于布里克来说,很难想象还有如此大相径庭的评价了。

更让人大跌眼镜的是,莫拉莱斯和汤姆金斯明显都在威尔逊身上观察到了同样的行为。比如,在关于个别差异的一栏下面,莫拉莱斯写道:

优秀。老师收集了很多同一主题的书,但需要不同层次的阅读技巧。在课上,她把备好的书拿在手里,根据学生的阅读能力分发给他们。我还注意到,她根据学生的能力,进行复杂程度不同的讲解。

然而,汤姆金斯在回答这一问题时写道:

低于平均水平。老师在很大程度上靠不同的书来实现教学的个性化,但面向全班教授的基础课都是相同的。尽管她似乎努力适应课堂交流的水平,但这些做法肯定是错误的,因为简化讲解的做法,往往会导致过分简单甚至错误的评析。

为了对威尔逊的胜任力做出合理的结论,布里克把莫拉莱斯和汤姆金斯叫到办公室,讨论他们的评估结果,但这也没什么帮助。事实上,这样似乎只会使两个部门主任之间不信任对方的能力。两人最终都为教育理念的模糊和(对布里克来说)基本不相干的方面争论不休。

布里克不知道怎么办,他得在不到一周的时间内向督学提出建议。

**思考题**

1. 我们说过,正当程序要求标准足够明确,使人们知道什么才算达到标准了。思考一下本案例所涉及的标准,即纪律、个别差异和课堂教学目标。这些标准是否符合正当程序所要求的明确性标准?为什么?

2. 如果你对上一个问题的回答是"否",那么你能就这些方面写一写适切而明确的标准吗?针对课堂纪律写一条标准。如果你在这方面有困难,那么对于教育评估要符合正当程序原则,你又该如何评论呢?

3. 为什么不来场"决胜局"呢？也就是说，请另一位社会科主任来观察威尔逊的教学，并向布里克提出建议，这在伦理上有什么不妥吗？

4. 大多数学区都没有本案例所说的双重评估制度，即由两所学校的部门主管对试用期的教师进行评估。有两个独立的评估员是个好主意吗？根据正当程序的一致性标准思考一下这项政策。

5. 在教育方面，解决标准模糊问题的一个标准做法是，将总体要求分解为非常具体的要求。针对学生评估写"行为目标"，就是一个例子。从正当程序的角度来看，这种评估教师的方法可能有什么问题？

## 评分问题

在米尔纳（Milner）夫人的高轨（high-track）初级英语班上，和学生家长的会面进行得很顺利。没有一个人情绪失控，也没有明显的挑衅行为。尽管如此，华盛顿高中的校长珍妮特·麦克唐纳（Janet McDonald）还是不知道该如何处理这件事。

对于米尔纳夫人的评分，家长们有一些不满。她对美国文学教学的看法，大概就像一名教官对刚加入海军陆战队的新兵的看法一样。严格和随性兼而有之，通常被认为是一种美德。米尔纳夫人还很年轻，事实上，这是她工作的第一年。她会明白，优秀和维持标准，绝不等同于盲目的训导和恶意的评分。但对今年的学生来说，已经太晚了。麦克唐纳希望学生能从他们的经验中恢复阅读优秀文学作品的意愿。她更关心的是错误的教育，而不是错误的评分。

家长提出了四个问题。第一，米尔纳夫人所教的大学预备班的平均分大大低于其他教师任教班级的平均分。然而，其他班级的课程和学生能力都是相近的。米尔纳夫人班级的平均分是个难看的C—，而其他班级的平均分是B。家长们指出，英语成绩对大学入学来说至关重要。许多学生都想进精英学校。初级英语的低分会造成结果上的实质性差异,不仅因为C−在成绩单上不好看,还因为和其他班级完成同等学业的学生相比,这会降低班上学生的排名,有失公平。

第二,家长们认为,米尔纳夫人在评分时使用了"模糊因子"。成绩的四分之一是基于她所说的"上课表现"。而大多数学生似乎认为,上课表现无异于溜须拍马。那些课后留下来表达对《白鲸》和《红字》喜爱之情的学生,在这方面获得的评分必定很好。

第三,米尔纳夫人用到了有关纪律的评分。她有一份"错误"清单。学生上课迟到、嚼口香糖、交头接耳等,都属于犯错。而家长们认为,这些事情与学生的英语成绩不相干。

第四,米尔纳夫人对论文的评分即使不是完全随意,似乎也是非常主观的。家长们带来了一些复印的试卷和论文。麦克唐纳不得不承认,她常常不确定米尔纳夫人的问题所在。此外,米尔纳夫人对这些论文的评论和评分似乎很随意。她反对对文学材料进行似是而非的解释,但又能忽视句子结构中明显的错误。麦克唐纳想知道,米尔纳夫人是否因为学生不接受她对某个故事或某本小说的看法而惩罚他们。

校长大体上认同家长们的投诉。而且,她也想做点什么。根据她的经验,随意地评分是父母不满和学生疏离的主要原因。但该怎么办?向米尔纳夫人提出这件事是很困难的。校长应该支持他们的教师,而不是站在家长这边,至少在公开的场合应该如此,不是吗?此外,麦克唐纳不能把这个问题带到对米尔纳夫人的常规教师评估中;如果那样的话,就是根据道听途说的证据对她进行评估。对于家长们说的许多事情,她无法一一亲自确证。最后,很难参照学校的评分政策来处理这个问题。华盛顿高中没有这样的政策,因为根据校长的经验,这些政策要么含混不清,无法执行;要么呆板僵化,造成的问题比解决的问题还多。或许让教师们思考这样的政策,会有助于他们认识到他们目前做法的不足之处。但是,要想今年把初级英语课上的学生从米尔纳夫人的"魔掌"中解救出来,这是无济于事的。

**思考题**

1. 对于麦克唐纳来说,在明年学生注册修读初级英语课前,会见米尔纳并处理评分问题,显然相对简单些。然而,对于米尔纳已经给出的成绩,她该怎么办呢?

2. 我们曾说过,学校的评分政策往往"要么含混不清,无法执行;要么呆板僵化,造成的问题比解决的问题还多"。为什么会这样?

3. 进行一项关于政策制定的练习——尝试为一所高中写一份评分政策。这种政策应有的合理特性是什么?

4. 我们先前说过,评判个人或其工作的标准应该"与法定目的有合理的联系"。在这个案例中,家长们反对将分数作为维持纪律的工具,他们认为,分数只能用于反映学生对英语的掌握程度。与此对立的观点认为,根据学生的课堂行为降低或提高他们的分数,这种做法是正当的,并没有违反正当程序原则。请讨论一下这个观点。

5. 你认为,评分时是否应该将学生的努力考虑在内?也就是说,如果一个学生很努力,但是学业不好,你认为,应该给这个学生一个及格分吗?(分数可能很低,但仍然能通过。)如果是这样的话,这和评分时考虑课堂行为有什么不同?

6. 评分的目的是什么?对这个问题的不同回答,会如何影响你对公平评分程序的看法?

(张奕婷译,程亮、曹昶校)

第六章

# 教育权威和问责制：共同体、民主和专业精神

## 案　例

弗雷德·坎特（Fred Canter）相信问责制，而且是真的相信。他为所在地区的公民工作。他花的不是自己的钱，教的也不是自己的孩子。他从孩子父母那里把他们借过来（可以这么说），认为自己没有资格在如何教育这些孩子上说了算。

至少在一点上，人们都会同意，那就是：弗雷德·坎特是南方小学的校长，但这并不意味着他是教育独裁者。他需要被问责。但是，在他对谁负责以及要负什么责任等问题上，人们的意见并不一致。他的学校有很多利益相关者（不管他们是谁）。最近，"利益相关者"这个词让人想起了德古拉的故事——人们被刺穿心脏，挂在长矛上。① 他想："这太夸张了，我们还是不要那么偏执。"

都是州评估惹的祸。每年，他的学生都要参加数学、阅读和写作的考试，而且很多学生要考很多次。州里举行的一些考试是源于联邦的要求，而举行另一些考试则是因为该州有

---

① 德古拉（Dracula），一般被视为虚构的嗜血怪物，其原型来自中世纪时瓦拉几亚大公弗拉德三世。弗拉德三世在1456年至1462年间统治现在的罗马尼亚地区。当时的敌军奥斯曼帝国的土耳其人曾在德古拉城堡前看见两万人被插在长矛上任由其腐烂，而被这恐怖的景象吓得拔腿就跑。——译者注

自己的某些理由。弗雷德学校里的孩子们参加过很多考试了。督学和学校董事会希望该学区的学校，都能够在这些考试中取得好成绩。毕竟，考试结果会被公之于众。一年一度的例行公布，对未达标的学校而言是一种公开羞辱。而且，每年那些表现不佳的学校也会被要求进行重组，或根据学生分数决定教师的工资。弗雷德有时会很疑惑，不知道人们是否注意到在大部分学校中，学生的考试得分同该校享受低价或免费午餐学生所占的比例是密切相关的。到目前为止，他从未太过担心那些考试。他的学校不必过于关注这些测试，就能够考得很好。自己学校里有一支敬业、团结、能干的教师队伍，这令他很骄傲。他一直致力于将学校打造成一个学习共同体。

要说麻烦怎么来的，学校董事会真的脱不了干系，或者说州测试本身就不好。有消息已经传开，说这些考试得分能很好地反映出学校为考试所做的诸多准备。"死教书，教死书？"（Drill and kill?）或许这样做有些苛刻，但反复操练至少要比根本就不教好得多，而且有些人主张为了一次设计良好的考试而教也是一件好事。不过，弗雷德现在真的没什么兴趣讨论这些有关考试理论的问题。董事会已经强制要求，他所在学校的课程要关注考试［他们说的是同考试相一致（aligned with）］。此外，在进行测验的前两周，董事会要求教师们把大部分的时间花在为考试做练习上。

弗雷德对此没什么热情。他的学校过去做得挺好的，他们有很好的课程设计和与之相适应的教学策略。当有学生表现欠佳时，学校会为其提供相应的帮助。同时这所学校鼓励家长参与。家长的确参与到了学校事务之中，教师们也乐于听取家长们的意见。

弗雷德给教师们开了一次会，在会上向大家解释了他们需要按要求做的事。教师们对此非常不高兴，他们自己也开了一次会，而且没有邀请弗雷德。在教师们自己的会上，发生了一件不可思议的事——他们在某些事情上达成了共识，而且联名给弗雷德写了一封信。信中写道：

亲爱的坎特先生：

我们已经考虑过学校董事会关于测验的新政策，也讨论过他们希望我们以何种做法来落实政策，但凭良心说，我们不能遵从。目前我们的课程是由专家开发出来的，也得到了研究的支持。我们经常开会，一起讨论课程的实施情况以及与之相适应的教学策略。我们也咨询了家长，听取了他们的意见。而且我们还形成了学习共同体——这是您一直敦促我们形成的。我们希望给孩子们最好的，我们共同努力工作以确保所有孩子有所学。我们没有让一个孩子掉队，而且我们的孩子们成功了。他们在课堂上获得了成功，在州测试中表现出色。在这些结果的获得过程中，我们并没有为考试而教，也没有歪曲我们的课程安排。

现在，您要求缩短并且歪曲我们这么出色的安排，以便能够进行无休止的考试准备。您向我们宣传过，现代社会依靠的是有创造力和批判性思维的终身学习者。然而，现在您却要求我们放弃合理的教学方法，代之以"死教书和教死书"，而原因竟然是一群无知而自私的政客选择了这个读来朗朗上口却没什么教育智慧的教育策略。

我们拒绝这样做。我们的专业判断和良心也不允许我们就这么顺从了。我们要求您把我们的情况告知学校董事会，使我们免于执行这种政策。如果他们不同意的话，请您帮助我们想办法绕开并推翻他们的要求。

"那好吧，"弗雷德想，"我觉得我得就此向学校董事会提出要求，但我不确定是不是要把这封信给他们看。我希望教师们对此谨慎行事。"然而，教师并未谨慎行事。几天后，弗雷德收到了另一封信，这次信是由南方小学家长教师联合会的家长们所写的。他们已经和教师们见过面，并决定支持教师们的反抗。家长们在信中写道：

> 亲爱的坎特先生：
> 
> 　　我们已经读了南方小学教师就新的学校董事会政策写给您的信。我们赞同他们的想法，这些政策会对孩子的教育产生不良影响。我们不反对问责，也不反对考试，但与此同时，我们担心考试的次数多到已经失控了。孩子们花在考试上的时间，是从他们上课的时间里挤出来的。一些家长主张我们应该抵制这些测试，但是我们并没有这么做，因为我们尊重您和您出色的工作。我们不希望将您置于与学校董事会对立的为难境地。
> 
> 　　但是，学校董事会的新政策真的难以让人接受。贵校教师和我们一起规划课程，我们对课程有信心。我们同孩子们一起努力以推动课程目标的实现。我们辅导孩子们写家庭作业，并在学校当志愿者。我们感觉自己是学校共同体的一个必要组成部分，而且共同体真的发挥着作用。现在，我们必须捍卫我们共同取得的成就。学校董事会的建议会让我们置这些成就于不顾，转而强调为考试做准备，以便在考试中获得成功，但事实上，我们已经在考试上很成功了。可能学区里有些学校可以通过这一措施得到改善，但南方小学不在其中。
> 
> 　　除了教师们在信中提到的观点外，我们还要补充一点，那就是孩子是我们的。我们把他们送到您这里，并不代表允许您对他们为所欲为。您是在我们准许的情况下，作为我们的代理人去教育他们的。我们是不会允许您采用对孩子们有害的教育方法的。这是一个自由的国度。这个国家里的人是公民，而非臣民。我们坚决要求您去抵制学校董事会考虑不周的政策，并会竭尽所能地在各个方面为您提供支持。如果您无法做到这一点，我们将不得不考虑在考试日让孩子们待在家。

弗雷德注意到,家长团体已经将信抄送给了督学和学校董事会。毫无疑问,很快他就会收到他们的消息。好吧,这封信可能也有一些好处。学校董事会的成员都是选举出来的,督学也由他们差遣。公开抵制的威胁,必然会引起他们的注意。但是,学区这么大,还有一些表现较差的学校。学校董事会和督学关注的是提高这些学校的表现,他们也承受着巨大的压力。这是肯定的。弗雷德并不相信在南方小学发生的抵制事件会蔓延开来。事实上,南方小学教师和家长们的观点,很容易被当成是一小撮精英群体在抵制进步政策,他们以牺牲整个学区所有孩子为代价,来谋求自己孩子的福利。弗雷德觉得这样不公平,但也并非不合情理。因此,他如坐针毡。他所在的学校共同体不想执行董事会的政策,教师和家长们想让他做到这件事,但他怀疑自己能否成功。他不知道自己是否应该尝试,也不知道如果失败该做什么。他回忆起《独立宣言》中的最后一句话:签署者宣誓,为获得独立,他们愿以自身的生命、财富和神圣名誉为担保。不过,他学校里大部分的教师都有终身合同,家长也不是在为学区工作,他们是在用弗雷德的生命、财富和名誉作担保,来宣称他们的独立。弗雷德心里感到愤慨,"这可真是感激不尽"。

## 争　论

甲:说到一所学校里教什么和如何教,教师们应该有权基于什么对自己学生是最好的来做出选择。毕竟,他们是专业人员。

乙:但如果是州、联邦甚至是教育委员会规定了特定的教科书和课程呢?教师在法律上必须遵守那些对学校负有法律责任的人所下的指令。

丙:等等,那家长呢?难道他们不能对其子女的教育发表意见吗?

乙：当然可以。但家长也是我们民主社会中的公民。他们可以选出自己信赖的人，在联邦、州和地方各级代表他们去做最有利于孩子们的事。不过，此后他们有责任遵守按照正当制度选出的代表所提出的法律和命令。

甲：嗯，教师也是民主社会的公民，但他们同时也是专业人员。如果学校董事会规定了某个项目或课程，但教师们基于专业判断一致认为它存在潜在的危害并且/或者可能会产生负面的教育影响，那么，他们有专业上的义务拒绝这样做，或者至少要努力避开这些规定。

乙：如果他们这样做，就相当于违法了。他们应该被捕！

丙：但假如教师是对的呢？作为家长，我们希望教师们能保护孩子们避开潜在的不当教育经历。他们比政客更知道如何教育孩子。我们愿意相信他们的专业判断。

乙：你们这些家长和教师就是不明白，这是民主社会运作的方式，一旦你们投票选出了代表，无论你们怎么想，都没别的选择。

## 概念：问责、民主、共同体和专业性

### 问责

对于弗雷德·坎特来说，有很多人希望他做不同的事情。有学校董事会的"命令"，也有学校教师的要求，还有家长教师联合会的"请求"。他可能以"无声无息，亦无所得"①的方式来回应，但他也可能会考虑一些与此事相关的原则，并评估这些原则对行动的影响。无论向他提出要求的是老师还是父母，他们都诉诸某些

---

① Grease the squeaky wheel，直译为"给吱吱作响的车轮上油"。——译者注

"合法化"(legitimation)的原则。两个团体都声称,他们的决定是以民主的方式达成的,因而具有效力。老师们也诉诸专业性的理念。他们是专业人员,拥有专业知识。如果弗雷德以专业的方式行事,他就会按老师们的想法行事。老师和家长们也诉诸共同体的理念。他们的声音表达了学校共同体的意愿,而弗雷德是这个共同体的成员和领导者。如果弗雷德要忠于该共同体,他也应该按共同体成员的想法行事。学校董事会同样可以诉诸一些原则,这是一个按照正当制度选举出来的立法机关。在民主社会中,立法机关拥有裁决权。每个人都认为弗雷德应该负责——对他们负责——而且他可以通过做他们想做的事来表明他愿意负责。

案例相关方所诉诸的所有原则——民主、专业性、共同体——都应在我们的伦理世界中占据一定位置。弗雷德面临的任务不是决定哪些原则是对的,哪些原则是错的,而是要在这些原来值得称颂的原则发生冲突时,找到一种方法来整合或平衡它们。正如我们将在下一节中建议的,他需要找到一种反思均衡。

我们首先考虑一下这个问题的不同答案。"对谁负责?"每个人都同意弗雷德和他的学校应该就某事对某些人负责。在当下的社会中,问责已经变成一个意思相当狭隘的概念。负责任,意味着接受某些成就标准,这些标准被用来确定某人是否成功地完成了任务。而标准是关于要实现的教育目标的主张,它们表明了"学生应该知道什么,以及能够做什么"。它们应该是可测量的并且是被测量的——通常通过州政府规定的某种形式的标准化考试来测量,而且越来越多地在国家政府的指令下进行。在撰写本文时,《不让一个孩子掉队法案》正是表明问责到底意味着什么的最佳范例。

我们需要采用一种更为广阔的视角来理解问责。以下是对"教育者应该向谁负责"这个问题的一些回答。

**1. 对立法机关负责**:在美国现代自由民主的社会之中,核心政治原则是选民推举的立法机关享有裁决权。国会、州立法机关和(通常是)学校董事会都是经由民选产生的立法机构。弗雷德由一个立法机构,即学校董事会所聘,他受合同的约束。在合同中,他同意服从雇主的指示,以便获得工作。而他的雇主,作为一个民选的立法机构,表达的是人民的意愿。这里,弗雷德遇到了一个民主社会中常见的两难问题:对于一个有原则的人来说,当他认为立法机关犯了错误时,他要怎么做?

2. **对"顾客"负责**:我们不仅仅是一个自由民主的社会,也是实行市场经济的资本主义社会。与市场经济相适应的问责形式是顾客享有控制权。人们应该能够在相互竞争的商品和服务供应商间进行选择。这些供应商必须满足其顾客的需要和愿望,否则他们会面临商业损失。消费者高于供应商的权力在于,他们可以更换交易对象。其背后的假设是,在其他条件相同的情况(实际情况通常不是这样)下,供应商之间的竞争将会带来的结果是:顾客可以最低的价格获得最好的产品。但由于弗雷德的学校是公立学校(因此属于公共垄断的一部分),这种问责在这里并不适用。我们之所以在这里提到这种问责,是因为它是现代有关问责讨论的一部分。

3. **对家长负责**:虽然我们社会中的学校主要由政府资助和运作,但我们的社会并不认为学校对于进入其中的儿童所享有的教育权威,可以完全或彻底取代父母的权利。当前,尽管存在着诸多关于孩子管理和教育共享权的不同观点需要我们去理解,但很明显,父母或法定监护人在子女教育上仍然拥有一些控制权,学校必须就自己是如何对待和教育这些孩子的,向家长做出说明。家长信中所说的"孩子是我们的",正是表明了这一点。然而值得注意的是,这些父母并没有声称作为个人或公民,他们有对孩子的教育发表意见的权利。相反,他们是基于孩子是他们的这一事实来发表意见的。正是这一事实,使他们成为学校共同体的一部分,而在此意义上,其他居住在学区内且投票选举学校董事会的人则不是。因此,他们的意见包含着一个特殊的、需要被听到的要求,即他们是某种微型的政治共同体，而弗雷德也有听取他们意见的特殊义务。

**4. 对专业标准负责：**老师们既诉诸他们作为共同体特殊成员的身份，也诉诸民主。然而，他们论点的核心是对专业性的声称。他们认为自己知道什么对孩子是最好的，他们的行为基于对孩子福祉的关心，他们的判断应该受到尊重。此外，有关什么是最好的这一问题的知识，并非基于个人意见，而是在研究所获得的共识性专长基础上，基于自身专业经验的审慎思考，以契合当地情况的改进过的知识。

学校董事会、州政府、南方小学孩子的父母和老师都希望弗雷德对他们负责。在发表观点时，他们诉诸不同的合法性原则或是对相同原则的不同解释。我们可以通过分析三组问题来思考他们的观点。

1. 什么是民主？学校应该有什么样的民主权威？
2. 什么是共同体？它的成员是谁？哪个共同体应该主导有关学校教育问题的决策？
3. 教师和学校领导成为专业人员意味着什么？教育中应该赋予专业人员何种职权？

## 民主

我们将民主视为一种决策方式，它尊重某一政治共同体（或政体）中所有公民能够就共同体事务进行适当决策的政治平等。就像林肯（Lincoln）所说的，民主政体是民治、民有和民享，取决于被治理者（the governed）的认同。如果一项决策满足以下两点，那么可以说它是以民主的方式做出的。

1. 所涉政体中每位成员的利益均被给予了公正的考量。
2. 所涉政体中的每位成员都有平等的机会来影响决策。

以上两部分都是必需的。开明的专制国家可能符合第一个标准,但不符合第二个标准。那它不会成为一个民主国家,因为它剥夺了其公民在决策中发表意见的权利。但是,第一个标准也是必需的。假设某一社会选出了它的领导人,并且尊重由多数派进行统治的理念。然而,多数人可能会对少数人施暴,拒绝在决策时考虑少数人的利益,这样的社会也不是民主的。这两种社会都不会获得被治理者的认同。

美国人倾向于将民主等同于通过选举选出能够在立法机构中代表他们利益的人,他们认为这些机构表达了他们的意见。投票给选举出来的代表可以满足上述两个标准,因而这样的说法是合适的。但是,选举代表进入立法机构,并不是民主的必要条件。民主决策可以通过公民之间的非正式讨论做出,他们在达成某种共识后便采取行动。相反,选举出一个立法机构并不能确保民主。有些公民可能被排除在选举之外。或者一旦当选,立法者可能会照顾他们自己的利益或其所属团体的利益,而不是所有人的利益。

支持代议制民主的观点,一般都是出于实际的考量。当政治规模越来越大,所面临的问题也越来越复杂时,很难通过公民之间的讨论和共识做出决策。而代议制民主,不得不在公民参与度上付出一些代价。随着公民人数越来越多,每个人发声的机会将越来越少,与其他公民就决策进行讨论的机会可能会减少,投票的参与度也会减少。一些关注民主的作家,一直想区分出两类民主:代议制民主和参与式民主。参与式民主的倡导者经常争辩说,民主决策应该尽可能在地方层面上做出。他们认为,这既能促进公民参与,又能在参与的过程中培养更好的公民。此外,地方做决策能更好地反映出当地社区的需求和愿望。

民主机构中的高度地方主义容易惹的一个麻烦是,它允许某一社区的人们,在未经其他社区公民同意的情况下,做出影响这些公民福祉的决策。教育就是这一难题的很好例证。我们生活在一个流动的、相互联系的社会中。在一个地区接受教育的学生,不太可能一辈子都在这个地方工作和生活。某一地区学校教育的成败,可能会影响在其他诸多地区生活的人民的福祉。如果事实真是这样,那么这意味着,较大的司法管辖区(如各个州)应该对其内部较小的司法管辖区拥有权力。相反,如果情况并非如此,则应以地方决策为主。因此,民主社会不仅必须以民主的方式做出决策,而且还需确定合适的"政治组织"来进行决策。

在美国,这种发现恰当的"政治组织"以便做出教育决策的需要,是由多个政治管辖区和"嵌套的"立法机构解决的。美国国会就国家利益占主导位置的问题(如机会均等的问题)制定某些教育政策。州政府制定其他一些教育政策。学校董事会(或其他地方立法机构)也会制定其他一些教育政策。这个系统很复杂,而且常常很混乱,但它确实反映出为了将决策放在它们所归属的、能做出最佳决策的地方,所做出的一些努力。

一个支持弗雷德应该首先对州和学校董事会负责的观点可以表述如下:我们的社会致力于教育的民主治理。它通过承认选举出来的立法机构拥有教育裁决权,来表明这一观点。不同的立法机构参与不同的教育决策。他们之间的分工,在很大程度上取决于对以下问题的判断:地方决策最适合在哪里做出?州政府应该在哪里发挥主导作用?在当下的案例中,州立法机构在遵循联邦某些指导方针的情况下,确立了教育标准与考试制度,这些标准与考试是该州问责理念的核心。有关实施的一些细节问题则留给了地方学区,这些学区要对州负责。弗雷德是学区的一名雇员。他的首要职责是执行他们制定的政策,这不仅仅因为他是他们的雇员,还因为遵守地区政策是尊重主权意志和民选立法机构的唯一方式。从根本上说,弗雷德应该承担起对教育委员会的责任。

**共同体**

在本案例中,诉诸共同体权威的观点可以有两种表述方式。首先,家长和教师都声称他们构成了一个共同体,这使得他们有权对南方小学的教育活动发表意见。其次,家长和教师都认为共同体是值得珍视和加强的东西。我们将在本节中讨论一下家长的论点,在下一节中讨论教师的论点。

我们可以将家长们的观点归纳如下:这些孩子是我们的孩子,南方小学的教育决策将直接影响我们的家庭。因此,我们是南方小学这一共同体的核心,我们应被作为最主要的参与决策制定的公民。当我们聚集在一起以民主的方式就南方小学提供给我们孩子的教育形成某种意见时,这些意见应该受到高度的重视。我们应该被视为一个地方性"政治团体",我们的决定在这所学校中应享有最高地位。你,弗雷德·坎特,从根本上说是要对我们负责。

上面所勾勒的民主概念,为家长的观点提供了一些支持。这些家长已经就子女的教育问题达成了一致意见。他们认为,所有人的意见都应有同等的机会被听到,所有人的利益都应得到公平的考量。更重要的是,尽管其他人也可能受到与其子女教育相关的教育决策的影响,但南方小学家长的孩子们才是最主要的受影响者。父母对照顾子女负有特殊责任。如果他们连指导子女教育的权力都没有,那么就不能履行这种责任。因而,即使教育被视为政府的责任,政府在教育方面的权力也不能是绝对的。父母也有权发表意见。当他们能够以集体的方式,像南方小学家长那样来表达这种权力时,他们的主张可能会被认为具有特别巨大的影响力。

然而,认为父母的声音应该占主导地位的观点是有问题的。它没有考虑到其他公民的利益。其他公民被要求为学校付钱,并受到学校教育成功与否的影响。此外,美国的政治传统几乎不重视家长们作为一个集体管理公共教育的权利。父母权利被视为作为个体的家长所拥有的对自己子女的权利。根据宪法,教育被当作各个州的责任,但传统上,大部分的教育权属于地方立法机构,即学校董事会。教育被视为当地社区的责任,这些责任由地方政治机构来具体规定。之所以如此，在一定程度上是因为地方社区要为他们的学校买单。尽管应该将教育权授予学校委员会或主要由大部分家长组成的管委会，可能某些地方已经做到了这点，而另一些地方没做到，但不管做到没做到，现实中这些团体几乎没有多少实权。事实上，最近一些年来，教育权倾向于不断上移，以至于州立法机构和国会在教育政策制定方面越来越积极。但无论怎么样，当地方的家长群体觉得他们的利益没有得到很好的回应时，就不能将前述的有关政治权威的传统弃之不顾。

南方小学的家长们已经提到，从某种意义上而言，他们也是共同体的成员。也许我们不应该把他们看作是一个政治共同体，而应该把他们看作是学校共同体的一部分；为了巩固共同体的价值观，作为学校共同体成员的家长们所持的观点理应受到尊重。让我们讨论一下这个观点。

学校应该是共同体，这已经成为一种流行的说法。共同体通常是围绕某些共性形成的。人们可能共同拥有某种民族、种族或宗教成员身份。有时当我们论及某一共同体的权威时，我们所说的是，存在着特定的传统、惯例、习俗或价值观对共同体成员具有约束力，因为这一共同体是他们的共同体。

教育共同体可能就是这种共同体。同一种族的人可以在学校里聚在一起，探索与展示他们的共同传统。然而，一般来说，公立学校不是这种类型的共同体。事实上，我们通常希望公立学校是一个由来自不同种族和传统的人所构成的共同体。

另一种共同体的形成是因为人们聚在一起追求一项共同的事业。在南方小学，弗雷德成功地促使父母和老师们能够为了孩子们的教育而一起工作。这个共同体似乎满足了创建学校共同体的两个重要的且相关的条件。第一，共同体成员不仅同意孩子的教育是重要的，而且他们就大家希望提供的教育达成了一致构想。第二，他们携手努力实现这个共同的构想，并通过不懈努力去提供这种教育。他们将自己的学校视作一项共同的事业。南方小学的家长和老师们是一个共同体,因为他们以合作的方式追求共同选择目标的达成。

在南方小学的案例中,这种共同的教育理念是由教师、弗雷德和学校孩子的父母经由广泛参与而形成的。为了明白参与为什么如此重要,请考虑在形成有关学校基本期望的共识上所采行的另外两种方式。关于提供何种教育的构想,可能完全是由学校教职工创造的,它源于学校教职工的专业判断。但当这种情况发生时,家长更可能把自己看作是学校的客户,而不是共同体的成员。尽管这可能不是一件坏事,但是专业人士同其客户的关系和共同体同其成员间的关系,存在着很大的差别。二者的本质区别在于,由专长知识水平的差异所带来的权力不平等。

有关学校教育事业的构想,在某种程度上可能反映的是建校者过往所拥有的价值观,而学校共同体的创建,可能源于父母选择那些与他们共享价值观的学校。宗教学校就是一个很好的例子。由于家长与学校共同投入教育,同时被邀请参与学校的活动和运营,因而这些学校可能会成为共同体。宗教学校和其他私立学校,往往以学校中的共同体意识为特征。同时,公立学校中选择这种方式的却比较少见(尽管这种方式并非不为人知)。当公立学校是邻里学校时,必须在生活于邻里社区的居民间,形成有关学校教育事业的共享理念。这可能需要社区成员的广泛参与。

共同体可以巩固某些内在于共同体的价值观。人们认为自己属于共同体或是将自己视为共同体的成员。他们更易产生对共同体的归属感。以合作的形式实现共同的目标,同时知道大家共享着这些目标,将有助于建立忠诚和信任的关系。这些都可能成为提升学校效能的宝贵财富。同时,当学生们逐渐感觉到自己是这个共同体的成员并内化共同体的承诺时,他们在学习上会更多地进行自我激励,并更少出现疏离的体验。(同时,我们还应考虑到如下可能,即共同体压制异议以及边缘化那些不共享共同体核心价值观的人。)

如果一所学校已经成为一个共同体，以某种方式创造了这些属于共同体的"善物"（goods），是否就意味着赋予了共同体以教育决策的权威？南方小学的家长和老师们都觉得自己是共同体的一员。他们认为，这种共同体意识对于本校孩子们的教育来说是一种财富。他们也相信，当学校董事会或州立法机关凌驾于他们达成的共识之上，并坚持要求他们去做某些事情时，这种共同体意识就受到了威胁。

相信强烈的共同体意识会提高学校的教育质量，这似乎是合理的。相反，打破已经形成的共同体意识，很可能会对南方小学孩子们的教育带来负面影响。南方小学的家长们在这一点上可能是对的，即强制改变学校课程会有损他们孩子的教育，因为这样会消解已经形成的共同体意识。但这种观点并不能回应所有的问题。民主立法机构对教育的权威，并不取决于如下的观点，即立法机构的判断必然是最好和最明智的。美国传统（以及其他许多方面）主张，政治权威取决于被统治者的认同，同时它存在于公民所拥有的要求自身利益得到公平对待的权利以及对那些影响他们的决策发挥作用的权利之中。正如我们将在下文看到的，这些权利并不能因为其他决策机构可以做出更好的决策而可以被"篡夺"。

**专业性和学习共同体**

南方小学的教师们声称自己是一个不同类型共同体中的成员，即他们是一个学习共同体。他们也声称自己是专业人员，并强烈要求抵制教育委员会的命令，认为这些命令与他们的专业判断不一致。

我们认为，教师是专业人员同他们属于学习共同体这两个观念是互补的。某人是某个专业领域的成员，这样的说法可能包含着不同的意味。此处，我们可以这样理解：专业是一种肩负特定责任的行业。从事专业工作，依靠的是植根于专业知识和丰富经验的判断。专业人员需要大量的培训才能胜任工作。缺少这种培训的人不能对专业人员的工作做出恰当的判断。因此，专业的标志之一就是自主。专业本身承担教育和认证新成员的职责，并设定本行业的标准。专业人员判断专业领域的其他成员是否胜任，以及他们何时表现出了不胜任或不专业的行为。实践中一定是这样的，因为其他人不具备对专业人员的表现做出恰当判断的能力。

鉴于专业人员需要进行自我管理，他们的实践必须以他们已经内化了的伦理原则为指引。这种伦理有两个重要的特征：第一，专业人员有义务尊重建立在实践之上的知识基础，并以此指导自己的实践；第二，专业人员必须以服务对象的福祉为导向。人们期待专业人员能以此种伦理来指引个体专业人员的实践；同时，当专业人员本身作为一个集体行事时，就像从事诸如制定教育标准或判断所谓渎职案件等活动一样，也应以此种伦理为指导。

专业人员的专长植根于一种专门的知识基础，这并不意味着专业人员有一本写满行业规则的书，可以告诉他们在每种情况下如何行动。而是说，具备专业知识的专业人员所能看到的事物或事物的重要性，可能是那些未经训练的人容易忽略的；或者说，专业人员能够做出的一些推理，是未经训练的人无法做出的。如果确实如此，那么专业人员之间的协作、协商和讨论便真的非常重要。他们之间能够相互学习，并从他们的共同经验中进行学习。

正是这种协作元素，将教学作为一种专业的观念同学习共同体的观念联系起来。当教师们作为一个学习共同体发挥作用时，他们不仅受到知识基础和专业经验的指导，也能够向其他专业人员学习，并根据服务对象的最大利益进行合作与共同决议。协作也理应是专业伦理的一部分。

当南方小学的教师们声称有专业权威，并认为他们是一个学习共同体时，便是基于以上理念。他们主张自己有权获得自主，这种自主权源于他们的专长以及已经内化了的以服务对象为中心的伦理。事实上，他们对学校董事会和州立法机构声称，他们有权做出教育决策，而不是这些立法机构；因为他们拥有做出良好决策所需的知识，而不是这些立法机构。他们认为，作为专业人员，应该首先对自身负责，因为他们不仅是唯一的、能够判断本行业从业者是否在做对孩子最有利事情的人，而且在依据孩子们的利益做出决策方面，他们也值得被信任。

有很多理由可用于对以上说法提出质疑。首先，不清楚教学和领导是否是所需意义上的专业。虽然教育研究已经给我们呈现了诸多关于教育的重要知识，但它远未能提供给我们广泛的、公认的知识基础，而这样的知识基础正是一个真正的专业用于确证它应该享有自主权所必需的。关于教学策略的大多数主张都是有争议的，很多教师似乎在没有广泛了解教育研究所提供知识的情况下，也能够表现出色。此外，很少有州承认教学或行政管理是自治的专业。

其次，即使教学和领导是专业，我们也不应夸大自主权的正当程度。我们了解到，各个专业的人士都是可以为自己谋利益的，而政府在规范专业时也考虑到了这一点。例如，医生必须在患者知情同意的情况下执行任何程序；同时，他们可能会因治疗不当，而被法院和非专业人士陪审团追究责任。只有经过国家立法机关的认可和同意，他们才能制定专业标准。我们还应注意到，声称代表专业人员的专业协会，不仅仅代表着专业人员在专业事务上的专业判断，而且代表着成员的经济和政治利益。在教学领域，这种情况很明显。例如，全美教育协会（National Education Association，NEA）既是一个专业协会，又是一个工会。我们并不反对这样的组织，也不反对教师集体谈判。然而，只有最天真的人才会相信，行业协会总是在关注服务对象的福祉，而不是其成员的经济利益。

最后，至关重要的是注意到以下问题，即当专业人员基于他们有而其他人没有的某种专门的知识基础，来要求进行内部自我管理时，他们是在诉诸"有知者应该是统治者"这类最不民主的政治原则。这是古雅典时期，柏拉图坚持为哲学王统治做辩护时所用的原则，也是他宣称民主是无知、激情和暴民的规则时所使用

129

的原则。民主的社会可能会承认,当决策真正涉及专业知识时,专业自主是必需的;但这种自主权被视为已转让给专业人员,并在立法机关的监督下行使。如果将这一观点应用到本案例中,我们必将得出的结论是,学校董事会和立法机构尊重教师的专业判断,这可能确实是件好事,但他们不一定非要这样做。此外,除非我们接受那些有知者应该进行统治的观念凌驾于合法权威取决于被治理者的认同这一民主原则之上,否则我们不得不同意,当立法机关的要求与教师的专业观点不一致时,立法机关的意见必须具有优先权。这不仅仅是因为抵制可能是徒劳的,也是因为立法机关有权进行统治。

在南方小学的家长和教师们的争论中,有许多值得重视的地方。虽然我们没有接受家长们是一个政治团体的主张,但我们已经说过,他们所形成的共同体具有重要的意义;如果这个共同体被损害,南方小学孩子们的教育可能会受到不良影响。我们还认为,弗雷德能够将他的教师们塑造成一个学习共同体是一件好事,而且他们基于什么对孩子最有利而做出的专业判断很可能是对的。那我们到底该怎么办?

首先,立法机关的权威并不取决于它所做的决策总是正确的,而取决于被治理者的认同。此外,一个决定是错误的或被认为是错误的,并不意味着公民或政府雇员就有权拒绝服从。同时,这也不意味着其他团体有权取代立法机构做出决定。当公民同意受某一立法机构管理时,他们不是要在每次决定时都进行表决,而是同意某种做决定的方式。如果公民认为他们有权不服从任何在自己看来是错误的决定,那么民主社会就不会长久存在。立法机关的权威包括犯错的权利。

弗雷德享有同任何公民一样的权利。他有权向立法机关指出错误的地方,并敦促他们改变政策。也许,作为南方小学的校长以及对本校儿童福祉负有特殊责任的人,他有极大的义务去这样做。

南方小学的老师和家长们已经暗示他还有另一种行动方案。他可能试图颠覆或绕过董事会的政策行事。与我们上面提到的各种选择相比,这种做法更值得讨论。当然,弗雷德可能会试图以一种对南方小学课程危害最小的方式,来实施这项政策。他可能会尽量减少其负面影响或采取纠正措施。同时,他不应就自己正在做的事向董事会撒谎,不应拒绝执行董事会的命令,也不应以力求颠覆董事会的方式来反对董事会的政策。(当然,他可能主张要反对他们。)如果他开始觉得从良心上不能再遵守董事会的政策了,就应该考虑辞职。然而,在寻求减轻损害和彻底颠覆政策的两极间,仍有很多小问题,我们在此无法一一讨论。例如,尽管弗雷德可能不会向董事会撒谎,但他必须公开他所做的一切吗?他有权在董事会坚决执行政策后,继续反对该政策吗?他可以公开这样做吗?此处,我们只能关注的问题是,民主社会依靠尊重立法机关主权的雇员。如果雇员认为他们有权推翻在他们看来是错误的政策,那么立法机构就没有至高无上的权威了。此外,民主社会依靠激烈的辩论,而政府雇员所处的位置往往使他们最了解政策对他们所服务的人的影响。弗雷德必须在这两极之间寻求出路。

让我们暂时回到最初有关民主的讨论上来。我们提到,民主决策有两个标准:尊重人们的利益;人们能够影响决策。我们认为,这些标准表达了政治平等的观念。反过来,政治平等的观念可以被视作对平等尊重的一种表达。我们相信,民主是最好的政府形式,因为它提出每个公民都有权得到平等的尊重,肯定了每个人都有平等的价值,并将每个人视为目的而不是手段。但这一论点并不意味着,民主之所以是最好的,是因为它总是能做出最好的决定,而是意味着,因为民主以一种公正的方式进行决策,所以它才是最好的。民主并不诉诸利益最大化原则。相反,我们讨论中所提及的用于支持专业性和共同体的论点,更倾向于诉诸利益最大化原则。

我们相信,明智的立法机构在决策时会考虑这些观点,并在适当的时机以恰当的方式进行授权,但这些观点,从道德的角度考察并不是最基本的。民主的主要价值在于，它将我们每个人都作为自由且平等的人加以对待。好的结果可能来源于此，但这些结果并不是确证民主正当性的基石。平等地尊重每一个人，才是民主的基石。

## 分析：客观的道德推理

在我们的任务清单上，还有一个问题需要回答，即我们所提供的这个案例是否经得起客观的道德推理。当然，我们已经能够为各种各样的事情提供理由。尽管我们试图证明，与后果论相比，非后果论更适合作为伦理学的基础，但似乎每个案例中的每一方都能找到支持自己的观点。那么，这样的问题还能解决吗？如果能，应该怎么解决？

本章我们所分析的案例以及本书中的其他案例，均有点模棱两可。但如果从这种模棱两可中，我们便得出永远无法合理地做出道德审议的结论，那可就错了。在更简单的情形下，在我们作为教育者的日常生活中，我们诚然已经对诸如剽窃、盗窃和诚实等事情达成了合理、正当的道德决议。在本书中，我们有意将列举的案例设定成难以应付和模棱两可的。正是这种模糊性，使它们成为有趣、有用的教学工具。我们甚至不确定，所举的每个案例是否都能以某种定论的方式，被理性而客观地解决。

然而，能不能下个确定的结论并不重要。我们应该小心的是，不要从道德模棱两可或道德分歧的案例中推出太多结论。人们普遍认为，因为在道德问题上人们会持不同意见，不同的社会也有不同的道德观点，所以伦理是相对于文化的。但是，这里的前提并不能推出结论。如果两个人或两种文化间存在分歧，并不能简单地下结论说没有一个是对的。在不同的文化中，关于医学也有不同的看法。

但是，我们不能就此下结论说：如果有人认为疾病是由恶灵造成的，那么有关疾病的细菌理论便是错误的。我们也不能说，医学的真理是相对于文化而言的。判定其中一种观点是错误的，会更加合理。

同样地，也不能基于我们并不知晓某个事物这一事实，就下结论说它是不可知的。如果目前我们不知道某个伦理问题的答案，并不意味着我们不能够通过仔细的思考和探究来发现答案，也不意味着其他人后续无法解决这个问题。如果伦理学是一个人类探究的领域，我们可以从中找到最好的原则，用于规范人类的行为，那么我们就理应期待会有伦理上的发现。奴隶制曾经是一个在道德上存在争议的话题，难道人们就没有"发现"它是错误的吗？

最后，也别期待能够在目前还无法获得答案的问题上，获得某种确定的观点。在 21 世纪，即使是在数学领域，也会因为发现有一些无法解答的数学问题而感到尴尬，但这不意味着数学推理缺乏客观性，也不意味着数学真理具有文化相对性。同样地，也不能因为一些伦理问题非常困难甚至还没有定论，就认为伦理推理没有意义，或者无法对伦理问题做出判定。至少在某些情况下，如果我们能更清楚地认识到困难本身的性质，那也算是取得了重大进展。有时，至少对我们自己来说，通过发现某一问题以特定方式同我们的基本原则联系起来，我们也可以解决这个问题。如果说道德审议的过程并不总是决定性的、足够明确的或者完全客观的，但也不是毫无成果的。道德推理和辩论总能给我们带来一些启示，作为道德主体，我们有义务参与道德推理与辩论。

如果说道德上的模棱两可和分歧，并不能使我们得出伦理辩论毫无意义的结论，那么它们也无法表明，确证道德的观点是可能的，或者对道德的观点进行确证是如何可能的。此处，我们至少应该向读者简要介绍一下我们对道德方法论的看法。我们的立场可以很容易地勾画出来，但不太容易进行辩护。其核心的观点是：关于选择和行动的道德决策需要道德敏感性、理性和道德理论的形成，而道德理论形成的最初依据便是我们的道德直觉。道德直觉,即我们关于对与错的直觉,为道德推理和道德理论建构提供了重要的资料。

然而,并非每种道德直觉都同样有用。我们应该从那些看起来最引人注目同时又争议最少的直觉开始,之后尝试形成解释这些道德直觉的原则,由此来建构一种道德理论。不是说我们的直觉本身不能得出结论,而是我们必须能够描述那些促使我们产生是非感的潜在道德观念,发现那些促使我们产生此种感觉的隐含规则到底是什么。这不仅仅是要对我们的所思所想给出是非判断,也要发现我们直觉的基础,对它们进行描述和分析,然后尽我们所能去检验它们。由此,我们从简单的直觉转向一种更为复杂、客观、理性和反思的对待伦理议题的方式。

就此而言,构建一种道德理论更像是试图描述出支配我们语法感的那些规则。我们具有如何正确而有意义地使用语言的直觉,而未必一定要具备制定语言规则的能力。这种对于什么样的话是有意义的或者是正确的感觉,为我们提供了资料,根据这些资料,我们可以检验为解释语法感而建构起的规则集。事实上,语法学家就是这样研究语法的。他们会问自己这样的问题:"为什么'所有的好孩子吃蛋糕'是有意义的,而'蛋糕男孩好吃都'是没有意义的?"同样,我们必须明确并阐明构成自身道德直觉基础的规则和原则。

还可以进一步对这样的类比进行如下解释。有时,对语言原则的深刻理解,会促使我们修正有关什么是有意义的或正确的最初看法。理解语法原则,可以使一个看似模糊或模棱两可的表达,变得清晰和可理解;也可以使我们发现,那些看似清晰与简单的事物,也有蹩脚之处或模糊性。同样,道德理论可以改变或推翻我们对道德现象的直觉。一旦我们更清楚地发现了道德直觉的基本假设是什么,我们便可能希望改变自己的想法。因此,在理性的伦理反思中,道德理论与道德直觉会相互作用、相互影响。比较困难的是,要在我们的道德感和我们的道德理论之间,达成一种反思均衡。我们所说的反思均衡指的是,恰好在某个时刻,我们能够在道德直觉和用以解释它们的道德理论之间取得令人满意的一致性；在这个阶段，可以客观地运用我们的道德理论，以证明所做的决策与采取的行动是正当的。当然，和科学理论一样，新的事实、事件和假设会迫使我们重新考虑和表述我们的道德理论，并改变我们的决定和行动。

在评判各种理论时，通常都会有共同遵循的标准，道德理论也必须符合这些标准。它们必须解释哪些资料适用于道德领域，同时必须是自洽的。如果道德理论能够显得优雅、简洁和匀称，也是非常不错的。道德理论还必须对其他领域的知识保持敏感。事实类问题和其他学科的理论，对伦理学理论很重要，因为它们不仅有助于了解抽象的道德概念如何应用于具体案例，而且能够提出新的有待解决的问题或是改变阐明伦理学理论时所用的概念。弗洛伊德对无意识的发现，提出了关于自主性概念的难题，并且提出了与心理操纵相关的新的道德议题。物理学和生物学的进步，把目的论从自然中分离出来，要求人们重新思考价值和目的的存在方式。这些是任何一个完备的道德理论均需面对的东西。

拥有一个完备且周密的道德理论是不够的。作为有情感的人，我们还需要对道德领域保持敏感，并借助我们共有的能力去同情和关心他人。我们的道德直觉植根于我们的感受能力和思考能力。我们需要情感，也需要理性，它们驱使我们以道德的方式行事，去关切合理的道德观点和它们的后果。情感以某些重要的方式与道德推理互动。第一，情感有助于我们设身处地地思考他人的处境，理解他们，知道做什么会带来伤害，做什么会有所帮助。如果我们不能从他人的角度去体验生活，对他人价值与尊严予以尊重的承诺也就没什么意义了。那么，我们怎么知道如何尊重他们呢？我们又如何发现什么才算是在维护他们的尊严呢？

第二，情感为正确的行为提供动力。如果有人能搭建一台可以进行道德推理的计算机，那么它的主要缺陷很可能是不关心自己能否以一种道德的方式存在。知道什么是正确的，和想要做正确的事情，完全是两码事。我们同情他人的能力，对他人遭受的伤害或体验到的快乐进行感同身受的能力,很大程度上成为促使我们做正确之事的推动力。康德在伦理方面发表过很多真知灼见,他曾说善良意志是这世上唯一的、真正的善事,没有什么能够比得过它。

那么,我们如何解决伦理争议呢?首先,在是非问题上我们会有不一样的感知,我们要努力发现构成这种差异之基础的道德原则。当我们发现了自身道德直觉的基本假设是什么时,也许我们中的一些人会改变自己的想法。如果不是这样,那么我们必须通过考察随这些道德原则发生的事情,来检验我们所持有的相互冲突的道德原则。如果我们发现被提出的原则在某些情况下会导致可憎或不可信的结果,那么我们就有理由抛弃这一原则。也许当一些人发现,要坚持当下的立场就必须去赞同其他的原则时,他们也可能会改变想法。

那我们的是非感究竟从何而来呢?这个问题似乎关系到在伦理议题上能否建立起一种客观的反思均衡。一些哲学家认为,我们的道德感是与生俱来的。神学家可能会补充说,它是上帝赐予的。其他人则认为,道德直觉是一种心见(seeing)。我们可以用心灵之眼看到道德事实,就像我们用肉眼看到颜色一样。还有一些人认为,我们从文化中习得道德原则,就像我们从文化中习得母语一样。道德感来自何处很要紧吗?有人可能会辩称,如果道德概念是与生俱来的,或者是上帝给予的,或者需要心见客观存在的道德事实,那么便证明了道德思想的客观性。道德问题就像有关物质世界的问题一样,是有答案的。在某种程度上,这些答案是基于现实所具有的本质而得出来的。另一方面,如果我们是从自身文化中获得了可以让我们产生道德直觉的原则,那意味着,从根本上来说,相对主义依然是合乎事实的。在这样的情况下,我们可以期待道德推理能做的最好的事情,便是在那些已经就基本假设达成共识的人们中间,形成更高层次的共识。

此处,我们无法解决有关我们的是非观念到底来自何处的问题。我们想表明的是:道德直觉从何而来的问题,对于道德推理的客观性而言,并不具有决定性。

将这一问题视为决定性的,反映出我们在判断什么才算得上是客观知识时无限膨胀的要求,以及我们对人类共性的过度悲观。如果我们要求道德知识具有确定性,或者要求所有的合法知识都必须在某种意义上是确定的,而且不被新证据所挑战和改变,那么我们可能发现,不仅是伦理知识,而且所有的知识都一样难以获得。但是,如果我们只坚持在最合理的判断基础上,建立起一种暂时的反思均衡,那么我们将能够确立一套有关客观性的标准。这一标准通常是可以满足的,并将在生活中发挥良好的作用。为客观知识设立标准,以便指导基本的、必要的人类活动,并为我们反思应该做什么提供指引,这究竟有何意义?这看起来是不可能的吗?

此外,即使伦理直觉是从我们的社会中获得的,也并不意味着不同社会的成员间不可能实现反思均衡。鉴于不同社会的差异程度,我们可能认为寻求反思性道德均衡是很难的一件事情。如果我们就此假定这是不可能实现的,便是忽视了如下事实,即所有社会都是由在如此大的程度上共享着某些东西的人所构成的——他们具有共同的生物基础、共同的基本需求和情感、共同的物理环境以及共同的期望;也忽视了在我们生活于其中的星球上,基于共同的科学和全球问题,人们日益团结的程度之大。这些共性构成了我们对人类道德直觉来源的认识的基础。我们还没有相似到在道德问题上可以很容易达成反思均衡,但是,我们也没有相异到完全不可能达成道德上的反思均衡。我们中的一些人甚至认为,在人类发展的历史长河中,一个积极的进步便是,我们拥有了更人道的、更广泛共享的伦理观点。因此,我们有充分的理由相信,以人道的方式获取伦理知识是可能的。即使我们无法实现确定性,我们也可以保持客观和理性,可以对其他观点保持宽容而开放的心态,而不必成为相对主义者。

不仅如此,在现代流行的道德相对主义信仰问题上,有某种共通的却极具误导性的促成因素,那就是人类对自由、对不受责任和义务的约束的渴望。如果我们误读了陀思妥耶夫斯基（Dostoevsky），便可能会认为，如果相对主义是真实的，那么任何事情都是允许的。我们每个人都可以随心所欲，没有人能告诉我们做错了，或者告诉我们必须另外做些什么。上述观点常体现在这样的情形中：当有人声称某件事确实是正确的或错误的时，事实上他们便是在试图把自己的观点强加给他人。

这样的回应不仅让人困惑，而且很成问题。说它是让人困惑的，是因为它将强迫和说服等同起来。当某人试图向另一个人说明理由时，这种行为不是意在强迫。实际上，说服是一种影响的形式，它承认个体是具有理性思维和人类情感的自由的道德主体。试图说服他人，就是假定他们自己掌握选择权。作为负责任的道德主体，他们也希望在获得最充分的理由的基础上，做出自己的选择。给人们以理由，是在肯定他们作为自由的个体，拥有为自己做选择的权利。

把说服看作一种胁迫，说到底是因为未能理解自由的终极道德基础。如果没有客观义务，我们便没有自由。关于自由的一切，都不能从道德相对主义中推论出来，因为关乎伦理的所有问题都不能从相对主义中得出。我们是自由的，因为我们是有责任为自己做决定的道德主体；也因为对一个有道德义务做出负责任的选择的人所拥有的自由进行横加干涉，从道德的意义上是不可接受的。

人们常说，人类与其他生物的区别在于人有推理能力。我们认为，人类也共同拥有承担义务和选择去承担义务的独特能力。若问我们应该接受何种道德义务，便是假定了我们可以自由选择；同时，我们能就自己做出的某些选择而非其他选择，给出充分的理由。而给出理由便是在假定，理由可为达成可能的共识、促进反思均衡的进展以及道德成长提供客观基础。

说相对主义是有问题的，是因为如果将其当真，会导致我们抛弃那些对道德成长而言有重要意义的资源。如果被告知做什么决定都不重要，因为这个选择和另一个选择一样正当，那么人们就没法学会做出负责任的选择。要学会做出负责任的选择,人们得学会评价各种观点,并考虑那些与他们的决定相关的证据。这些本事,最好是在能认真对待伦理议题,并能就相关议题展开辩论的氛围中习得。道德相对主义则会潜在地破坏自由之人所适用的道德教育。

最后,我们相信,道德相对主义破坏了管理者的任务感。我们把教育视为一项意义重大的道德事业。它的目的是培养受过教育的公民,这样的公民能够在自由、自治的社会中作为自由人发挥作用。我们在这本书中考察的道德承诺——包括思想自由和个人自由、平等、正当程序以及民主——不是仅仅为我们学习如何思考伦理问题提供便利工具的概念,也不只是用于思考如何完成管理者工作的重要概念,它们是我们将自己视为自由人这一愿景中的核心概念。因此,它们应该是我们在一个自由社会中所持教育观的核心。

持道德相对主义观点的管理者,可能无法同意这一观点。这样的人认为自由、平等和民主在道德上是任意的,就像一些人碰巧看重的事物一样,没有令人信服的客观的依据证明它们的正当性。关于基本道德原则的这种观点,几乎不太可能激发一种用以指导日常决策的理性承诺。作为一个道德相对主义者的管理者,要么不遵从我们社会的基本原则,要么以一种非理性的方式遵从这些原则。两者似乎都没什么可取之处。

相信道德相对主义的管理者,可能认为行政本质上是一项技术性的事务。如果行政行为是以客观知识为基础的,那么这种知识只能是有关如何达成既定目标的事实性知识。价值在其中没有一席之地。因此,持相对主义观点的管理者会关心自己如何最有效地实现预定目标。这些人很快就会成为操纵他人的人,不关心学校管理的伦理,只专注于完成手头上的任务。这些人也放弃了以下责任:对其他人给定的目标和政策所具有的教育与道德价值进行判断。他们像集中营的管理人员和守卫一样,只服从命令。这里不需要解释理由,道德推理也毫无意义。

## 结　论

　　进行客观道德推理的可能性的问题，对我们理解教育和管理至关重要。相信道德推理的可能性，使人们有可能形成如下的教育观，即教育本身便是道德的。它为管理人员与教职工、学生一起追求道德承诺提供了基础，这些承诺界定着我们作为自由、民主社会中的自由人的身份。相反，道德相对主义使得管理者去追寻那些无法从客观意义上进行选择的价值观，因此，如果要真正执行的话，这些价值观也必定会被武断地强加于他人。此外，道德相对主义将管理角色理解为技术性和操作性的。它把人当作手段，而不是目的，把尊重人看作诸多任意的价值判断中的一个。对我们来说，选择是显而易见的。在实践中，道德相对主义不会成为有责任心和理性的管理者所遵从的信条。

## 补充案例

### 行动中的民主

　　"谁？到底谁赢了？"梅斯维尔公立学校的督学唐·帕特森（Don Patterson）气炸了。"那些人是谁？他们甚至都没有管理过学校！他们怎么能当选为学校董事会成员？"

　　帕特森和妻子坐在早餐桌旁，听着收音机里播报的本地新闻，他要听听昨天学校董事会选举的结果。实际上，他打开收音机是为了知道谁参加了投票，而不是要知道谁获胜了。他一直认为谁会获胜已经有定论了。梅斯维尔学区教育委员会的三个席位总得有人来坐。目前担任委员职位的三个人正在寻求连任,他们在职期间做得不错,在这种情况下,他们怎么可能不赢呢?

另一方面,选民的参与很有问题。和美国大多数学区的居民一样,梅斯维尔的居民很少有人愿意参加学校董事会选举的投票。通常情况下,在符合条件的人中,大约只有15%的人实际投了票(这个数字相当于全国平均水平)。然而,在以往的两次选举中,这一比例进一步下降,去年镇上只有不到8%的居民参加了投票。

如此低的投票参与率,才是帕特森关心的问题。他曾期待,选民们在这次选举中能对学校表现出高于以往的关注度。尽管说实话,他也知道这次选举不会引起太多的关注。毕竟,根本就没有真正需要做出的选择。为什么要在选举结果已成定局的情况下还去投票呢?大多数在梅斯维尔有头有脸的人,都有同样的感觉。据报道,只有不到4%的居民在昨天的选举中投了票。

然而,显然有人在选举中占了个便宜。这三位现任者都被看似不知名的、幽灵般存在的候选人击败了。三位现任者的失败使督学感到非常不安。他们都是很好的董事会成员,致力于自己的工作,不代表社区中任何一个特殊的利益集团。例如,在最后一轮有关合同的谈判中,他们坚持站在工会的对立面,反对工会在地区政策制定中获得新的重要控制权的企图。

帕特森全神贯注地关注着播音员。播音员似乎跟他一样,对这次选举感到心烦意乱。三位获胜者分别是玛丽·雷利汉(Mary Rellihan)、约翰·雅各布森(John Jacobson)与亨利·马丁(Henry Martin),和督学一样,播音员显然也不知道这些人。这三位是补入候选人,却以极大的优势击败了三位现任者。新闻播音员总结道,该电台正与获胜者联系以进行采访,并将在稍后的广播中讲述完整的故事。

"补入候选人怎么能战胜正式候选人呢?"帕特森一边关掉收音机,一边问他的妻子,"他们肯定是发起过某种公开活动,让人们投票支持他们。而以前从来没有过类似的活动,完全没有人了解这些人。"

"好吧,三个人中有两个我不认识,但雅各布森不正是几年前帮助梅斯维尔教师协会撰写那些建议书的那个人吗?"帕特森的妻子问道。

督学琢磨了一下,说:"是的,我觉得你说得对。"他向后靠在椅子上,又想了几秒钟。"事实上,你一提这个问题,我就敢打赌说梅斯维尔教师协会肯定与此事有关。等到了办公室,我要找克利弗问个清楚。"

一个小时后,梅斯维尔教师协会的主席比尔·克利弗(Bill Cleaver)微笑着站在了帕特森的面前。"唐,我已经预感到,你今天早上会想要和我谈谈,"他说,"你可能对昨天的选举结果有一些疑问。"

在接下来的一个小时里,这位对自己及其协会明显感觉非常满意的工会主席,给帕特森上了一节政治实践课。

克利弗一开始便说,梅斯维尔教师协会对三位现任并竞选连任的董事会成员非常不满。在任期内,他们三人所采取的立场,在梅斯维尔教师协会看来是"反教师"的。而且,他们口齿伶俐,会说服人,总能设法说服七人董事会中的至少一位相信他们的观点是正确的。因此,这三人成功地使一批政策改革得到了推行,这些政策使得权力的天平越来越向董事会一方倾斜,而教师们的权力则越来越小。对于梅斯维尔教师协会对三人不满这件事,帕特森一点也不惊讶。真正令人惊讶的,是工会处理这种不愉快事件的方式。

似乎在几个月前,梅斯维尔教师协会的执行委员会做出了一个深思熟虑的决定,不公开支持反对三位现任者的候选人名单。克利弗说:"这个小镇很抵制工会,如果梅斯维尔教师协会支持特蕾莎修女(Mother Teresa)进入董事会,她肯定会输。"因此,梅斯维尔教师协会并没有鼓励三人参选,也没有公开支持他们,而是组织了一个"补入候选人"活动,但克莱弗坚持说,这次活动并非秘密进行的。他说:"我们只是没有进行宣传而已,梅斯维尔教师协会没有义务将其决定和行动公之于众。"

工会已经准确地预见到选民参与率会很低,特别是在人们对三位现任者的工作都没什么不满的情况下,更会如此。因此,梅斯维尔教师协会的执行委员会悄悄地在社区中找了三位对该协会在各种问题上的处境表示同情的人,他们同意作为未经宣布的补入候选人参选。之后,就在选举的前一周,执行委员会召开了一次全体梅斯维尔教师协会会员参与的闭门会议,向会员们介绍了三位候选人,并解释了委员会的选举策略。基本上,它做的事就是敦促其成员投票给这三个人,并请他们去争取一些持支持态度的家庭成员和朋友,让他们也给这三个人投票。克利弗说:"我们解释说,如果选民投票率保持在5%以下,那么每位梅斯维尔教师协会成员只要能让另外四个人也选这三位候选人,那么他们三人基本上就会赢。""所以,"他总结道,"我们告诉他们不要'退出投票',而是要找到四个人来为补入候选人投票。而且我们告诉他们,要保持低调。这件事做得很漂亮。"

"教师与董事会关系的新时代即将来临,"克利弗总结道,"梅斯维尔教师协会和梅斯维尔学区教育委员会最终会建立起一种合作融洽的关系,而不是互相吹毛求疵。"他停顿了一下,然后笑了起来。"当然了,唐,既然现在董事会不在你的掌控之中,你未来的工作可能会有点难做。但没关系,这就是作为督学的你为什么可以得到丰厚薪水的理由。"

**思考题**

1. 在本章的前面,我们曾说过,如果可以满足两个条件,那么某一决定就是以民主的方式做出的。梅斯维尔发生了什么不民主的事情吗?如果有,那是什么?

2. 在这个国家,学校董事会选举的低参与度确实是一个事实。为什么低参与度会成为这些选举的特征?这对"地方控制"意味着什么?

3. 低参与度是否必然意味着学校董事会没有代表许多人的意见?这是否意味着这些人不能对决策发挥一定的影响?

4. 如果可以的话,帕特森应该对他的三名新董事会成员做点什么呢?他应该对梅斯维尔教师协会的选举策略说点或是做点什么吗？如果应该，那说点或做点什么呢？

## 政策问题：杰克逊小学的留级生[①]

海伦几乎无法控制自己的愤怒，她生气地问道："你做了什么？你和你的教职工认定学区政策对杰克逊小学的孩子们来说是个馊主意，所以你们就没有实施它？"

"不，我可没那么说，"亚里克斯反驳道，"我们确实是实施了，但我们根据孩子们的需要对它进行了修改。看在上帝的份上，海伦，你知道在我们杰克逊的孩子们是什么样的。他们入校的时候有各种各样的缺点。如果我让每一个无法达到年级阅读水平的学生留级，那么我们学校里有一半学生得在小学多待两年。而且，大部分留级的学生将会是少数族裔的孩子。你把这个叫教育机会均等吗？这些孩子需要打破自身的困境，而不是在教育体系中另遭一击。

"我知道应该对你和董事会负责，要执行董事会的政策。事实上，我已经做到了。至少在我们解决掉程序中存在的一些问题后，我便执行了该政策。政策说什么不重要，重要的是它的目的。它是为了确保我们的学生学会阅读。如果那些该死的中学老师做好了他们的工作，这九个孩子就没事了。但实话实说，杰克逊不会有自动留级的政策，这是个馊主意。在我们刚开始讨论的时候，你自己也对它有很多意见。最关键的问题是，它将破坏我们学生的自我概念。"

这一引发了森特维尔学区负责人海伦·阿里斯蒂姆（Helen Aristeme）和安德鲁·杰克逊小学校长亚里克斯·杜马（Alex Dumas）之间激烈争论的政策，很简单

---

[①] 本案例出自：Haller, E. J. and Strike, K. A., *An Introduction to Educational Administration: Social, Legal, and Ethical Perspectives*. Troy, NY: Educator's International Press, 1997. 已获得出版社的许可。使用时稍作改动。

也很中肯。学区教育委员会通过的内容如下：

1. 本学区政策规定，凡是在阅读技能上存在严重障碍的小学生，均不能升入下一年级。
2. 应由校长与相关教师协商后，方可做出有关学生阅读技能障碍的判断。
3. 低于"学区基本技能综合考试"相应标准两级的小学生，不得升入学区内的中学。
4. 除第3点的规定外，任何学生不得在小学期间留级两次。

对于海伦的最初反应，亚里克斯的判断是对的。她之前是反对这项政策的。该政策最初由董事会主席提出，委员会的全体成员请她研究一下该政策的优点，并向学校推荐该政策。她不确定这个主意从何而来，但她怀疑它来自中学的一些教师和行政楼里的管理人员。多年来，他们一直在抱怨该学区诸多小学毕业生的不良阅读表现。无论如何，当海伦第一次听说这件事时，董事会已经很坚定地支持这一想法了，正像她自己的很多职员一样。据她所知，家长们也很支持这一想法，社区也对此给予了大力支持。到目前为止，她还没听到反对的意见。

应董事会的要求，她将这一想法提交给学区管理层进行研究。经过长时间的讨论，大多数人都持赞成意见。考虑到学区管理层的赞成以及其他所有方面的有力支持，她已向董事会提议采纳该政策。但是，她也表达了她的保留意见，并成功地将第4点包括在政策中，即只能留级两次。

现在，两年过去了，事实表明亚里克斯从未真正执行过这项政策。海伦记得，在森特维尔学区管理层的一次周例会上，亚里克斯对这项政策提出了强烈的反对意见。他称这是一项"精英主义"政策，并断言它行不通。他收集了有关这一主题的研究成果，并把这些呈现给他的同事。除了少数例外，研究似乎确实表明留级对提高考试成绩来说收效甚微。事实上，还有一项研究认为，留级反而降低了考试成绩。其他研究表明，留级会产生不良的社会影响。然而，在所有的讨论结束，并最终敲定政策后，董事会一致通过了这项政策。海伦一直认为，虽然亚里克斯不太乐意，但肯定已经在杰克逊小学实施了该政策。但显然，她错了。

相反，亚里克斯自己制订了一项特殊的阅读计划，并声称它一样能达到提高阅读技能的目标。该计划包括在低年级采用一套新的阅读系列，这一系列因对处境不利儿童特别有用而广受赞誉。他削减了其他费用，并用这笔钱为学校雇了一位专门的阅读老师。他还招募了一群大学生志愿者，这些志愿者每天都与学校里选出来的孩子待在一起。他还在他的教职工中推行了一项在职阅读指导计划。但是，到目前为止，他从未让任何一个学生留级。

两年内没发生什么事。但随着苏珊·怀特（Susan White）、马克·斯坦福（Mark Stanford）和乔希·惠蒂尔（Josh Whittier）进入森特维尔中学，整个问题再次浮出水面。当这些学生九月份入学时，并没有引起大家的特别关注，但是到了月底，他们的老师开始发现，他们在学业上表现得不太好。例如，在复习五年级算术的过程中，苏珊的数学老师发现她不会分数加法。进一步的非正式测验表明，对她来说，即使是普通的整数乘法和除法运算都很困难。大约在同一时间，苏珊的英语老师皮奇先生（Mr. Peach）也发现，她几乎无法读懂他布置的短篇小说。在寻找苏珊阅读困难的原因时，皮奇先生检查了她的小学表现记录。记录表明，这个女孩在稳定地进步，尽管她的分数很低，但她从来没有留过级。

然而，正是她在标准化考试中的成绩，致使皮奇把整件事情移交给校长玛格丽特·汉密尔顿（Margaret Hamilton）。苏珊的测试成绩均表明，她在每门学科上的表现都比同年级水平至少低了两个年级，阅读能力则低了近三个年级。

大约在苏珊的资料递到汉密尔顿桌子上的同时，马克·斯坦福和乔希·惠蒂

## 第六章 教育权威和问责制：共同体、民主和专业精神

尔的资料也由两位不同的老师交到这里。他们的记录基本上反映出与苏珊相同的问题。他们在所有科目上的表现，都远远低于年级水平，在阅读方面要低两个年级以上。汉密尔顿注意到，这三个人都是杰克逊小学的毕业生。

汉密尔顿给她的同事亚里克斯打了电话，他是杰克逊小学的校长。她想知道她能对这三个学生做些什么。根据通话中了解的情况，她检查了该校所有新一届七年级学生的记录，并将其中九个学生的资料连同一份长长的投诉便条，交给了学校督学海伦·阿里斯蒂姆。这九个学生的阅读水平都比年级水平低了两个年级，但他们没有一个留过级。

便条的最后一段表明，九个学生只是冰山一角，而这将可能使森特维尔中学的整个课程陷入困境。汉密尔顿写道：

> 过去几年来，基于新来的小学生在阅读方面都能达到年级水平的假设，我们一直在改进我们的整个课程。基于这样的假设，我们还采用了新的教材。英文部已经把它的整个课程体系都改了。如果杜马一直把不识字的孩子送到这里，我们该怎么办？从什么时候开始，校长可以自由地采用未受学区批准的全新课程？又是从什么时候开始，校长可以随意地忽视董事会的政策？海伦，你最好把杰克逊小学的这件破事弄清楚。

在杜马离开阿里斯蒂姆的办公室时，这个问题仍未得到解决，督学很生气。然而，在接下来的一小时里，她冷静下来了。她知道必须做点什么，但做什么呢？一方面，她担心课程衔接的问题，不愿意让杜马继续在杰克逊小学推行他的特殊课程，尽管她觉得这可能是一项好的课程。当然，她也很难容忍明显违反董事会政策的行为。另一方面，她从未真正相信留级是解决小学生学习问题的方法。作为一名专业教育者，她认为杜马的课程可能会奏效。也许她可以在这一两年里把

这个事情往下压一压,再给这项课程一次机会。她考虑,也许可以利用外部顾问,进行一次正式的课程评估。如果杰克逊小学的计划真的是成功的,这样的评估可能会为废除该政策提供依据,而杜马的项目可能会成为整个学区的一个典范。

**思考题**

  1. 督学发现杜马未推行董事会政策时,已经过去两年时间了。怎么会发生这样的事情?

  2. 思考一下我们对民主概念的讨论。森特维尔学区的留级政策是以民主的方式达成的吗?为什么是,或者为什么不是?

  3. 有人认为学校拥有一种"鸡蛋箱式的结构"。教学在单独的房间里进行,在关着的每扇门后,任何一位老师的失败都不会直接影响到另一位老师的成败。校长每年只有几个小时的时间,对老师们进行直接观课和指导。学校的建筑在空间上是分开的,所以在一个地方发生的事对另一个地方没有直接影响。督学每年访问每所学校的次数不可能太多。那么,对于一位督学来说,要如何才能改进对于这样一种"松散耦合"组织的督导呢?

  4. 试着争论一下,是阿里斯蒂姆而不是杜马的行为不合乎伦理。她还能做什么?

## 当问责与共同体在鲁宾斯弗拉茨相遇

  **暮色渐浓**,杰克·戴蒙德(Jack Diamond)坐在办公室里,回想着自己的职业生涯。杰克在鲁宾斯弗拉茨高中当校长已有12年时间了,但其实他人生中的大部分时间都与这所学校有关。在许多方面,他都是位不寻常的校长。当鲁宾斯弗拉茨高中成立时,他是第一个报名的学生。事实上,当他还是一名青少年时,就在这所学校的建立过程中帮了很多忙。大学毕业后,他回到家乡,结了婚,并在附近的社区当了一名社会研究科教师。当鲁宾斯弗拉茨高中教职申请开放时,他提交了申请并被聘用。后来他成了校史上最成功的教师之一,通过努力工作和非凡的领导能力最终成为该校校长。这是他热爱的工作。事实上,他热爱学校、学生、家长和小镇本身。

杰克也是一位具有自己独特领导风格的校长。对一位不经意的旁观者来说,与校长相比,鲁宾斯弗拉茨高中的学生、教师和家长发挥了更多的领导作用。杰克看起来很腼腆,甚至很害羞。他很少说话,说话声音又小,以至于他讲话时其他人必须得仔细听。在会议上,他通常花更多的时间提问,而不是回答问题。对于这位不经意的旁观者来说,很可能会忽略这样一个事实:杰克提出的问题往往切中要害,是无法回避的问题。提出问题后,他会迅速退后,让小组进行讨论。小组成员们很快便会发觉,要是他们询问杰克的意见,往往会引出另外的问题。虽然与杰克一起开会,可能会持续很长时间,但杰克的领导风格似乎非常适合鲁宾斯弗拉茨高中。

像它的校长一样,鲁宾斯弗拉茨高中在很多方面也不太一样。它由一群"活动家"父母、学生和教育工作者于 20 世纪 70 年代初创建,位于东北部的一个大学城里。它的第一批学生用一位农民乔舒亚·鲁宾斯(Joshua Rubens)的名字来命名这所学校,这位农民在 1795 年选择了学校当前所在地定居下来。学校每年招收的学生人数很少,从未超过 150 人,大多数学生是从史蒂文森高中转过来的。史蒂文森高中是该地区的普通高中,约有 2 500 名学生。许多大学老师会把孩子送到鲁宾斯弗拉茨高中,这些孩子渴望在教育上拥有更多的自由并能按自定的方向接受教育,而这些是史蒂文森高中难以提供的。

一开始,外界对这所学校有相当大的质疑和反对,但多年来,鲁宾斯弗拉茨高中逐渐得到了一些当初批评者的支持。如今,在成立了 30 多年后,它已经成为公立学校体系中受人尊敬的一所学校。

在鲁宾斯弗拉茨高中的学生评估中,正式考试只占很小的一部分。相反,档案袋和各种各样的项目,在评估学生学业表现方面发挥着重要作用。虽然所在州有关课程和"卡内基单元"(Carnegie Units)的规定在这所学校得到了落实,但它们通常不是在正规的课堂学科教学时间里完成的。学生的任务常常和社区问题、公共服务、与本地非教师的居民一起进行个性化的学习,或由大学教员进行指导性研究相关。这种个性化的课程并不适用于所有学科,特别是其中有一些要用到实验室;在这种情况下,学校会在上课时间用大巴接送学生,以便他们往返于本校和史蒂文森高中之间。

该校另一个不寻常的方面是它的招生方式。所有学生都必须提交入学申请。杰克和一些老师、学生以及家长组成一个委员会,对申请者和他们的父母进行面试。申请人要被录取,必须获得委员会的赞成票。杰克的投票,并不比委员会其他成员的投票更重要。此外,学生纪律也由一个类似的委员会来处理,该委员会拥有"开除"行为不端学生的最终权力,这意味着他们必须得回到史蒂文森高中。由于几乎所有的学生都被鲁宾斯弗拉茨高中及其文化所深深折服,因而被开除可不是儿戏。

最后,鲁宾斯弗拉茨高中期待家长们能对他们孩子的学校教育具有强烈的兴趣。"强烈的兴趣"是指他们要真正花费一定的时间参与学校的各种活动,比如为教师或学生提供帮助,在必要时刻贡献他们的专长,在学校理事会中任职,并在社区中代表学校。因此,家长们也会觉得自己是学校共同体中不可或缺的一部分,并对鲁宾斯弗拉茨的成功倾注大量的心血。加之学校规模很小,所有这些机制都有助于在学校中形成一种强烈的共同体意识。事实上,面对批评,学生们会不遗余力地维护鲁宾斯弗拉茨,而且他们会以一种非正式的方式去"惩戒"那些在行为上给鲁宾斯弗拉茨抹黑的学生。

"学校作为一个共同体",这句话已经成为教育者修辞学里的一部分。通常它没什么实质意义,即使有也很少。然而,在鲁宾斯弗拉茨高中,"共同体"并不是一个空泛的术语。事实上,大学的一位人类学家曾称学校是具有"类部落文化"

(tirbe-like culture)的场所。在很大程度上,这种强烈的共同体意识和共同文化是杰克努力的结果。现在,坐在渐渐变暗的办公室中,杰克深思,也许正是这种强大的、包罗万象的文化,构成了鲁宾斯弗拉茨问题的一部分。

当校外的权威团体要在该校推行一些被鲁宾斯弗拉茨共同体视为具有颠覆性或不正当的目标和标准时,他们的反应非常迅速,呈现出防御性,而且常常是十分尖刻的。这种严重的事情,最早出现在20世纪90年代。在过去的十年里,州立法机关开始推行大规模的教育改革,将其作为向更广泛的学校问责转变的一部分。正如类似的努力通常所做的,通过改革,开发了一组标准化的测试,并要求在所有的学校推行。这些考试,旨在测量学生们在必修教育科目上的掌握情况。不用说,鲁宾斯弗拉茨共同体完全拒绝了这些考试,并声称它们会严重歪曲学校的宗旨和课程(这种感觉无疑是正确的)。此外,共同体成员认为,该校显然是成功的,因为几乎所有的毕业生都上了大学,或者是从事有用的工作。考试分数并不是衡量鲁宾斯弗拉茨成功的有效指标。

对此,州的反应很激烈,并且切中要害:鲁宾斯弗拉茨高中没有权力不履行州立法机关规定的要求。学校可以继续采用非传统的教学方法,但学生必须要证明他们掌握了像九年级代数这样的知识,而且他们必须在州考试中证明这一点,而不是用项目和档案来证明。之后,学校同立法者和州官员进行了数年的毫无结果的讨论。最后,教育官员宣布,鲁宾斯弗拉茨高中有三年时间为考试项目做准备,之后必须要遵守规定,否则毕业生将无法获得高中文凭。现在,在最后通牒公布两年后,学校几乎没什么进展,而最后期限已近在咫尺。摆在学校共同体面前的,是放弃自己所珍视的诸多宝贵信念,并对课程和实践做出重大修改。拒绝这样做,便是拿学生的教育生涯冒险,更别提要进行法律诉讼了。

教育官员并不是唯一指出鲁宾斯弗拉茨高中问题的人。教育委员会和督学也认为这所学校存在问题。从本质上说,地方上的问题都与钱有关。多年来,鲁宾斯弗拉茨高中的入学率一直在下降,从1992年的最高点158名,到现在的112名。入学率的下降几乎是与国家对公立学校财政支持的减少,以及居民对税率急剧上升的抵制不断增强而同时发生的。预算短缺是一个严重且持续性的难题。在这种财政紧缩的氛围下,鲁宾斯弗拉茨高中成了最合适的靶子。这所学校里的某些支出远比正常学校高。例如,对于一所只有112名学生的学校,要配备一位校长、秘书和校监,意味着单名学生的管理成本会很高。学校位于一个改造过的工厂里,因此维修费用也很高。学生们每天都需要坐接驳车到史蒂文森高中,而州政府不承担任何的交通费用。

管理层的一些人、董事会成员以及一些居民,开始敦促它与史蒂文森高中合并,他们认为这样会省下一大笔钱。其他人则想知道,对于学区拨给鲁宾斯弗拉茨高中的生均经费多于史蒂文森高中这件事,学区能作何解释。特别是鲁宾斯弗拉茨高中的学生大都是大学教师的孩子,他们不符合受救助的标准,在这种情况下,更需要学区做出解释了。董事会提议,让鲁宾斯弗拉茨高中作为史蒂文森高中的"校中校"运行,这样有助于维持鲁宾斯弗拉茨高中作为替代性机构的身份。鲁宾斯弗拉茨共同体坚决反对这一提议,理由是它的学生规模小、有独特的运作风格和别样的文化,如果作为"校中校",必然会淹没和迷失在更庞大、更传统的史蒂文森高中里。

现在,不仅有这些麻烦,鲁宾斯弗拉茨高中还出现了一个更让人忧心的情况:迄今为止都非常紧密的共同体开始出现了裂痕。在各方压力下,学校首先采取了"我们与他们对立"的心态,并发展了一种更具凝聚力(和强烈)的文化。然而,随着学校承担的压力越来越大,鲁宾斯弗拉茨共同体开始围绕解决学校问题的不同策略,形成了很多小群体。不可避免的是,其中的一些策略关注的是做出某种妥协:为了换取鲁宾斯弗拉茨在运作的某些方面可以继续保持自治,个别团体必然会建议放弃其他某些方面的自治。同样不可避免的是,共同体中的其他成员会将这些团体视作鲁宾斯弗拉茨高中历史和哲学的"背叛者"。鉴于利害后果似乎很严重,学校的存亡还是个未知数,共同体内各派之间的争论变得越来越激烈。而且在所有不可避免的事中,最不可避免的似乎是,杰克实际上失去了所有人的支持。

杰克坐在已经完全暗下来的办公室里,整栋楼静悄悄的,空无一人。他想着自己与鲁宾斯弗拉茨高中的长期关联。他一直亲历着学校的发展。现在,它快在自己手上毁于一旦了。在那一刻,他做出了决定。如果学校要生存下去,就只能由别人来领导。

**思考题**

1. 有人曾经说过:"好的领导不可能长存。"特别是在具有非常强大的、弥散的文化的紧密型共同体中,尤其如此。为什么会这样?

2. 参考一下我们之前有关学校共同体的讨论。杰克·戴蒙德在鲁宾斯弗拉茨高中建立了一个极其成功的共同体,如果强烈的共同体意识是一件好事,那么为什么鲁宾斯弗拉茨会失败?(在你指责一个热衷于考试的社会、一个具有胁迫特征的州立法机关、一个懦弱的教育部门以及一个能从长远角度看问题的教育委员会之前,先考虑一下强大的学校共同体的缺陷。)

3. 思考一下,在一所共同体意识很强的学校里,其中的教员具有强烈的将本群体视为专业团体的意识,你有没有发现什么问题?

(冯旷旷译,王丽佳校)

第七章

# 多样性：多元文化主义与宗教

## 案 例

卡桑德拉·刘易斯（Cassandra Lewis）是一个非常能干的非裔美国人。她是米德兰学区（Midland School District）课程的助理督学。米德兰是一个拥有数十万人口的城市。刘易斯是受过良好教育的黑人中产阶级一员，有一份不错的工作，也有能力帮助别人。她虽然从小家境贫寒，但在米德兰的公立学校中一直是个好学生。她依靠很多经济上的资助，才得以完成大学的学业和获得更高的学位。刘易斯知道种族主义意味着什么，但她也相信美国社会为提供平等机会所做的努力。布朗诉托皮卡教育局案、1694年的《民权法案》和平权行动，都对她产生了影响。刘易斯先后就读于一所融合的公立学校、一所不错的大学和一所精英研究生院。因在这几所学校的出色表现，她得到了回报，最后找到了在米德兰的这份工作。她预计再积累几年的工作经验，就会成为一名督学了。"美国梦"影响着刘易斯。她相信在一个融合的、多元文化的社会里，每个人都有平等的机会作出贡献，而来自不同文化的贡献又融合成每个美国人都有机会接触的更广泛的文化。虽然过去十年，非裔美国人在米德兰人口中的比例急剧上升，刘易斯担心这会导致米德兰的学校产生实际的种族隔离,但在她看来,这似乎不是背离那些理想的理由。事实上,这似乎是为实现那些理想而更加努力的理由。

米德兰所在州的立法机构最近批准了一项特许学校法规。这项新法规准许由家长和教师团体倡议并创办几所新的学校。这些学校将不受许多州和地方条例的约束。根据法律,他们的目的是促进教学实验。在刘易斯所在的学区中,有关新建特许学校的提案将由她担任主席的委员会来评估。刘易斯欣然接受了这项重要的新任务。

至少在看到提案之前,刘易斯还是很高兴的。有几个提案似乎很寻常、合情合理,还有一些提案完全不着边际,肯定不予采纳。但有两个提案引起了刘易斯的注意。它们提出的课程重点远远超出了刘易斯对教学实验的想法,而且势必会制造麻烦和引发争议。不过刘易斯也感到,两个提案虽在某些方面显得针锋相对,但也提出了一些有趣的相似论点。

第一个是有关哈丽特·塔布曼初中(Harriet Tubman Middle School)的提案。它建议设置一种"尤为切合非裔美国女孩"的课程。这个提案认为,大多数公立学校的课程都是以欧洲为中心的,都是以男性为主导的。在这两种情况下,大多数公立学校都没有帮助非裔美国女孩建立起对非裔美国女性的强烈认同。相反,学校常常助长对她们的压迫和宰制。该提案声称,初中学段尤其适合实施重视她们需求的计划,因为在青春期早期,女孩开始懂得顺从,让自己的兴趣、计划和生活屈从于男性。由于非裔美国女性同时受制于种族主义和性别主义,因此,对她们来说,塑造一种强烈而独特的非裔美国女性身份特别重要。这就要求有一种特殊的课程。

第二所学校名为"信仰者学校"(The People of Faith School)。如果说它有什么不同,那就是更加独特了。这所学校提出的课程,强调"在宽容和开放的氛围中,通过研究宗教在社会和文化中的作用,发展每个学生的宗教理解、宽容和灵性"。这所学校宣称它的做法是世俗的,因为它不赞同任何宗教的观点,并坚持只以世俗的方式使用宗教素材,但是它也提出,它的课程会强调在学生群体中很大程度上被代言的那些学生(非裔美国学生)最感兴趣的宗教资源。语言课程将特别关注《旧约》和《新约》的经文以及非洲的宗教精神资源。历史课程将强调美国不同民族的宗教历史,讨论非裔美国人灵性的非洲根源,以及黑人教会在民权运动中的作用。音乐课程将强调宗教音乐,特别关注黑人的福音音乐。科学课程将讨论有关信仰和理性关系的各种观点,包括非洲认识论的原理和欧洲的观点,并呈现有关起源的争议性观点,"同等地考量科学自然主义和自然为某种更高力量支配的观点——这种观念在欧洲和非洲的文化中都有出现"。这个提案称,这是"承认信仰经验的科学意义"。在教授进化论的同时,该课程也为所谓的"不同民族的创世故事"留有空间。这一科学课程将以所谓"开放、公正、不冒犯任何人"的方式进行教授。刘易斯对此持保留态度。在她看来,如果一门课程以一种文化敏感的方式处理宗教和科学,且趋向中立、宽容和不冒犯任何人,那么这门课程的前景是不大的。

刘易斯对这两所学校的最初反应都是非常负面的。第一次看提案时,她感觉一所就像是种族隔离学校,对她作为黑人(而不是白人)来说不啻为一种冒犯;另一所就是宗教学校。此外,它们似乎对非裔美国人的生活中心进行了迥然不同且相互矛盾的描述,彼此之间潜藏着很大的分歧。刘易斯怀疑提案的合法性和明智性,因此都不打算支持。然而,当她想再读这两个提案时,她的负面反应有所缓和。这两个提案的谨慎和周到,开始令她刮目相看。尽管这些提案人在激励之下创建了一种课程,能很好地切合他们的特定抱负,以及他们所看到的特定学生群体的需要,但是他们似乎并没有受到种族或世俗的敌意的驱使。例如,刘易斯注意到,这两所学校都在课程的聚焦点方面细致刻画了各自的独特性。同时,尽管他们的课程是针对特定受众的,但都无意于排斥对他们学校提供的课程感兴趣的任何种族或信念的人。塔布曼初中将录取各个种族的男孩和学生，只要他们有兴趣并提出申请。除了对宗教研究有兴趣之外，"信仰者学校"没有任何的入学要求。它承诺，那些没有信仰的人在学业方面也不会受到歧视，不会感到任何宗教服从方面的压力。此外，学校虽然打算举办私人或集体的宗教活动，但不会赞助任何宗教服务或事务。

归根结底，让刘易斯感到困扰的还是这些提案放弃了公立学校作为共同学校（common school）的愿景。刘易斯认为，公立学校是不同种族和信仰的人聚在一起、铸就美国人共同身份的地方。刘易斯没有完全把学校视为一个大熔炉。差异是需要尊重和共享的事情，而不是要消除的东西。与此同时，她一直认为，人们共享的东西比他们之间的区分更为重要。人们有着共同的人性和共同的公民身份，但这些提案似乎将差异看得比这些共性更为根本。这些提案人花了大量笔墨在人们的文化、性别或宗教身份上。他们似乎认为，表达和加强这些不同的身份比强调人们之间的共同之处更为重要；每个真理都是某个人的真理；重要的是探寻自己群体的真理，免遭他人的支配。他们似乎把建立共同或共享身份的努力看作压迫性的。刘易斯认为，揭示并强化独特的身份并不是民主社会的学校的目的。（她还注意到，有关"信仰者学校"的提案，在非裔美国人多元化的宗教认同方面面临着相当大的困难。提案人似乎没有考虑到许多非裔美国人是穆斯林。）非裔美国人一直在努力争取平等进入美国共同学校的机会，但仍有相当长的路要走。刘易斯并不确定，这些提案中学校课程的排他性是不是有帮助。这些提案隐含着对她的划定，这种方式让她感到很不自在。虽然她既是一个非裔美国人，又是一个有宗教信仰的人，但这两种文化都没有完全说明她是谁。刘易斯学会了首先把自己看作一个人，再把自己看作一个美国人，然后把自己看作非洲卫理公会锡安教会的一名非裔美国女性。至今，对她是谁的这些不同看法似乎也不是相互矛盾的。刘易斯不太愿意把自己的观点看作她内化压迫者观点的标志。此外，每个真理都是某个人的真理,这种想法也让她很困惑。真理不就是真理吗?

刘易斯从口袋里掏出一枚硬币,念道"合众为一"(E pluribus Unum)。这些提案似乎是想代之以"合众为多"(E pluribus pluribum)。

## 争 论

甲:我们的民主制有一个了不起的方面,就是它的多元主义。我们有来自各个种族和宗教、来自世界上各个国家和文化的人们。我们相互学习,我们和平、和谐地共处。

乙:等一下!我们的历史,即便是最近的历史,也不是充满和平与和谐的,而是充斥着种族骚乱,教堂焚毁,恶劣冲突,游行,爆炸,以及联邦调查局(FBI)与"酒精、烟草、枪支和爆炸物管理局"(ATF)的突袭和围攻。多样性触发的不是和平,而是仇恨、歧视以及对使用暴力的默许。

甲:不错,这些事情确有发生,但从国家的整体来看,这些事件在统计意义上是无关紧要的。99%的人都能与其他不同的人和睦相处,至少能宽容他们。宽容是我们解决差异的方法。

乙:但是,正是承认和认可差异,才是问题的根源。这个时代99%的白人认为黑人是不同的,而且在内心和潜意识里认为自己高人一等。黑人很早就知道他们是不同的,当白人以某些方式对待他们时,他们就会有一种自卑感。同样的道理也适用于犹太人,还有在我们这片土地上重生的基督徒(born again Christans)、西班牙裔、美洲原住民、亚裔以及大量的其他少数族裔群体。年幼的孩子从他们的父母、其他权威人物及同辈群体那里获得了信息。他们潜移默化地感觉到与众不同。我们可以努力在我们的学校里教授宽容,但差异的根源已经根深蒂固,并在我们孩子的灵魂上留下了伤疤。

甲：很有诗意！然而，你对问题的描述本身就暗示着解决方法。学校必须成为宽容的绿洲，并通过榜样和潜移默化的方式教授宽容。不同的文化都需要加以研究，对它们的贡献都需要予以赞赏。不同的宗教也必须以人类界定精神领域的方式加以探索和理解。

乙：哦，现实一点！没有足够的时间去教授世界上所有的文化。即使有，我们依据谁的文化判断标准来确定什么是有价值的贡献？不同的文化有不同的标准。教授不同宗教也可能是危险的。所有这些从某种意义上都是正确的吗？当要求你赞赏他人持有的对立信仰时，你自己的精神信仰会发生什么变化？有没有真正的宗教信仰？难道真理就不重要了？

甲：这里的重点不是真理，而是宽容和理解。在一个多元主义的、多元文化的、民主的社会中，我们需要学会和平共处，尊重差异，而不是一起讨论真理。

乙：你是说真理在我们学校或民主社会中不重要吗？我简直不敢相信！

## 概念和议题

宗教多样性和多元文化主义都是复杂的议题。在这里，我们不打算只是浅尝辄止。我们要关注四个相关的议题。第一个议题是异化和自我认同。上述两所特许学校的提案人宣称，很多学生在文化上与美国的共同学校格格不入，这些学校一点也没有共同的特征。许许多多的少数族裔学生和有宗教信仰的学生觉得他们上的学校不是他们自己的学校，他们没有归属感，因为他们的学校似乎排斥与他们是谁有关的东西。第二个议题涉及的是真理和谁控制真理。有人声称，学校的正式知识属于那些世俗的、白人的、欧洲取向的男性精英。对许多美国人来说,学校的知识不是他们的知识。宗教的知识或者非欧洲文化的知识遭到了忽视、轻视或贬斥。学校是否有权肯定某些人的知识,而排斥另一些人的知识?真理就是真理,还是对不同的真理有不同的所有权?谁来决定学校应把哪些东西视为真理,或者可以对哪些问题进行公开的辩论?第三个议题是对话。刘易斯认为,共同学校是可以发表和辩论不同观点的地方。或许她信奉密尔的观点,即寻求真理的最好方式就是自由而公开地辩论。因此,她并不满意这样的学校:学生只是学习他们的真理,因为可能会冒犯别人而回避有趣的问题和争论;毕竟,真理是多种多样的。但是,如果学校是对话的场所,是思想的市场,那么谁来制定讨论的规则?怎样开展公平的讨论?谁拥有真理或交流规则呢?最后一个议题是一与多的问题。学校应该致力于创造一种共同的美国文化,还是平等地尊重每一种文化?如果是前者,少数族裔不会受到压迫和孤立吗?如果是后者,我们的社会不会变得分崩离析,最终导致政治动荡吗?还有没有中间的立场?

在这一章,我们想要实现两个目的。首先,我们想就这四个有关多样性的议题阐明一些立场。但是,我们提出这些议题的第二个原因是,它们让我们有机会就本书试图教授的某些分析概念的妥当性进行追问。因此,我们打算重新审视我们在前几章中提出的一些观点,以便讨论本书初版以来越发重要的一些议题。这并不意味着我们要公开放弃那些观点——尽管我们会重新进行阐释。但我们认为,你们应该有机会参照某些广泛的反对意见来对这些概念进行检验。我们最初编写这本书的过程,就像是两种广泛的伦理理论之间的一场辩论,其中,后果论的观点强调利益最大化原则,非后果论的观点将平等尊重所有人作为核心。我们之所以这样做,不仅因为我们认为这些概念有助于讨论伦理议题,而且因为它们是叙述伦理理论最普遍的方式之一。今天我们仍然这样认为。

与此同时,我们呈现的观点是我们可以称为现代性伦理的两个版本。现代性受到一些哲学家——有时被称为后现代主义者——的挑战。在这里,我们无法公平地分析这场复杂的论争,但请允许我们简要地描述一下它的特征。后现代主义者提出的一个论点是,现代性哲学对差异的关注不够。他们声称,这些哲学想把一切都置于某个大一统理论的控制之下。由此,他们得出这样的观点:无论我们有多么不同,我们在某个重要的方面仍是相同的;正是这种相同性,才是我们身上最重要的东西。我们的观点、宗教、种族、性别和历史都可能不同,但在我们所注意到的所有这些差异背后,我们都是人,或者我们都是功利最大化者(或两者兼而有之)。难道我们每个人的人格(personhood)不是我们的尊严和权利的基础吗?难道我们不需要考虑人们试图通过最大化他们的幸福来评估决策的后果吗?

然而,我们的差异性或许比我们的相同性更为基本。的确,我们的相同性可能是虚幻的。一个人到底是什么?是否我们对一个人的描述实际上只是描述每个人的某个真实特征,而这些特征构成了我们道德生活的核心?这个被称为一个人的实体,也许仅仅是一种形而上的错觉,并没有指称任何东西。更糟糕的是,也许对一个人的描述实际上是欧洲人眼中的人的特征。也许它试图将欧洲人的、男性的、白人的或基督徒的特性普遍化,但这并不真正具有普遍性。若是如此,那么一种以人格为中心的伦理可能会巧妙地将某些人的文化强加在他人身上。尽管它宣称自由和平等,但它可能偏袒欧洲人、男性或异性恋者。类似地,把人类看作功利最大化者或快乐最大化者,是资本主义经济学家对人的惯常看法。因此,这符合资本主义的利益。这些利益是普遍的吗?也许我们需要彻底放弃这种思维方式。我们需要注意差异的重要性,停止寻找像人格那样核心的和共享的某种特征。

考虑一下真理的问题。许多当代哲学家所争论的一件事是,人们通过他们的文化所接受的解释框架来体验世界——我们并不是以同样的方式看待世界的。也许我们生活在一个彼此不可还原的不同世界里。也许没有真理,只有女性和男性的经验,只有欧裔美国人、非裔美国人、西班牙裔美国人的经验,只有犹太人、基督徒和穆斯林的经验，只有不同的真理——只有看待世界的不同方式。我们唯一能拥有的真理是那些以我们的背景和我们是谁为前提的真理。因此，所有的真理都是片面的，都是视角化的。没有真理，就是全部的真理。每个真理都假定了某种与个体视角有关的东西，而这就是他的真理。

请注意这两个观念是如何关联的。真理是片面的、视角化的，这个观念意味着我们不可能建立任何真正普遍的伦理理论。我们之间的不同是不可还原的。所有的理论都预设了某人的特殊经验。试图将我们视为人或功利最大化者的观点，最终都会将某人的真理强加为所有人的真理。因此，所有伦理概化的尝试都是压迫性的。它们否认我们是谁，并把别人有关我们应该如何的界定强加在我们身上。

这些都不是以我们在此论述的方式所能接受的观点。我们认为，它们不能促进宽容和道德反思。若从它们的极端形式来看，我们认为，它们动摇了宽容和道德对话的基础。然而，我们确实要认真对待这些主张。第一，我们认为，它们对我们已有讨论的方式提出了重要的挑战。我们认为，你们应该抓住机会，对这些主张思索一番，并从中学习某些东西。第二，它们对那些试图建立伦理理论的人发出了一个重要的警告。即使有些事情可以说是关于一般人的事情，即使有些重要的普遍伦理主张可以辩护，我们仍然需要小心，不要因为这些主张而误解我们的文化观点或我们自己的个人偏见。对任何主张，我们都要仔细地检验。当我们和一个背景与我们截然不同的人打交道时，我们需要特别小心。第三，这些关切为管理者在学校中必须面对的多元化和多样性问题提供了一个特别有用的窗口。

接下来，我们首先描述一种宗教和文化多样性的观点，突出我们案例中提出的异化主题，强调激进的差异和真理的视角性。然后，我们将把这种观点与从非后果论和后果论视角发展而来的多样性观点进行对比，进而对它们各自的优缺点进行一些评论。

## 激进的多样性

美国人是一个民族吗？他们应该是一个民族吗？学校有责任招收众多不同的人并把他们变成一样的吗？要合众为一吗？

过去多年，许多教育工作者都认为他们有这样的责任。学校的工作就是使移民美国化。拥有不同的语言、宗教、政治信仰和风俗习惯的人们，都要通过学校教育，卷入美国大熔炉而成为美国人。多样性不仅没有引起特别的重视，而且还以创造一种新人即美国人的名义遭到了消解和清除。

当然，美国人（或多或少）是尊重某种多样性的。《权利法案》中有两个条款，通常称之为"政教分离条款"和"自由行使条款"，即"国会不得制定影响宗教确立或禁止宗教信仰自由的法律"。然而，从历史上看，宗教宽容在实践中是有限的。直到 20 世纪 60 年代后期，许多州还要求学生在校每天先阅读新教圣经，背诵主祷文。宗教宽容似乎只适用于各种不同的新教徒。天主教移民发现公立学校对他们的信念非常不友好，于是他们建立了自己的学校体系。

其他类型的多样性并未得到尊重。非洲人被奴役。美国原住民被赶到西部，有时被赶尽杀绝，被限制在保留地，直到今天，这些保留地仍然是穷苦和悲惨的地方。少数族裔或移民很少发现美国尊重他们的文化、宗教或种族。有些人发现有恶意的压制和剥削。

公立学校似乎一直在努力让我们合而为一，或表现得好像已经合而为一了，而这里的"一"往往是新教徒、白人和北欧人。其他的人都要被重新塑造以便能进入这个模型或与之相适应，或者干脆被排除在外。

这有错吗？如果有错，为什么？我们要探讨的第一个答案，强调人们的宗教、文化或种族对他们的认同感的重要性，并将对其宗教、文化或种族的不尊重视为对这种社会建构的自我的一种暴力形式[这个解释很大程度上要归功于泰勒

(1994)，然而，我们不打算完全忠实于他的解释的具体细节]。

在本章开篇的案例中，特许学校的支持者宣称，共同学校否认或未能肯定对某些学生来说极为重要的东西——他们的宗教、他们的文化。但是，这与这些学生是谁、与他们的身份有什么关系呢？答案是，人们的宗教、文化和种族往往不仅仅是关于他们的事实，而且对他们的自我理解、对他们是谁、对他们自我的界定而言都是核心的。人们不只是碰巧有基督徒、女性或非裔美国人身份的人。这些特征不像衣服那样，是可以随意丢弃或改变的所有物。相反，人们就是基督徒、女性或非裔美国人。如果是这样，那么尊重多样性的一个原因就是，不这样做就意味着否定人们的身份。这是在否认他们的价值，对他们来说是一种特别阴险的暴力。

试图尊重多样性，引发了真理的问题，即什么是真理？谁来控制什么算是真理？"信仰者学校"的支持者关心的似乎是，学校如何处理人类起源的问题。他们想教授进化论，但也想避免教授他们所谓的"科学自然主义"，并尊重所有文化中各个民族拥有的创世故事。他们的理由可能是：如果在学校中宗教是某些人认同的核心，如果进化论与这些学生的宗教信仰不一致，那么这些学生就可能感到讲授进化论是对自己身份的否定。由于各民族的创世故事可能是帮助他们形塑身份认同的文学的一部分，因此他们希望对这些故事有所尊重。进化与创世的争论可能不仅仅是与生物学有关，也与身份认同有关；也许这就是人们对它的感受如此强烈的原因吧。

同样地，对美国的各个群体来说，讨论他们的文化和历史，教授他们对国家的贡献，也很重要。当非裔美国学生看到他们文化的价值得到承认，发现他们为国家作出了重要贡献时，他们可能会感受到认可，他们的自尊心可能会增强。如果他们把自己定位为非裔美国人，那么发现他们拥有一种作出过重要贡献的有价值的文化，就可望提升他们的自我价值感。

但是,如果进化论是正确的呢?"信仰者学校"能否找到一种方法,既尊重不同的创世故事,又把它们视为神话?在塑造对这些故事中身份的认同方面,这些故事所发挥的作用是不是取决于人们对它们是否真实的看法?如果某些有关非裔美国人或其他群体的贡献的说法不是真的,会怎样呢?如果传统的学校历史课之所以纳入许多内容,不是因为它们是真实的,而是因为它们肯定了支配群体的价值,那么又该如何呢?学生是否应该因为令人不快的真相而感到贬抑呢?如果他们认同某个群体,他们是否应该因为群体中其他成员(可能早已离世)的成就或失败而感到肯定或贬抑呢?也许把一个人的自我价值感与有关文化价值观的主张、创世的故事或经不起检验的历史事实联系起来是错误的。各种文化作出的贡献都是同等的吗?不同文化中的这些故事都必定是同样真实的吗?如果不是,它们的成员是否就因此而不平等了?人们是否有权享有平等的尊严?倘若如是,教授进化论之类的思想,而未对各个群体的文化和贡献加以肯定,或对有关他们的珍贵历史记录提出质疑,会贬抑人们对平等价值的感知,那么学校还有权教授这些冒犯性的学说吗?为了确认学生的平等价值,学校必须撒谎或隐瞒真相吗?这样说似乎是不可容忍的。

但是,如果我们能确认另外两个观点,我们或许就可以避免上述困境。第一,让我们假定真理不是与宗教有关,就是与文化有关;第二,让我们假定人们有权持有自己的真理。如果我们确认这两种观点,那么一个群体的成员就不可能拒绝或推翻另一个群体的真理。

让我们来看看这对神创论和进化论有什么作用。许多宗教人士并不否认进化论。他们可能会说,虽然他们的创世故事表面上看来不是关于创世的真理,但它们包含了一些关于人类或人的境况的更深层次的真理。但是,那些反对进化论的宗教人士有时也会这样来争辩——他们宣称,古老宇宙(the great age of the universe)和进化论的许多所谓证据都是在故弄玄虚。它们假设上帝不存在。比如，让我们来考虑一个关于古老宇宙的论证。如果我们相信科学家告诉我们的关于宇宙大小和光速的信息，那么似乎我们可以看到如此遥远的天体，它们发出的光线必定是经过数百万年或数十亿年才抵达我们这里的。如果是这样的话，那么宇宙的年龄必定远不止神创论者所宣称的几千年。

但是神创论者回应说，上帝创造宇宙的时候，很可能已经创造了来自这些遥远的星体和星系的光。而进化论者有关宇宙年龄的论证预设了一个没有上帝的宇宙。因此，除非我们已经假定宇宙不是上帝创造的，否则有关古老宇宙的论证就会以失败而告终。

有时，神创论者会将这种论证加以外推。如果我们相信上帝，相信宇宙和生命是上帝的创造，我们就可以轻而易举地解释所有关于进化的所谓证据，并与这种信念保持一致。进化论者只看到一个由机会和自然选择主宰的宇宙，因为他们已经否定了上帝存在的可能性。然而，在进化论者看到机会和自然选择的地方，神创论者看到的却是意图和设计。如果我们已经否定了上帝，那么我们就只好相信进化论了。但是，如果我们选择相信上帝是我们的创造者，那么所有的证据都可以以与这种信仰相一致的方式加以解释。一切都取决于我们起始的假设。

接下来的问题是，如果真理与我们起始的假设有关，为什么进化论的起始点比神创论的起始点更重要呢？是什么赋予进化论者支配创世论者子女思想的权利(right)？如果这种权利不是建立在把握某方面真正的真理——事实表明这是不可能的——的基础上，那么它只不过是专断的权力(power)。

同样的道理也适用于不同文化的成员掌控自己真理的权利。他们可能会争辩说，历史的真理是一件解释的事情，他们有权进行自己的解释，并对他们子女所在学校呈现的有关他们群体的形象拥有最终决定权。确实，由于他们感兴趣的不仅仅是教给自己孩子的内容，而且是教给其他孩子的有关他们的内容，他们可能拥有广泛的权利来控制有关他们自己的所有信息。

如果我们把这个论证概括一下,那么结论就是:每一种文化都有其核心的价值标准和真理标准。这些标准相对其所属的文化来说是正当的。既然没有关于它们的普遍真理,那么一种文化就不可能对另一种文化做出合理的批评。每种文化都有自己的标准,都有自己的真理。

这些论证(如果我们接受的话)往往把个体的宗教或文化变得无懈可击,把所有的文化都看作是同样有价值的,并坚称每一种宗教或文化都拥有自己的真理这一普遍规则,以此来维护个体的尊严和价值。在这一过程中,它们似乎也导致了一种激进的多元主义。社会被视为主要由差异和以差异为特征的群体构成。不可能存在把一种文化置于另一文化的真理支配之下的问题。差异支配了一切。

**非后果论和后果论关于多样性的观点**

现在我们来看看,非后果论者和后果论者是如何看待宗教或文化的多样性的。

非后果论者对多样性的解释可能是:有关人的最重要的事实不是他们的种族身份和宗教,而是他们的人格。正是他们作为个人、作为道德主体的地位,构成了权利平等和我们必须向他们表达尊重的基础。

然而,如果我们要把人们作为道德主体来尊重,我们就必须尊重他们的选择。我们不能强迫他们接受我们的宗教和我们对美好生活的看法,或我们对有价值的文化的看法,即便我们认为自己是对的,他们是错的。如果我们不尊重他们的选择,那么把个人作为负责任的道德主体来尊重,就是毫无意义的。此外,我们应对不同的宗教或文化给予平等的尊重,并不是因为它们是同样真实或同样有价值的,而是因为享有平等权利的人选择了它们。

请大家注意这个观点的一些特征。首先,既然权利根植于人格,且权利是可行使的,那么对于某些道德观点我们就不必宽容——如果对这些观点宽容意味着不准我们在学校里反对它们，或阻止人们依循它们来行动。（或许我们确实得承认人们有权持有它们。）举例来说，我们就不必对种族主义宽容。我们可以在学校里主张种族的（或宗教的、民族的）宽容，我们也可以阻止人们采取种族主义的行动。非后果论者常说，人们有义务做到公正，但也有权拥有并追求他们自己的美好生活。这种自我选择的对美好事物（包括宗教和文化）的理解，正是我们必须尊重的，即便我们不认同它们，或者深信我们的理解更为优越。对人的平等尊重，要求尊重不同民族的宗教或文化。

这意味着，非后果论者确实有一种貌似合理的方法来解释人们应该有哪些共同点，以及他们之间的差异在多大程度上是允许的。每个人都应该做到公正，我们可以寻求共同的公正观并将其付诸行动。但是，我们不必设法规范人们对美好生活的看法。我们可以利用学校让人们成为美国人吗？如果我们的意思是，我们可以试图利用学校来教授有关宪法正义的基本知识，或者培养自由民主社会公民必备的美德（如宽容），答案就是肯定的。如果这意味着，我们可以利用学校来传授超越宪法正义所保障的政治文化，促进某种共同的宗教或共同的文化，答案则是否定的。

这种观点并不是将文化相对主义作为宽容或多元主义的根基。我们必须宽容其他民族的宗教，即使我们确知它是假的。我们必须尊重其他民族的文化，即使我们深信自己的文化是优越的。我们所尊重的是选择的权利，而不是选择的充分性。按照这种观点，宽容不能战胜真理。如果我们拒绝某些人因为宗教的原因而相信的东西，或者否认某些珍贵但可疑的历史主张，我们未必就不宽容。

此外，在教授宽容方面，学校需要审慎地帮助学生们理解，即便他们不赞同某些观点和生活方式，他们也需要宽容这些观点和生活方式。但是，学校必须尊重学生反对的权利。比如，有些宗教将同性恋看作一种罪恶，学校可以向有这种宗教信仰的学生说明，无论同性恋是否是一种罪恶，同性恋者都有权享有平等的权利。但是，学校不必要求这些学生把同性恋仅仅看作一种另类的生活方式。

在非后果论者看来，尊重多样的文化，就应该要求学校在教学中体现美国文化的多样性。然而，学校不需要伪造或编造历史来迎合每一种文化的看法，也不需要赞成每一种文化的各个方面。当学校能找到真理的时候，他们就对真理负有首要责任。虽然真理可能很难找到，但它不是相对的（至少不是上述的极端形式），而且文化也没有属于自己的真理。

非后果论者可以承认，当人们不得不面对那些有关他们的群体、历史或文化的不快事情时，他们可能会感到受伤；既然这是一种实实在在的伤害，他们就应该避免这种不必要的伤害。但是，非后果论者也可能争辩说，给人们造成这种伤害，并不等于拒绝他们作为人的价值。人们的自我价值应该取决于他们是人和道德主体这个事实，而与他们宗教的真理或他们文化的成就无关。

非后果论者可能还会注意到，上述激进多元主义的观点似乎与要求白人承认并矫正他们对少数族裔的压迫不一致。毕竟，如果真理是相对的，如果人们拥有自己的真理，为什么白人就不能根据自己的喜好编造一段历史呢？公立学校曾经教授（或许仍在教授）的大部分历史，兴许都是为了支持和证明白人统治或白人至上，并尽量减少白人压迫的事实。奴隶制常常被说成是仁慈的家长主义。真是这样吗？如果白人选择这样考虑，那么让他们面对真相，难道不是好事吗？

这种形式的非后果论的观点，确实要求公立学校教师在处理有争议的观点和多样化的生活方式方面采取严格的态度，但有一条界线要遵守。

让我们回到密尔关于多样性的后果论观点。密尔为他所谓的个体性（individuality）辩护，宣称宽容多样性的作用在于，能激发他所谓的生活中的实验（experiments in living）。事实上，正如自由公开的辩论对于寻求真理是必要的一样，经验的证据对于我们确定什么是最好的生活方式来说也是必要的。因此，密尔认为个体性是一种在生活中进行实验的方式。只有在多样性和实验得到重视和保护的情况下,我们才能相互学习如何过好生活。

　　密尔还提出了其他几个关于多样性的观点。例如,他认为,生活方式的多样性会使生活变得更加丰富、更有趣味。多样性会增加社会的内在利益。密尔还提出,幸福确实是个好东西,但不同的人获得幸福的方式也确实是不同的。我们有不同的品味和需求。一个社会若没有多样性,就会要求每个人到相同的事物中找寻他们的幸福。相比之下,极大丰富的多样性,则允许人们能够找到一种切合自己幸福的生活方式。

　　由此,密尔从多方面提出,多样性有利于最大多数人的最大利益。

　　密尔想要区分两个领域:一个是政府或社会可以控制的生活领域,另一个是个体拥有支配权的生活领域。然而,他对公共领域和私人领域的划分,与非后果论者是不同的。作为一个后果论者,他强调行动或思想的结果,而不是尊重个人的选择。不过,我们认为,出于最实际的目的,密尔和绝大多数非后果论者都会认为,某些相同的事物适合于公共控制,但这类事物也有属于私人化的一面。密尔和非后果论者都会把言论、宗教、文化和生活方式——人们对美好生活的看法——看作他们自己的事,但他们这样做时又拒绝相对主义。尤其值得注意的是,探究有关思想和生活方式的真理是密尔的一个重要目标。这需要思想的自由和生活中的实验,公开的辩论和经验的证据、对话。密尔认为,有两种不同的对待真理的态度会毁掉对话。一种是寻求确定性:如果我们确信我们已经掌握了真理,为什么要对话呢?另一种是激进的怀疑论:如果我们不能发现真理,为什么要对话呢?密尔支持一种可错论(fallibalism)的态度——对真理的探究是有意义的,但我们永远都不能确定我们拥有了真理。

## 辩护与反驳

　　至此,我们已经围绕对多样性的宽容,提供了三种不同的辩护。让我们思考一下它们各自的优势与不足。首先来看看对通常意义上的非后果论和后果论分析的反对意见。

我们认为,有关尊重人的叙述没有充分反映自我在何种程度上是由社会塑造的。很少有人认为自己只是抽象的人。我们是由我们的历史、文化、宗教及其他许多因素所塑造的"情境化的自我"(situated selves)。而且,有关尊重人的叙述也没有充分反映我们是如何思考人的价值的。很少有人仅仅因为我们是人而希望受到重视(当然,也很少有人仅仅因为自己的群体身份而希望受到重视)。我们希望受到重视,是因为我们正好是特定的人。如果有人告诉我们,之所以尊重我们的权利,是因为我们是人,但我们的宗教确实是错误的,我们的文化毫无价值,我们民族和我们自己的成就无足轻重,那么我们在多大程度上会感到自己受到了肯定?上天保佑我们不要这样的赞美!把人的价值从"情境化的自我"中剥离出来,仅仅依附于抽象的人格,这种观点遗漏了一些东西。我们都是人,但我们也都是特殊的人,且需要出于这一理由而受到重视。我们的特殊性,我们的人格,都需要根据某种适切的伦理来加以考量。

尽管我们并不认为上面所说的那种文化相对主义是站得住脚的,但我们确实认为,我们所称的"温和的相对主义"是可辩护的。温和的相对主义试图承认两点。首先,任何有关合理性的恰切观点都必须认识到,人们从他们的文化和教育中习得的概念,影响并建构了他们对世界的看法。其次,人们信以为真的东西往往不仅受到那些合理相信的东西的影响,还受到他们的利益和偏见的影响。有时候,推理只不过是一种假装我们特定的利益和偏见在某种程度上植根于事物的性质,而不是我们自己的利益的方式。

帕特南(Hillary Putnam,1983)提出,思想总是发生在共享概念的语境中。他说:

> 我们必须平衡由不同派别的众多哲学家提出的两个观点:(1)讨论任何领域的"对"和"错"只有在继承传统的背景下才有意义;但是(2)传统本身是可批判的。(p.234)

然而,请注意,帕特南以这样的方式来阐述这一观点,旨在表明,所有推理都是在实质性的观念和概念的传统中发生的。但是,这既不是说不同传统之间的批评和辩论是不可能的或徒劳的,也不是说我们认为合理性的东西仅仅是我们利益和偏见的表达。事实上,我们认为,接受帕特南的观点,即是懂得这一点:如果我们想去发现自己的盲点,让自己的偏见暴露出来,那么在不同的传统、宗教或文化之间进行对话和争论,就是必不可少的。这是我们学会用另一种方式看待事物的唯一方法。

"温和的相对主义"还有另外一个方面。在为"生活中的实验"辩护时,密尔并不认为,人们选择生活方式的所有差异,都只是实验——通过这些实验,最终我们获得了足够的证据,就会知道什么是真正最好的生活方式。密尔还认为,人们获得幸福的方式是不同的。如果这个观点是正确的,且幸福是善的事物,那么一个社会允许人们追求自己体验到的幸福,就会更有利于最大多数人的最大利益。

对于这个观点,还有很多可说之处,但在这个语境中,它有个弱点,即它没有明确地认识到,人们在生活中体验到的有价值的东西在多大程度上是他们文化的一种功能。不只是我们的观念,还有我们的幸福,都是由社会塑造的。若是如此,就会有两个观点随之而来。第一,或许对我们来说,重视多元主义与重视个体性几乎是同等重要的。重视多元主义不仅仅是重视多样性。我们要认识到,宗教和文化不仅使我们多样化,而且把我们分成不同的群体;它们提供了资源,使多样性和选择得以可能。它们塑造了我们评估价值的方式,构成了我们价值观的对象。多元主义是多样性的前提。我们需要的是一种比密尔的个人主义更具群体性

（groupish）的多样性视野。

第二，承认价值标准方面的文化差异，可能有助于我们避免偏狭的文化批判。如果我们把这一点作为反对密尔的理由，也许可以讲得更清楚些。根据某些标准，我们可以判断实验成功与否。我们如何判断生活中的实验？我们应该采用怎样的成功标准？它们从哪里来？我们要用19世纪英国人的标准吗？密尔所在的国家和他所处的时代臭名昭著，因为他们在将其他民族与己比较时，把其他民族的"生活中的实验"都判定为失败。此外，当他们判断其他人是"原始人"或"野蛮人"时，他们找到了帝国主义和宰制的正当理由，以及开化和统治的权利——他们称之为白人的负担。密尔本人在《论自由》一书中表达了这样的观点，他认为家长主义既适用于儿童，也适用于野蛮人。可以说，如果我们不了解价值标准在多大程度上是经由社会形成的，不知道所谓幸福的东西是文化依赖的，我们最终就会不加批判地使用我们文化的标准去评判别人，就不会尊重他们的经验并从中学习。

这不是文化相对主义吗？不，至少不像我们上面描述的那样。我们没有否认批评其他文化或向它们学习的可能性。不同的文化有不同的价值标准，这与批评或相互学习并不矛盾。然而，认识到文化价值标准的多样性，应该有助于我们避免草率或偏狭的批评，避免把我们的价值视为绝对的，并在绝对主义和相对主义之间找到一个中间地带。

密尔的观点还表明，我们不应想当然地认为，在有关差异或人们如何追求幸福的问题上，必定会有对错之分。对食物的品味（taste），是个有用的例子。人们对食物的品味显然与他们的家庭或文化重视或提供何种食物有关。他们可能会学会喜欢其他的食物，但也有可能不会。不过可以肯定的是，品味并不仅仅是与生俱来的喜欢某些东西而不喜欢其他东西的倾向的一种功能。品味是一种文化产物，不仅仅是个人的喜好，而且是由文化装饰而成的。即便我们学会了喜欢其他文化中的食物，我们从自身文化中形成的品味标准也会制约我们对其他文化中食物的喜好。另外，密尔对个人主义的辩护也可以看作是对多元主义的辩护。我们必须尊重不同文化的品味，原因很简单，因为它们构成了这些文化的价值标准和价值对象，而这种价值标准和价值对象并不总是乐意接受孰优孰劣——真理或谬误——的评判。文化常常是用来解释人们以不同的方式发现他们善（good）的原因。

因此，我们确信，一个充分的伦理理论既要考虑到自我在多大程度上只是个人（persons），也要考虑到知觉、思想和价值的"概念嵌入性"（concept embeddedness）。但我们也认为，我们上面所描述的激进多元主义的论证，虽然它确实考虑到了这些因素，但也有一些严重的缺陷。

激进多元主义的一个不足是，它难以解释为什么我们应该把人视为平等的，并拥有平等的权利。文化相对主义试图通过使所有文化平等来使所有人平等，它否认存在任何可以用来评价不同文化的标准。但这是如何使个人或文化平等的呢？的确，既然不同文化只需要尊重自己的价值标准，那么凭什么要求人们在评判其他人的文化时悬置这些价值标准呢？用自己的文化标准来评判他人的文化，即使会导致对其他文化的负面看法，难道不也是同样合理的吗？为什么不合理呢？

文化相对主义者不能说我们必须宽容其他文化，因为宽容是一种客观价值。相对主义者也不能宣称平等是一种客观价值。在他们看来，没有客观价值，只有为特定文化的成员所享有的价值观。假设甲文化持有的价值观导致甲发现乙文化毫无价值，而且乙文化中的成员低劣，那么反对甲文化的观点、主张平等和宽容的理由是什么？如果文化相对主义是正确的，那么就不可能有超越某种特定文化的价值观的理由，因而也不可能有甲文化应予接受的理由。

事实上，文化相对主义似乎寄生于源自现代性伦理的宽容和平等传统。它坚信我们应平等地看待其他民族和其他文化,并声称现代性伦理没有做到这一点。但是,它既不能为宽容和平等提供自己的理由,似乎也不能为那些不宽容的文化提供辩护。

有种相对主义把所有的真理都变成某个群体或文化的真理。让我们来思考一下,这种相对主义是如何削弱价值评估的真正意义的。如果价值标准是完全相对的,那么每种文化的价值标准都是同样武断的。

断言某物有价值,就是对该事物的一种主张,这种主张超越了我们碰巧重视它这个单纯的事实。这是在声称这个对象符合评估的标准,而这些标准要求他人对其进行考虑。举个例子来说,假设一个有浪漫情调的人说另一个人很美。倘若我们认为没有任何美的标准,这还是一种真正的赞美吗?"亲爱的,美是没有客观标准的,但你很美!"这样说谈不上是赞美。我们可能认为,美是有客观标准的,同时也坚信美的形式是不同的。我们可能认为,不同的文化会以不同的方式表达美、看待美。我们可能认为,我们可以用不同的方式来看待美。如果我们受到的教诲或熏陶不同,我们可能会发现,某些美的东西现在看来也并不如是。简言之,我们认为的有关美的许多事物,使美具有了鲜明的文化差异性。但所有这些事物也表明,我们可能也要尊重看待美的其他方式。我们可能会逐渐欣赏别人眼中的美。他们可以对美做出解释,我们也会渐渐理解他们。文化相对主义不仅不支持诸如此类的观点,而且把所有的价值标准都变成完全任意的,从而削弱了这些观点。

实际上,我们无法这样说:"亲爱的,美是没有客观标准的,但我认为你很美!"文化相对主义对特定的"价值"只字不提,而只是说特定的文化拥有这种价值。但是,这并不能要求我们以上述任何一种方式思考这一价值。它不但没有赢得我们对这一价值的尊重,反而摧毁了这种尊重的所有可能性,因为它还宣称,这一价值是无可指摘的,它可以对其他任何人提出要求。

在那些批评尤其重要的地方,相对主义也常常会削弱批评的意义。如果真理都是相对的,每一种文化都有自己的真理,那么就不可能批判其他文化的价值观。实际上,这正是该立场的用意所在。它旨在将少数人从多数人制定的要求每个人恪守的标准中解放出来。然而,在批评显得重要或必要的时候,相对主义也会削弱我们批评少数人或多数人的能力。我们可能要批评一些文化实践,包括奴隶制、经济剥削、性侮辱的观点和做法,以及宗教压制和迫害。如果所有的真理都相对于特定的文化,如果各种文化都拥有自己的真理,我们凭什么拒绝或批评它们呢?事实上,激进的多元主义可用来支撑各种带有压迫性的文化,认为这些文化有权坚持并按照自己的观点行事。(有些纳粹分子也提出过类似的论证。)

最后,激进的多元主义是反对话的。我们想要推介的观点是,文化冲突应该通过一种对话来解决,而这种对话把每个人都看作平等的参与者,并认为其结果应该取决于证据,而不仅仅取决于权力或谁是多数派。如果我们认为人们的文化显著地影响他们看待世界的方式,并且认为人们有权拥有自己的文化——只要他们尊重他人的同等权利,那么我们就会发现我们有理由认真倾听那些异于我们的他者的声音,我们就会在认定我们知道真理或我们价值观优越之前更为谨慎。在遇到其他文化时,我们可能既愿意对其进行批评,也愿意从中学习。然而,如果我们要展开这种对话,我们也必须相信这种对话是有意义的。我们必须相信,我们可以给他人改变他们想法的理由,他们也可以给我们改变我们想法的理由。

然而,文化相对主义认为不存在对各种文化都有效的理由。如此一来,对话的意义又何在呢?

我们究竟需要什么样的观点?我们需要的观点应承认我们的"情境性"(situatedness)对我们的自我认知——我们不仅仅是人——的重要性,同时也要承认我们对善的认识在很大程度上依赖于我们的文化。但是,这种观点必须同时做到以下几点:(1)提供一些理由,使人们相信平等和宽容是客观的;(2)不破坏价值评判的可能性;(3)不损害对不公进行批评的可能性;(4)不削弱对话的意义。

## 人和公民

为了说明符合上述四个标准的观点的部分特征,我们打算重新考虑有关人格的一种阐释,因为人格构成了强调自由和平等的伦理的核心。但这也让我们意识到,人们是身处情境之中的,他们拥有的自我不仅仅是抽象的人。〔这些观点要归功于约翰·罗尔斯(1993)。重申一下,我们对这些观点进行了自己的阐释,并不打算忠实于他的具体论述。〕

在本书中,我们试图用人的能力来说明人格,并由此描述作为一个"人"究竟意味着什么。我们不是要描述内在于所有人身体内的某种神秘的实体或本质,也不是要描述不依赖于我们观察的人的某些"形而上"特征。相反,在描述人的特征时,我们描述的是所有正常人在得到充分培养后所获得的能力。人们具有理解正义的能力,也具有建立他们自己有关善的观念的能力。

尽管很明显,不同民族对正义和善的看法根植于他们自己的文化,但就我们所说的"人"的概念来说,至关重要的一点是,人们有能力把他们对正义和善的理解视为批评的对象,也有能力根据恰当的理由来改变自己的想法。无论自我是什么,它都处在文化之中,这与维持必要的距离来反思和批评并不矛盾。这种维持临界距离的能力是我们所说的"人是负责任的道德主体"的重要内容。所以我们有关"人"的观念不是"形而上学意义上的",它植根于道德能力和道德经验。

因此,如果有人认为必须对这些能力进行某种统一的描述,那将是错误的。然而,如果我们宣称这样的观念,即这些能力本身表达的是特定群体(比如欧洲白人)的经验,这同样是错误的。这种观点暗含着一个颇具侮辱性的结论,即某些群体没有能力对源自他们自身文化的道德内容进行反思。

还有一点很重要,要注意到,我们在前几章讨论的伦理概念——正当程序、思想自由、平等——都是在我们社会和所有自由民主国家中具有法律地位的概念。我们认为这些概念不是伦理的全部，只是公民伦理。在本书中，我们之所以强调公民伦理，是因为我们打算为那些要在公立学校工作的人写一本有关伦理的书，而在公立学校中处在中心地位的必定是公民伦理。

同样地，我们认为，我们对"人"的看法即是对人类（human beings）的看法，而这种看法需要在公民伦理中加以强调。的确，正是有关人类的认识，对多元社会的公民伦理具有重要意义。为什么会是这样呢？

原因在于，在许多公民语境中，我们需要一个从差异中抽象出来的"人"的概念。原因倒不是人们没有不同，或者说这些差异在公民语境中不重要。相反，公民伦理需要以这样一种方式来设计，即不会因为人们的群体成员身份或他们的特殊性而对他们有偏见。它需要在不同宗教、种族、民族和性别群体相互冲突的利益、观点与价值观之间保持不偏不倚。

不偏不倚并不意味着在公共场合不要考虑人的独特性，而是意味着我们设计的社会运作基本规则和标准不能内在地对一个群体比对另一个群体更有利。我们不能喜欢天主教徒甚于新教徒、犹太人或穆斯林，不能偏向男性甚于女性，不能喜欢白人甚于非裔美国人、印第安人或亚洲人。

让我们拿体育赛事做类比来思考一下不偏不倚的问题。不偏不倚并不是要求我们忽视那些更强、更快或技高一筹的人，而是要求我们不能以与游戏无关的方式来操纵规则。同样地，我们需要一种社会正义观，让人们有公平的机会追求那些他们自己认为善的东西，而不是操纵游戏规则，以利于某些人甚于其他人。

由于人类是道德主体，因此他们被看作是自由和平等的，有权享有平等的自由和平等的待遇。人类作为人、作为道德主体的这一概念，有助于我们构想和维持一个尊重多元主义的社会。实现这一点的途径是，关注人们作为公民的地位，并将其作为社会正义概念的中心。同时，还要从那些使人们与众不同的特征中抽离出来，这并非因为这些特征在所有的语境（甚至是公民的语境）中都是无关紧要的，而是因为把我们社会的基本规则根植于人的概念，会让我们对基本规则有一个公平公正的看法，即不假定任何一个群体在社会上享有特权。

这种"人"的概念描述的是人们在社会化之前的某种本质吗？不是。实际上，发展与人格相关的能力需要社会化。它是在否认人们是情境化的，或他们的情境化具有伦理意义吗？不是。他们的情境化是现实的人的重要方面，在与他们交往时就需要考虑这一点。这种观点是巧妙地把某个特定群体（如白人男性）的特征变成面向所有人的规范要求了吗？我们并不这么认为。我们需要关注细节的部分，而且在考虑这种观点并非事实的过程中，开放的批评和对话尤为重要。

因此，我们认为，确切地说，人格的观念及其指向的公民伦理是可辩护的。事实上，在我们看来，这对一种可辩护的多元主义至关重要。但是，我们仍然认为，人们是社会性的存在；他们不仅仅是人，而且是处在情境中具体的存在；宗教、文化、种族和性别对我们每个具体的人来说都是重要的。这些都是需要承认的有关人的重要事实。从道德对话的角度来看，这些事实尤其重要，因为它们提醒我们，我们需要对不同的声音保持敏感，并注意不要把我们自己的特殊性普遍化。

那么，现在我们该如何评论开头的案例呢？塔布曼初中和信仰者学校肯定了人们生活中真实而重要的差异，刘易斯是否应该对它们予以支持呢？我们不打算为你回答这个问题。这不仅不是我们的职责，而且我们也没有提供有关这些学校的足够细节，使它们提出的所有问题都得到充分的展开。但我们确实认为，我们可以说说对它们进行评判的标准。在这里，我们提出四个标准。

1. 人们需要教育机会，让他们追求和发展自己的独特之处。他们需要学习自己的宗教，研究自己的文化，形成他们自己对善的认识，并与其他分享这种善的人进行合作。因此，我们认为，教育系统，即使是公共教育系统，认识到差异是重要的，并为具有共同利益或共同背景的人们提供空间，让他们聚在一起，探讨共同意义,这本身并没有什么错。

2. 人们需要教育机会,使他们能够习得公共伦理。他们需要一种正义感,包括宽容差异和尊重其他公民的平等权利。

3. 学生需要获得公共伦理和正义感,这一点必须区别于企图将某个群体的文化看作其他群体的规范要求。创建共享的公民生活,是对自由民主社会中学校的正当期望。创造共同的文化则不然。

4. 人们需要有机会互相学习、互相了解。任何能够使人们避免分歧或观点不受批评的教育都不是一种好的教育。

这些标准难以应用的一个原因是,它们很难同时成功。也许我们越是强调第一个标准,我们就越是把其他标准置于危险之中。然而,我们认为,一种完全适切的教育必须找到平衡这些标准的方法。你可能会发现,回到这个案例并询问你如何将这些标准应用于我们提供的事实,这样做是很有用的。

## 补充案例

### 圣诞节争议

田德维尔是一个历史悠久的中产阶级社区。它的起源可以追溯到19世纪初,但直到1936年才成为一个成熟的城镇。它在第二次世界大战期间迅速发展,并在20世纪50年代蓬勃发展。它的公民为其优秀的学校系统、完备的图书馆和广泛的社区服务感到自豪。20世纪六七十年代,它作为一个宁静的避风港和养育孩子的好地方,吸引了许多来自附近大城市的白领。它是最早自愿并成功废除学校种族隔离制度的北方城镇之一。每个人似乎都相处得很好。由于它的开放和友好,一个犹太社区搬进来,建立了自己的犹太教堂。20世纪八九十年代,许多亚洲人也被田德维尔所吸引。它似乎是宽容和真正民主的天堂。

然而,问题发生了。

对他人价值的极端敏感性,以及镇上弥漫着的对差异的巨大宽容,引起了认真负责的学校董事会对学校中圣诞节问题的讨论。他们注意到,庆祝圣诞节总是要表演圣诞剧、唱圣诞颂歌、装饰圣诞树、交换礼物,当然还有圣诞休假。但是,董事会刚开始就大声疾呼,对于这种重大基督教盛事的公民庆祝活动,犹太人、穆斯林、佛教徒、儒教人士等群体会有什么感受?其中好像有点不对劲。就像田德维尔从一个小的基督教社区成长为一个更大的多元文化和多宗教社区一样,学校系统不应该做同样的事情吗?但怎么做呢?

在董事会会议上,成员们提出了许多建议。下面是其中一些建议,以及与会者对这些建议提出的反对意见。

督学建议,在起步阶段,他可以颁布一项政策,要求学校不得有任何关于圣诞节的装饰、歌曲、活动,也不得有任何书面或口头的讨论。假期的名称可以正式改为冬休(Winter Recess)。在学校里不准赠送礼物,去除圣诞节的所有装饰,这样问题就解决了。督学说,如果董事会同意他的计划,他和校长们都会严格执行这项禁止圣诞节的政策。

然而,有些人觉得这是不可能的。在校外的环境中,很难禁止圣诞节。此外,孩子们也很喜欢。也许更好的办法是,把圣诞节和光明节作为冬季的主要宗教节日来认识和教授。毕竟,田德维尔的基督徒和犹太人的数量加起来超过了85%。但是,有人想知道,剩下15%的人口中,宗教组成是怎样的?难道他们不应该得到应有的假期,并在学校里庆祝他们的某个宗教节日吗?

有人很快提出政教分离的问题。从宪法上看,难道学校没有责任避免直接或间接的宗教教学吗?"但是,"有人插话,"宽容难道不需要理解别人的观点吗?如果你不了解别人的信仰,怎么可能会有宽容呢?"

会议一直持续到午夜。令人惊叹的事情是,与会者都没有恶意,没有"我们"反对"他们",也没有一成不变的对立。这是董事会及其督学付出的真诚努力,目的是寻找一种明智和合理的方式,继续保持对包容共同体的良好感受,但解决办法似乎总是遥不可及。

**思考题**

1. 如果你作为督学参加过本次会议,你会提出什么建议?

2. 政教分离原则是否禁止在公立学校谈论或讲授宗教?哪些是这一原则许可的?

3. 将宽容付诸实践,要求的是理解差异的基础,还是仅仅尊重差异——即使你没有理解差异的理由?

4. 在田德维尔的学校人口中存在着多元文化和多宗教的差异。不同的文化也应该在学校的政策和课程中加以处理吗?如何处理?

## 理解割礼

乔舒亚·洛根(Joshua Logan)的办公室里坐着一群处在中上阶层、信奉政治自由主义、非常愤怒的家长代表,他们要投诉他的一位老师:约翰·穆特(John Muth)。这些家长之所以要投诉,并不是因为穆特是一位坏老师,而是因为穆特原原本本地完成了家长要求他完成的任务:孩子们正在逐渐理解与他们自己截然不同的文化习俗。不幸的是,这些孩子拥有了比父母期望的更多的理解,而且所涉及的实践也不完全是父母所想的样子。

洛根是米德尔伯里高中的校长,该校位于美国中西部一个富裕的城郊社区。穆特是一位年轻的教师,在耶鲁大学主修人类学,然后在州立大学获得教育文学硕士学位。他在米德尔伯里高中教十二年级的社会学还只有三年的时间。尽管时间不长，但他被赞誉为也许是全校最好的老师。他极受学生欢迎，至少到目前为止，也深受家长的欢迎。然而，今年他开设了一门新课程，名为"理解其他文化：一种人类学方法"（Understanding Other Cultures: An Anthropological Approach）。这门选修课只对高年级学生开放，其目的是"帮助学生欣赏不同的民族及其文化，并学会从他人的角度看待事物"。学生们要学习"每个群体都面临的类似问题，如生计和治理，但是他们的解决方案可能与美国人处理这些问题的方式大相径庭"。这些差异根植于人们生活的环境、他们的历史和信仰，因此，穆特认为，在我们理解这些环境、历史和信仰之前，就不要急于对他人的生活方式进行评判。建构这种理解是社会研究的主要目标。穆特曾说："如果学生想真正了解其他文化，他们首先需要换位思考，而不是急于评判。"

当穆特第一次向米德尔伯里的课程委员会（有几位家长参加了这个委员会）提议开设这门课程时，大家一致认为，在一个几乎全是盎格鲁-撒克逊新教徒或犹太人背景的社区里，这门课程非常重要，也极为需要。米德尔伯里的年轻学子需要了解与他们不同的人——因为他们肯定不会在学校、教堂、寺庙或镇上的街道上遇见他们。最终，米德尔伯里教育局批准该课程进行为期一年的试用，之后再决定是否让其成为米德尔伯里高中的常规课程。

到学校秋季开学时，我们差不多即刻发现，穆特教授这门课程的策略非常有效，而且往往具有戏剧性。他特意选择了与我们文化大不相同的文化进行研究。对于这些文化的信念和实践，他的学生会感到陌生、奇怪甚至厌恶。他挖掘出一些原始材料，通常是由所属文化中的人撰写的，这些材料展示了他们对这些信念和实践的看法。在那些没有文字的文化中，学生们可以读到富有同情心的西方人或文化人类学家记录的第一手材料。每个单元，穆特都努力请来（有时是自掏腰包）某种文化的至少一位代表，与他的学生聊一聊，并回答学生的问题。若是无法把他们请到现场，穆特自己会广泛阅读有关这种文化的书籍，穿上其中某个成员的服装来到班级,尽可能令人信服地向学生展示这种文化。穆特不仅是一名优秀的教师,还是一名才华横溢的演员,而且他作为另一种文化成员的首次亮相,使他在学校和社区中备受争议。

这个班一直在研究澳大利亚土著人的文化。由于米德尔伯里没有土著人,有一天,穆特把皮肤涂得黝黑,只穿着缠腰布,手持长矛和回旋镖,出现在全班学生跟前。在讨论土著文化的过程中,他转向食物这个话题。"因为我的人民是游牧民族,我们没有庄稼,也没有驯养的动物可吃——当然,狗是个例外。在澳大利亚中部的沙漠里,我们必须吃可以获得的各种东西。通常,这意味着我们可以吃到一些相当可口的和营养丰富的东西,但在米德尔伯里,人们并不把这些东西当作食物。"为了证明这一点,穆特富有戏剧性地停了一下,然后解开了腰部的一个皮囊(他说这个皮囊是用袋鼠的睾丸做成的),取出了几个拇指大的、白色的、蠕动的幼虫。他一口一只,啪啪地舔着嘴唇,还向惊愕的学生们解释说,这些幼虫真的"相当不错"。"它们尝起来像腰果。"他说道。学生们立马产生反应:三个学生感到严重不适,冲出了教室;其余的都脸色苍白,气喘吁吁,浑身发抖,有些似乎就要加入那些冲出教室的学生行列了。

如果他就此打住,这堂课可能算是过于夸张,但也不会招致反对。然而,"为了更好地了解我们在食物方面的文化偏见",穆特继续让那些想尝试的学生来吃幼虫。四个颇具冒险精神的学生接受了他的提议,多数人都说味道"不错"。其中一个学生为了在同学面前炫耀,要求再多享受一会。虽然穆特的做法无疑拓宽了学生们对土著文化以及他们自己有关食物的文化偏见的理解,但这节课引发了当时试吃的两个学生的家长的愤怒来电。其中,一位家长以卫生为由反对给儿子吃幼虫;另一位家长之所以反对,是因为幼虫作为食物是不合犹太教规的。

同年晚些时候,穆特上了一个关于"反犹主义文化"的单元,激起了家长们更为强烈的反应。他选择战前的德国作为具体的研究对象,让班上的学生阅读了大量当时明确体现反犹思想的文献,包括《我的奋斗》(*Mein Kampf*)、《锡安长老会纪要》(*Protocols of the Elders of Zion*)的部分内容,以及有关某些耸人听闻的审判——针对的是犹太人在仪式上杀害异教徒男孩的残暴行径——的市井故事的译稿。实际上,每个学生都感到被这些读物深深冒犯了。然而,穆特坚持认为,学生们应该退后一步,把这些文档材料当作文化制品来研究,要像文化人类学家那样来处理反犹信念,也就是说,以一种不带评判的态度,把这些信念看作需要解释的东西,旨在努力理解为什么那么多德国人信奉它们。穆特更为极端的做法是,身穿一件纳粹棕色衬衫,臂上别着一枚纳粹万字标记,以一种就事论事的方式讲述了许多德国人对犹太人的反感,并尽可能地贴近当时有关反犹信仰的描述。穆特明确表示,他绝不是要证明或纵容反犹主义,但他希望他的学生从一个生活在1933年的德国人的文化视角来看待这些信仰。

  由于米德尔伯里有大量的犹太人,而且许多居民在大屠杀中失去了父母和祖父母,因此他们迅速做出了反应,并且充满愤怒。有人提到《锡安长老会纪要》,并对洛根说:"这种面目可憎的胡扯,已经造成了数百万人的死亡。公立学校不应该教导孩子们对憎恨文学保持'中立'。绝不要以为这些易受影响的学生没有学会宽容反犹主义。他们已经学会了这一点。在一个民主的多元文化社会里,这是一场灾难。"洛根设法平息了人们的愤怒,但他也向穆特明确表示,如果明年还开设"理解其他文化"这门课程,穆特必须对涉及的话题重新进行认真的思考。

  尽管有这样的警告,但在今年春天,穆特还是坚定越过了米德尔伯里最开明的居民所能容忍的界限。这次有个主题是索马里的莱索托(Lesotho)文化。虽然穆特讨论了该文化中许多有趣的(和平淡无奇的)方面,但他花了很长时间讨论莱索托的女性割礼习俗。虽然这种习俗在吉布提、塞拉利昂、苏丹、埃塞俄比亚、厄立特里亚以及索马里的某些穆斯林民族中很普遍,但莱索托实行了一种特别极端的形式,即割礼(infibulation)。事实上,在美国,割礼通常被称为切割女性生殖器。除了对女孩生殖器的广泛损害外,割礼有时还会造成严重感染和长期并发症,包括慢性盆腔炎和不孕不育。

穆特的学生当然吓坏了。然而,他坚持认为,如果学生们不理解割礼的社会背景,就不能做出评判。"如果你想真正了解其他民族和他们的文化,你就不能简单地根据自己独有的文化偏见,急于判断某件事是好是坏,你必须停下来反思,设身处地地想一想。当你发现某种文化的做法冒犯你时,这种反思就非常必要。你需要明白为什么许多文化都在实行某种形式的女性割礼。例如,你需要理解通常在深陷贫困的文化中,尤其对莱索托人来说,童贞在婚姻中的重要性。你们当中有些同学肯定认为,婚姻中的童贞具有重要价值。"(穆特注意到,有几个学生不禁点了点头。)"割礼实际上保证了童贞,这与贞操带很相似,贞操带不久前在欧洲很常见,而且经常对女性造成严重的身体伤害。此外,你还必须理解乱伦禁忌在所有社会中的重要意义,以及它在那些必须全家挤在一间屋子里的社会中所造成的问题。最后,虽然女性割礼确实有助于加强男性对女性的支配,但你应该问问男性支配有何社会功能。在你做出评判之前,我们需要先讨论这些事情。"接下来他所说的,打个比方吧,会让米德尔伯里的房顶砸在他的头上。"毕竟,"他接着说,"女性割礼和男性割礼(male circumcision)并没有什么不同。比如,布里斯(Bris)这种年轻男孩的仪式性割礼,在米德尔伯里的犹太社区是非常普遍的仪式。两者都只是出于文化的原因,有目的地通过手术切除完全健康的生殖器组织。"

随后,社区一片哗然。穆特为自己的教学和"理解其他文化"课程进行了积极的辩护。在6月份教育局的总结会上,与会者要求穆特考虑这门课程的延续问题。穆特说,课程委员会、教育局和社区居民口口声声说,他们想要真正让学生们对不同的文化和观念更加宽容;他之所以这样设计课程,正是为了顺利完成这个目标。他还拿出证据来支持他的主张。此外,他的许多学生给教育局写了一封信,声称他们确实从这种教学方式中获益匪浅。穆特说,他在素材上精挑细选,并带着明确的目的对它们加以组织。"我从一个易于理解的观点出发,即我们对哪些东西算是食物的界定纯粹是个文化问题,到一个更难理解的观点,即我们感到厌恶的信念(如反犹主义)也是一个文化问题。这些信念之所以会蓬勃发展,并不是因为人们愚蠢或堕落,而是因为人们所处的环境。最后,我要求我的学生理解割礼这种习俗,我知道他们都会觉得这种习俗骇人听闻。如果你真的想让我们的年轻人对其他文化宽容,你就必须向他们展示挑战这种宽容的各种文化和观念。你必须找到一些文化实践,挑战他们有关对错的先入之见。你不能通过让犹太孩子在圣诞树上挂装饰品,让非犹太孩子纺车、读光明节的故事,来造就宽容。这不是在教授多元文化主义。这样的教学是毫无价值的。我不教没有价值的东西;我拓展了学生的信念,挑战了他们从小接受的价值观。我今天站在这里为我的课程辩护,这个事实本身就是我成功的证明。"

## 思考题

1. 如果你是米德尔伯里教育局的一员,你会支持穆特和他的"理解其他文化"课程吗?为什么?

2. 如果你反对这门课,思考一下我们在案例中描述的三种信念和实践:食物偏见、种族偏见和性偏见。第一个是否切合这门课程的目标?如果是,为什么第二个和第三个不切合呢?

3. 正如一位米德尔伯里居民提出的那样,教学生不去评判那些在我们文化中极具争议的信念和做法,会导致他们对这些信念和实践的宽容甚至接受,这是不是有危险呢?倘若如此,对于公立学校而言,这个结果是不是可以接受呢?为什么?

4. 如果要求穆特既让学生研究那些令人极为不快的文化实践,也让他们研究这些实践之所以令人不快的原因,这样做是不是适当呢?比如,一方面要对反犹信念进行客观研究,另一方面也要以同样客观的方式研究美国人关于每个个体的价值和尊重每个人的必要性的信念,这两方面是否应该并行不悖呢?为什么?我们能对自己的文化保持"客观"吗？

5. 穆特的教学方法是正确的吗？如果我们要让学生做到宽容，是否有必要对极具冒犯性的文化实践进行客观冷峻的研究，并以此来挑战学生的信念呢？

6. 这些学生的年龄有影响吗？也就是说，"理解其他文化"这门课程的一个目标是让学生"像人类学家一样思考"，客观地思考在我们文化中极具冒犯性的信念和实践。也许这对于人类学家来说是必要的，毕竟他们是成年人。但穆特的学生都是未成年人，不是正在受训的人类学家。这一点有影响吗？

## 玉米的子民

公立学校教科书委员会召开会议才几个小时，就碰到了第一个麻烦。该委员会负责审定德克萨斯州所有公立学校使用的教科书。委员会工作背后的想法是直截了当的：制定一份审定教科书清单，每个学区都必须从中选择自己的课本，州政府再为各个学校订购数量庞大的课本。当然，出版商迫切希望自己出版的书能被列入审定名单，这样就有可能带来数百万美元的销售额。德州政府也可以从出版商那里要求（并得到）非常大的折扣，从而为纳税人节省一大笔钱。委员会每年都会审议不同的教科书系列，去年遴选了数学和科学课本，今年要选的是历史和英语课本。

教科书委员会是一个庞大的机构，其成员大多是教师、管理人员和学校董事会的董事，但也有少数商业人士、宗教领袖和一般公众。多年来，委员会的工作一直默默无闻；它收到来自学区和出版商的课本提名，听取出版商代表的意见，偶尔也听取关心这事的公民的评议；它或多或少地仔细阅读了提名的课本，再决定是否将其列入审定的课本清单。除了学校管理人员在订购课本之前对清单进行核对之外，一般公众很少有人知道这个委员会的存在。

这个委员会进入公众的视野是在十年前。它的会议有时吵翻天，成为媒体关注的中心。各团体出席了委员会的审议工作，并试图影响委员会的决定。比如，两年前在审议初中健康课本时,一个代表灵恩派教会联盟的团体前来抗议其中几本教科书对同性恋采取的"中立态度"。他们说,他们并不反对同性恋者。同性恋者也是上帝的孩子,因此也应该欢迎他们成为基督徒。但是,同性恋是一种罪恶。教导他们的孩子对罪恶保持中立是在破坏他们的信仰,德州政府无权这样做。一个自称"男女同性恋特别工作组"的组织回应了这种观点,认为任何对同性恋不友好的态度都只会助长年轻人的同性恋恐惧症。他们说,中立并不能令人满意。那次特别的会议变成了一场争吵,最终不得不报警,而且《时代》和《新闻周刊》还刊出了照片,进行了整版的报道——这事让大多数德州人都感到难堪。去年,选用高中生物课本时,同样的主题又出现了新的变化。这一次,一个代表南方浸信会的团体主张,神创论应该作为达尔文进化论的替代理论编进课本。这一观点遭到了州立大学生物学教授的反对,他们认为,神创论没有科学地位,因此在科学教科书中没有一席之地。在第一种情况下,委员会已经决定,对同性恋保持中立态度是恰当的(这样既没有取悦灵恩派,也没有迎合男女同性恋特别工作组);而在第二种情况下,委员会同意教授们的意见并决定,不得要求出版商将不科学的信念编进课本。

今年,这个问题出现在委员会的内部。这次要审议的是供高中使用的历史课本。其中有些课本记录了许多美洲土著部落的历史和文化,这些记录内容广泛,插图丰富,且常常从印第安人的视角、以理解的方式讲述印第安人的故事。这些课本对不同部落的文化的描述是饱含同情的,有时也是相当感人的。此外,有些课本提供了其中一个有关印第安人起源的人类学和地理学的标准解释。具体来说,他们认为,许多科学家相信美洲原住民大约一万年前从亚洲横跨现在的白令海峡的大陆桥来到这里。事实上,炼金术出版社(Alchemy Publishing Company)的系列课本把美国原住民称为"我们国家的第一波移民"。炼金术出版社的作者们说,这些移民后来被"第二波移民",也就是欧洲人,通常用暴力赶出了自己的领地。

在出版商介绍之后，公众几乎没有发表任何评论，委员会似乎正要审定这些课本，这时迈克尔·斯波提德·克劳德（Michael Spotted Cloud）站起来发言。他的发言异常平静，但看起来又不乏坚定。"我想感谢委员会，尤其是所有这些课本的出版商。"他开始说，"我想让你们知道，作为一个印第安人，我和我们的民族感谢你们诚实地告诉孩子们我们国家的历史和欧洲人西进的性质。我们的土地通常是被武力或欺骗夺取的，我们的过去充斥着撕毁的条约和歧视的做法，这些做法使我们许多人陷入贫困。多年来，我们的孩子在你们的学校里受到的教育是，他们的祖先是野蛮人，活该。"他停顿了一下，接着说："但那是过去的事了，是时候向前迈进，纠正过去的错误，抚平过去的创伤了。这些书无疑朝着这个方向迈出了一步，我和我的民族对此表示赞赏。

"可是，有一件事我请你们考虑一下。有几本课本写道，我们民族从亚洲穿越白令海峡来到北美。我知道你们相信这一点，但我们自己并不相信这一点。每个部落都有自己的起源故事。例如，我们民族，也就是我们自己所说的'玉米的子民'（People of the Corn），相信当上帝创造世界的时候，他在离此地不远的一个圣地种下了一种神奇的作物——玉米。他知道玉米需要照看并制成食物，所以他让两颗种子发芽，长成一男一女，这是我们部落的第一批成员。从那以后，我们一直忠实地照看着他的恩赐。因此，我们深信我们不是来自亚洲，而是从地球开端就一直在这里。"克劳德先生问道，"难道不能在课本中加一两段来解释我们信仰的这一重要内容吗？事实上，'玉米的恩赐'的故事真的很美，它是我们文化的核心。用几段话来讲讲我们的故事——或者也可以选择其他部落的故事，将有助于白人孩子理解我们的历史，并帮助我们在我们孩子的心中保存我们自己的遗产。谢谢你们的考虑。"说完，克劳德先生坐了下来。

炼金术出版社的代表立刻站了起来。"我想向委员会和克劳德先生保证，在我们的教科书系列中做这样的改动是很容易实现的。炼金术出版社认为，这个观点很好理解,我们很乐意执行。很显然,我们的教科书会更好地呈现美国原住民的历史,并改善所有儿童的教育,无论他们的背景如何。"

至此,事情似乎解决了。委员会的大多数委员都点头表示同意,似乎打算投票了,此时牧师托马斯说话了。塞缪尔·托马斯(Samuel Thomas)是一名主教牧师,也是该州最大教堂的领袖。他在公立学校教科书委员会工作了七年,深得委员会里每个人的尊敬。"在我们投票之前,"他说,"有些事情我们应该考虑一下。去年,我的浸信会朋友们游说我们将神创论编入生物学课本,当时我们拒绝了他们的请求。我们之所以拒绝,是因为我们说过,神创论没有科学理论或事实的依据。依克劳德先生所言,我敢肯定,玉米故事也没有白令海峡理论那样的科学理论或事实依据。历史课本难道不应该像科学课本那样,呈现尽我们最大可能发现的真理吗?我们有何原则性的理由,编入玉米故事而不是创世纪故事?最后,就这两种人类创造说的美学方面来说,虽然我相信玉米故事很美,但我也得知,创世纪故事并非没有神圣性。"

**思考题**

1. 对于人类创世的叙述,玉米故事和创世纪故事之间有原则性的区别吗?为什么允许前者而不允许后者出现在教科书中呢?

2. 神创论者想把他们的故事写进科学课本,而"玉米的子民"想把他们的故事写进历史课本,这有什么区别吗?如果有,为什么?

3. 如果你对上一个问题的回答是"有区别",那么你是在"科学真理"和"历史真理"之间进行区分吗?如果是,它们之间有何差异?

4. 如果你出于应对群体文化予以尊重的考虑,而同意把玉米故事写进教科书,那么你难道不应对南方浸信会教徒表现出类似的尊重吗?如果没有,为什么呢?

(杨阳译,程亮、曹昶校)

第八章

# 补充案例

在这本书中,我们强调了两条原则:利益最大化原则和平等尊重原则。我们这样做有两个原因。首先,这两条原则可能是 19 世纪关于伦理学的两个最重要的哲学观点——功利主义和康德主义的核心。功利主义的基石是人们应该采取行动,以使平均幸福感或平均效用最大化。康德伦理学的关键是绝对命令(或黄金法则)和尊重人的理念。其次,我们相信这些原则持续性地为理解伦理问题中的利害关系提供了有用的视角。大多数人是凭直觉使用这两种原则的一些变体的。重要的是尊重他人和寻求好的结果,这些想法很普遍。哲学家们试图深化我们对这些直观想法的理解,功利主义和康德主义应该被看作是这类尝试。同样值得注意的是,这两种观点在历史上是竞争对手。虽然在许多情况下,合理地应用利益最大化原则或者平等尊重原则会产生相似的结果,但有时,特别是在棘手的情境中,它们会导致不同的后果。有时通过这两种视角来看待伦理问题,能帮助我们理解是什么让一件事情变得棘手的。

然而,我们不认为一切与道德相关的事情都能归于这两个原则。现在也有其他一些伦理理论,它们也有自己的"主导原则"。稍后我们会讨论其中的一些理论。但首先,我们想要简单地评论一下我们所说的"原则"是什么意思。重要的是,你不要觉得我们给它界定得太过。我们用这个词来表达一些观点,即在道德审议中需要纳入一些因素(利益最大化、尊重人)。我们不是想说更深奥或更复杂的东西。这里的"原则"不是专门术语。例如,我们并不是说伦理可以简化为一套规则,也不是说所有的伦理推理都可以简化为将规则应用在案例上。事实上,我们并不这么认为。例如,我们认为,伦理推理涉及寻求一种平衡或找到折衷点的过程,它需要诸如智慧这样的美德。

其他伦理原则(或重要的伦理考虑)可能包括强调关系、强调共同体或个人成长。下面我们对每条原则展开讨论。

1. 关系。有一件能为我们的生活增加益处的事,就是我们与他人建立的关系。像友谊、陪伴、关怀和爱这样的关系具有内在价值,并且它们也增进了其他东西的内在价值。当我们分享体育赛事和音乐会时,它们会更有意思。我们都喜欢愉快的交谈。此外,我们生活在这样的关系中,它们提供了养育的环境。没有这种养育,儿童就不能成长为健康而有能力的成年人。因此,考虑我们的决定和行动对我们关系的影响,这是很重要的。

2. 共同体。我们可以从两个角度看待共同体。首先,一个共同体可以被看作一个关系网络。然而,共同体的形成往往是为了追求某种特定的善物(goods)或价值。例如,网球俱乐部的存在是为了促进一项运动,让共同体成员在打球时享受彼此的陪伴;学校的存在是为了促进学习。鉴于此,一些活动可以被视为不道德的,因为它们扰乱了共同体。这可能意味着它们破坏了共同体所赖以形成的关系,也可能意味着它们破坏了共同体存在的价值。在网球比赛中作弊的人会破坏这项运动的内在价值,也会破坏个人的关系。学校服务于诸如学习和追求真理之类的价值,这些价值会受到诸如学术欺诈等弊端的扰乱。我们经常可以通过考虑一项行为能否维系共同体,来对其进行评判。

3. 品格塑造。在行动中,我们创造了自己。我们形成的习惯和倾向也通过行为反映出来。当我们回应或忽视他人的痛苦时，我们会或多或少地敏感于他人的需求。如果我们骗人，那我们不仅做了不诚实的事情，而且开始变成不诚实的人。通常，"我是一个诚实的人，所以我只骗这一次"是一种严重的自欺欺人的行为，它忽略了我们通过行动建立自我的程度。如果这种说法成立，那么我们的选择和行为也可以根据它们想把我们变成什么样的人来加以评判。我们可能会问："我想成为这样的人吗？"

这三个"原则"中的每一个都为评价行为和决议中具有伦理意义的事物提供了新见解。也许它们隐含在我们之前在本书中说的许多内容之中。（形式上它们都可以被认为是后果论。）但它们也是新晋的伦理学观点的一些方面，这些观点认为自己是对康德主义和功利主义的批判。一些女性主义者（feminists）发展了关怀和关系的伦理，担忧传统哲学忽视了这些伦理的重要性。社群主义者指责传统哲学忽视了共同体的价值。那些强调美德在伦理中的重要性的人，认为康德主义和功利主义倾向于用一种认知的方法，而不是通过品格来进行道德判断。我们不是要对这些理论上的争议做更多的评论，这不是我们的本意。但我们确实认为，这些观点所包含的各种考虑因素具有伦理意义，值得认真思考。

下面我们提供了一些补充案例以供你考虑或撰述。我们希望你将继续使用我们在本书中强调的概念，并把它们作为工具来使用。但是我们也想鼓励你问一些问题，比如："这对关系有什么影响？""共同体在其中是加强了还是削弱了？""这对道德发展有什么影响？"

而且，我们不认为这三个"补充的观点"已经穷尽了伦理判断中与道德因素相关的领域。当你思考这些补充案例时，你可能会问自己，是否还有其他道德原则可用于反思伦理议题。

## 案例1：友善支持还是性骚扰？

这种事又发生了。她感到很不舒服，但也许这只是她脑子里的想法。玛丽亚·桑切斯(Maria Sanchez)在邦纳维尔高中进入了第三个试用期，她的教职审核正在进行中。在地方政策要求保密的情况下，她的校长艾尔索普先生(Alsop)也尽其所能，将进展情况告知她。

桑切斯在社会研究方面是位谦逊的好老师。她的学科背景在欧洲历史上有一点单薄，但她已经努力提升了。在任教的第一年，她在两个班里都遇到了些纪律问题，但同样也都有所改善。她每两年一次的评估，只有一次除外，其余的都令人满意。她认为自己有机会获得终身职位。

她需要艾尔索普先生的大力支持，然而，这就是问题所在。许多女教师都议论过他没有分寸感。有时他会在教师会议上讲一些下流的笑话，一点也没有察觉到有些女教师脸红的迹象。在公共场合，他会用类似的姿势搂住男老师和女老师，以显示风趣和同事情谊，有时似乎还会有一点点爱抚。有传言说他经常和别人鬼混，一些女性说他让她们起鸡皮疙瘩。但是他是一位善良、高效和好心的校长，上级部门也尊重他的决策力。

桑切斯感觉有点被他吓到了。也许这只是她的想象，但似乎从今年开始，在地区和职员会议上，艾尔索普先生总是设法坐在她旁边，他的膝盖会轻轻地碰她的膝盖，有时他会拍拍她的手背以示安慰，有时他只是看着她微笑。

今年3月份，他们在他的办公室里会面，讨论她的教职评估进展情况。他明确表示，自己必须对某些事情保密，但他是那种吃顿好饭、喝杯好酒，有时就会说多了的人。他想知道他们能否一起吃晚饭。他们可以讨论欧洲历史、教学和学校政治。当然不是涉及私人的！也许除了她的教职评估。

他伸手去拉她的手说："可以吗？今晚？"

思考题

1. 你认为艾尔索普先生是在性骚扰桑切斯，还是仅仅表示作为一位校长的支持？
2. 你认为桑切斯有理由感到不舒服吗？感觉不舒服和被性骚扰是一样的吗？
3. 在学校环境中什么事情可以算是性骚扰？
4. 你认为每所学校是不是都应该有一项反对性骚扰的政策？如果是，它应该是什么？应该提供什么样的程序来实施它？如果不是，为什么不是呢？

## 案例2：虐待？疏忽？还是没什么好担心的？

下课后，玛丽·苏(Mary Sue)来到布劳迪(Broudy)女士面前，看起来有点害怕。她承认也许她不应该这样对她的朋友，但是她担心她的朋友，不得不告诉别人。周末的时候，苏和她的朋友金姆(Kim)在一起过夜，金姆给她看了她胳膊上的伤口，告诉苏她在家里再也受不了了。这和金姆的父亲有关，但她不愿意具体透露什么。苏担心金姆可能被骚扰，或者被殴打，或者是在自杀之前自残。

布劳迪女士向苏保证，如果事情真的像苏说得那么糟糕，她会和金姆谈一谈，然后去找学校的法律顾问。第二天，布劳迪女士让金姆课后留下来。她问金姆家里是否一切都好，金姆说没事，挺好的。布劳迪问她与父亲相处得好不好，金姆的父亲是这个地区一所小学的校长。金姆涨红了脸说，当然。但是当布劳迪女士要求看金姆的胳膊时，金姆拒绝了，并说这是私事，与她无关。布劳迪的确注意到了金姆手腕内侧的创可贴，但是金姆只是说那是毒葛引起的皮疹。布劳迪问她需要任何帮助吗？金姆说："不需要。"

布劳迪女士对此有些怀疑。学校有明确的政策，即使仅仅有虐待儿童的嫌疑，也要向学校辅导员和校长报告。布劳迪女士没有犹豫，她把整件事情都告诉了他们。校长知道金姆的父亲也是一位校长，就笑了。他不相信会有这样的事。咨询师说她会和金姆谈谈。

一个星期过去了,金姆在班里似乎变得更加格格不入,有一天她脸上出现了瘀伤。布劳迪女士去找咨询师,想知道在金姆的面谈中发生了什么事。咨询师说,在她的专业意见中,她没有什么确凿的东西可以向当局报告。她打电话给金姆的父母,想了解下他们认为家里发生了什么事。母亲无话可说。父亲说,金姆只是有点喜怒无常,长大后会好起来的。咨询师告诉布劳迪女士,她已经向校长汇报了这一切,校长同意她的想法,即没有足够的证据向当局告发。

布劳迪女士回到自己的房间去找苏。苏在哭。她说,金姆最终告诉了她,她的父亲虐待了她。金姆越来越绝望。苏担心金姆会对她自己做些什么。布劳迪女士回到校长那里告诉他最新的情况。他问布劳迪女士是否有比以前更确凿的关于虐待的证据。他想知道,相比于一个想象力丰富的青少年所说的"二手言论",是否还有更确切的东西来证明。布劳迪说没有,但她觉得应该做得更多。校长向她保证,她已经尽了自己的职责,他也尽了自己的职责。除了继续关注这件事以外,没有别的事可以做。校长请布劳迪女士随时让他知道相关的情况。

**思考题**

1. 你同意校长对这件事情的处理吗?为什么同意,或为什么不同意呢?

2. 如果事实证明这不是一起虐待儿童的案件,那么这可能是一起忽视儿童的案件吗?父母是否忽视了金姆明显有严重问题的迹象?忽视和虐待之间有区别吗?一所学校的老师或校长是否有义务报告孩子被忽视的情况?向谁报告?

3. 在可能发生虐待或忽视儿童的特殊情况中,是否需要考虑正当程序?严格遵守正当程序不会对孩子不利吗?

4. 父母有权或应该有权体罚孩子吗?

## 案例3:关于泰勒·罗伯茨的流言

"你说你找的新数学老师叫什么名字?"特雷弗·亨特(Trevor Hunt)问道。

"罗伯茨,泰勒·罗伯茨(Taylor Roberts)。"萨姆(Sam)回答说,"能找到他,我们真的很幸运。露辛达·克雷默(Lucinda Kramer)因为怀孕,不得不在年中突然辞职,这让我们陷入了困境。我以为我们要用4个月的时间来找代替她的人。你知道这有多糟糕,尤其是数学这样的学科,很难找到好老师,也没有好的代课老师。我想着,在明年9月前得找个先将就着,到时我才有机会找到一位在数学各方面都合格的人。有一天,在密苏里州取得了数学证书的罗伯茨从街上走了进来,说他正在找工作。"

萨姆·凯彻姆(Sam Ketchum)和亨特是老朋友。他们都是内布拉斯加大学的本科生,都在那里学习教育专业。大学毕业后,凯彻姆和亨特都在瓦尔多斯塔教书,凯彻姆教英语,亨特教体育。几年后,两人都开始在联合国大学攻读教育管理研究生课程,同时继续教书。两人都获得了硕士学位,不久凯彻姆就获得了他的第一个管理职位——在瓦尔多斯塔的一所中学担任助理校长。一年后,亨特在密苏里州的一个小镇上得到了一个类似的职位。多年来,他俩的事业蒸蒸日上,现在都成了督学——凯彻姆住在瓦尔多斯塔,亨特住在密苏里州的艾恩顿。尽管他们不住在同一个地方,但一直保持着密切联系。他们的妻子和孩子也是朋友,并且他们经常在假期里互相拜访。有一次,他们坐在凯彻姆家的院子里喝酒,聊起了关于泰勒·罗伯茨的话题。

"我们曾经有位叫泰勒·罗伯茨的老师,他在我们学校教了好几年数学,"亨特说,"他是位好老师,但是他给我们留下了巨大的阴影:他被指控猥亵他的一名学生,一名十四岁的女孩。但我不认为这和你说的是同一个人,那是四五年前的事了。我不确定罗伯茨离开后去了哪里,我再也没有听到关于他的任何消息了。不过,这确实在我们那儿引起了轩然大波。"他停顿了一下,说:"不过你查过他的资料,对吧?"

凯彻姆看上去有点担心。"嗯,当然,我查过他的资料。他在克雷顿教书,克雷顿是吉拉多角附近的一个小乡村。他们说他是位好老师，没有引起任何麻烦。我有他以前的督学和校长为他写的推荐信。"他停顿了一下，"不过，密苏里州有数学相关资格的老师不可能有太多叫泰勒·罗伯茨的，我想我最好核实一下。"

第二天，凯彻姆把罗伯茨叫到他的办公室，直截了当地问他是否在密苏里州的艾恩顿工作过。罗伯茨听后脸色就变了。

"该死的，"罗伯茨哭了，"我该怎么做，去蒙古找份工作吗？这个糟糕的故事将伴随我的余生！"他接着说他从未猥亵过任何学生。他说，故事里的那个女孩迷恋上了他。"就像有时，青少年对待他们的老师那样，"他说，"我劝阻了她，但她变本加厉，给我发暧昧消息，晚上给我打电话，甚至开始跟着我。最后，我很生气，告诉她别这样，否则我要和她的父母谈一谈。就在那时，她开始散布关于我们关系的谎言，告诉人们诸如我向她求爱之类的事情。这纯粹是报复，因为我拒绝了她，但是我没有办法为自己辩护。我的生活变得如此糟糕，以至于我不得不离开。也就是那个时候我去了克雷顿。"

"那你为什么要离开那儿？"凯彻姆问。

"我离开，是因为四年后艾恩顿的故事不知怎么传到了克雷顿，人们开始议论纷纷。家长们去找校长，要求不让他们的孩子上我的课；我的朋友开始躲避我；在休息室里，其他老师不再和我坐在一起。然后有几个容易被别人带着跑的、缺乏辨识力的女孩开始说我对她们说了不当的话。我的生活又变成了人间炼狱。于是我去找督学，提出如果他能帮我做推荐，我就辞职。他同意了，我就是这样来到瓦尔多斯塔的。"

他停下来，看着凯彻姆的眼睛。"我从来没有被判有罪，不管是在艾恩顿还是在克雷顿。我甚至从来没有被正式起诉过。因为一个头脑不清楚的青少年，我将不得不空耗我的一生，在不同的工作中辗转变化吗？好吧，我不要，我受够了。"他几乎大喊道，"我离开这儿的唯一原因就是你炒了我！"他猛地一转身，冲出了办公室。

**思考题**

1. 这是一种可能性。因为罗伯茨是瓦尔多斯塔的新手,他没有终身教职。在大多数州,这意味着可以出于任何原因,或无缘无故地,解雇他。因此,凯彻姆可以不用解释原因或提出异议就解雇罗伯茨。如果是你,会这么做吗?为什么会这么做,或为什么不会这么做呢?

2. 如果你解雇了他,当罗伯茨申请下一份工作时,若要求你写一封推荐信,你会怎么写?你会无视关于他性癖好方面的流言吗?

3. 如果你决定不解雇罗伯茨,你如何履行保护学生不受伤害的责任?

## 案例4:荣誉课程和董事会政策

菲利普·华莱士(Phillip Wallace)是詹姆斯敦市学区——美国东北部一个大型城市系统——的负责人。詹姆斯敦有许多与大城市相关的问题,但它也有稳定的中产阶级人口,包括白人和少数族裔父母,有社区对学校的高度支持,以及来自许多银行、保险公司和其他在詹姆斯敦安家的金融机构的大量税收。

华莱士博士的麻烦源于约翰·雷纳(John Rayner)一家,他们在雷纳高三前的那个夏天搬到了镇上的另一头。雷纳上的是西部高中,搬家后他转到了东部高中。他是一名黑人学生,从初中开始,他就是一名超常的天才学生,成绩一直都是 A,学业能力初步测验(Preliminary Scholastic Aptitude Test)的分数在语言和数学上都超过 750 分,在三大运动中都是校队运动员,而且是他这一届的学生会主席。他想进入任何一所常春藤联盟学校都是十拿九稳的,耶鲁大学是他心仪的大学,他打算在那里攻读物理专业。开学那天,他见了他的指导老师,拿了他的课程时间表。就在那时,他发现他被安排在了"物理-E"的课程中,而不是"荣誉物理";如果他还在西部高中,他就会上"荣誉物理"这门课。他不熟悉这种给课程贴上标签的方式，所以问他的导师这是什么意思。他的指导老师解释说："'E'意味着这门课程将丰富像雷纳这样的优秀学生的物理知识。""物理-E和荣誉物理一样吗？"他问道。"差不多，"他的导师解释说，"在东部，我们不像在詹姆斯敦的其他高中那样称其为荣誉课程。这是我们今年正在试验的一种新体系。"

雷纳对这个解释很满意，开学的头一两个星期过得很顺利。事实上，他为物理老师克雷默夫人（Kramer）对他的明显关注而感到高兴。克雷默夫人对他的关注能够确保他可以阅读具有挑战性的材料，进行额外的实验，并且在他空闲的时候可以自己去实验室工作。雷纳注意到班里还有另外三个学生也受到了同样的关注。而令他烦恼的是这门课上的其他学生和克莱默夫人的常规课程。这些学生很聪明，也很有活力，但他们显然和雷纳不在一个层次上。这并没有特别困扰他，因为从一年级开始，他就一直是班里的第一名。他已经习惯了，也没有因为自己的学术才能而自我膨胀。然而，他们肯定也不是荣誉等级生。更令人担心的是克雷默夫人的教学、课本和其他课程材料。这些都与班上大多数人的水平相适应，因此，雷纳常常发现自己在等着新的内容，而班上的其他人却在为他马上就能掌握的一个概念而苦苦挣扎。因为雷纳曾经被告知这门课就像一门荣誉等级的课程，所以他感到很吃惊。物理-E肯定和他在西部高中时修的那些荣誉生物与化学课不一样。

两周后，雷纳向他的父母说了说他的物理课程。弗雷德·雷纳（Fred Rayner）很吃惊。"东部高中当然有一门荣誉课程。董事会的政策是所有高中的每一门主科都要开设这类课程。这有点可疑，我要和校长确认一下。"虽然他没有这样对雷纳说，但是他怀疑可疑之处仅仅是种族歧视：雷纳因为自己的种族而被禁止参加荣誉课程。

弗雷德和校长苏珊·萨林斯基（Susan Salinsky）约了时间面谈，事实证明弗雷德是对的,尽管在东部高中没有"荣誉物理"这门课,但种族还是与此事有关。东部高中曾经提供了物理、化学和生物方面的荣誉课程,然而,去年科学部门决定要正视其荣誉课程涉及种族歧视这一事实。虽然少数族裔学生占总学生数的34%,但他们中上荣誉课程的仅仅占2%。学生入读荣誉课程是根据基础成绩、测验分数和老师的推荐来决定的。然而,即使放宽这些要求也无法改变荣誉课程学生的种族构成。老师们认为,除非从根本上扩大荣誉课程的规模。不过,这也使得荣誉课程的高度个性化和"项目导向"变得不可能。此外,实行荣誉课程导致所有最有天赋的学生从相关的常规课程中退出,老师们认为这样做的结果是非常不理想的——他们都认为,当将这些有天赋的学生纳入到常规的生物、化学和物理课堂中时,这些课程的效果会更好。因此,在萨林斯基博士的批准下,该部门决定结束荣誉课程,将所有有天赋的学生重新纳入常规课程,并为那些通常选入荣誉课程的学生开发一系列丰富多彩的活动。"那样的话,"萨林斯基总结道,"每个人都会受益。像雷纳这样有天赋的学生享有非常丰富的项目活动,而其他的学生则因为有他们在课堂上而受益。"

"但我认为教育委员会的政策是在每所高中开设科学等专业的荣誉课程。"弗雷德说。

"严格按政策来说,这是对的,"萨林斯基回答说,"但是我们的丰富项目致力于同样的目的,这完全符合董事会的政策。"

"董事会批准你对其政策的解释了吗?"他问道。

"没有专门批准,"萨林斯基说,"然而,很明显,我们有权做出这样的解释。詹姆斯敦教育委员会在该地区采取校本管理(site-based management)的方式。这给了各所学校相当大的自由来决定各自的课程和运作方式。我们的老师认为荣誉课程不适合东部高中。"

"不知道我的理解对不对,"弗雷德说,"代表詹姆斯敦居民的教育委员会制定管理学校的政策,这些政策大致上反映了詹姆斯敦居民的意愿。其中一项政策是让每一所高中在所有主要学科上都开设荣誉课程。然后,他们制定了一项政策,规定决策制定应尽可能接近决策实施的层级,也就是你说的'校本管理',现在你声称第二项政策让你的教员有权忽略董事会本身制定的任何政策,也就是代表共同体意愿的政策。所有这一切的结果就是我儿子在镇上其他所有高中都可以上的,以及任何大学招生委员会都会认可的荣誉课程的资格被剥夺了。我说得对吗?"

"好吧,是的。"萨林斯基说,"但是,你忽略了……"

"我想我需要和督学谈一谈。"弗雷德起身离开时说道。

第二天,弗雷德带着这个问题,很不高兴地出现在了华莱士的办公室里。

**思考题**

1. 如果你是华莱士督学,你会怎么处理弗雷德的投诉?

2. 东部高中的科学教师从他们的课程中取消了荣誉课程,是否违反了某些民主原则? 违反了什么原则呢? 为什么?

3. 假设东部高中建立了一个"管理委员会",即由教师、校长和家长代表组成的董事会,该委员会打算以与地区教育委员会相类似的方式运作(也就是为东部高中制定政策),再进一步假设委员会已经授权取消荣誉科学课程,这会使教师们的行为合法化吗? 为什么?

4. 正如这个案例所展示的,当学区批准学校的校本管理计划时,可能会出现问题。学区如何将这些问题发生的可能性降到最低?

## 案例5:诚实的问题

布莱恩(Blain)先生喜欢翻阅旅游指南。当家里气温低于零度,积雪堆到办公室窗户的时候,他特别喜欢通过浏览旅游指南寻找温暖和阳光充足的地方。作为生活和工作的地方,明尼苏达州北部有许多值得称赞之处,但在布莱恩看来,二月除外。

幸运的是,艾伦联邦学校教育委员会为其督学提供了一笔可观的职业发展津贴。这项津贴可以用来支付参加专业会议的旅费。一般来说,这笔钱足够支付飞往佛罗里达、亚利桑那和南加州等偏远而温暖的地区的机票。它甚至还够付一星期好酒店住宿和几顿一流晚餐的费用。

其中的诀窍是发现在合适的时间、合适的地点举行的好的专业会议。幸运的是,那些组织督学会议的人注意到了温暖和阳光会对参会带来的一些积极影响。在冬天,似乎非常合理地,会议就定在了南方。

当然,布莱恩先生不得不承认,他参加过一两次他不感兴趣的会议。去年有一次他参加了城市教育协会的会议,而他所在的学区几乎不属于城市,实际上当地鹿的数量超过了学生的数量。五年前有个关于人工智能的会议,参会时他一个字也听不懂。尽管如此,参加一个他根本不感兴趣的会议也还是可以的,这对他的消遣活动的影响不大。

这倒不是说,布莱恩先生不在学校时,完全不关心他的督学职责。当会议似乎涉及他所在学区的潜在利益时,他通常会带着工作去参会。确实,布莱恩先生觉得学区这笔钱花得值。他经常学到一些有用的东西。即使学不到什么,但当他从暖和的地方回来,并且休息得很好时,也能把更多的时间和精力投入到学校的福利事业中去。这买卖挺划算的。

这种安排也不太可能引起麻烦。教育委员会总是会批准他的旅行。尽管旅行背后的消遣意图是显而易见的。回来后,他没有试图隐藏自己晒黑的皮肤。这种安排演变成了一种附加福利。这对他有好处,并且没有损害学区的利益,也没有人提出反对意见。这样他为什么不能用他的职业发展津贴去度寒假呢?

**思考题**

1. 你认为布莱恩先生的行为是不诚实的或者不道德的吗？为什么是，或者为什么不是呢？

2. 教育委员会默许了他的"寒假"，他们是否对此进行了合理解释？如果他们只是给他一个带薪的寒假，以此作为一项附加福利，这是否合理？

3. 假设因为有这个寒假，布莱恩作为督学变得更高效了，这能够用来对其行为进行辩护吗？

## 案例6：正直的问题

她接到的命令很明确，而她尽全力想改变决议，但董事会不同意。董事会要求她执行这一决议，但她做不到。她深信这不仅是个过失，而且是错误的。

桑德拉·琼斯（Sandra Jones）担任新希望非传统中学的校长约15年了。在这段时间里，她成功地创建了一所非传统学校，为选择去该学校上学的那些孩子提供了很好的服务。进入这所学校就读的孩子们背景各异、能力各异，但他们有一个共同点，那就是他们在一般课堂上表现不好。其中一些学生有常见的行为问题。他们在学术上没什么天赋，并且抗拒那些似乎一直向别人展示他们劣势的学校。然而，有些学生却极具天赋，但是他们很难理解，为什么他们应该学习别人为他们挑选的东西，而不是追求他们自己的兴趣。琼斯的学生在学业表现上与其他学生差距甚大。

她管理的这所学校，几乎没有什么规则，其中的许多规则还是学生自己制定的。学生的课程高度个性化，唯一的要求是学生要把时间花得有价值。长期偷懒是不被接受的。由年龄较大或较有天赋的学生来教年龄较小或天赋较少的学生，而老师们提供了很多个性化指导，甚至更多的个别咨询。

琼斯认为她的学校很成功。她建立了一个学校共同体，老生帮助新生融入学校生活，许多学生得到了重塑，成为好公民和有贡献的人。她的学生的成绩仅仅略低于地区平均水平。想到她的学生中，有一些人只是随机填写标准化测验卷来表达他们对考试的厌恶，她认为能获得这样的成绩是很了不起的。

不幸的是，这并没有给教育委员会和新督学留下同样的印象。令他们印象深刻的是对卓越的要求，这对他们来说意味着更高的期望、更严明的纪律、更多的必修课和更频繁的测试。他们对在"新希望"所看到的状况并不满意，它的课程与他们追求卓越的理念并不一致。

去年，委员会决定视察"新希望"，他们任命了一个分委会，由新督学领导。最近该分委会提出了报告，并给出了自己的建议。报告对新希望缺乏卓越表现表示惋惜，虽然他们建议新希望办下去，作为该地区的非传统学校发挥作用，琼斯继续担任其校长，但他们也建议新希望应该符合该学区其他地方的课程和纪律惯例。尽管琼斯强烈抗议，但董事会还是采纳了这些建议，新督学向董事会保证，他们将严格遵守。

琼斯知道这些新政策会破坏她精心制定的项目。她认为这会毁掉新希望的许多学生，以及一些老师。她根本无法执行委员会的建议。

她曾打算辞职，她不能问心无愧地执行董事会的政策。然而，当她向一些老师表明了她的打算后，他们提出了另一种选择，他们建议她设法去推翻董事会的政策。一位老师建议说："为什么不告诉他们那些他们想听的，而做你想做的呢？"近几天来，她从一些老师和学生那里听到了基本一致的建议。

她认为这也许是可能的，委员会的建议在言语上有很多模棱两可的地方。此外，董事会和督学都不太愿意到"新希望"来视察，她是他们主要的信息来源。她可以做一些表面上的改变，继续照常管理学校。至少她可以这样试一试。

问题是，这种策略让人觉得有些不合适，她要么变得不太诚实，要么颠覆董事会的政策，对这两件事她都感到不舒服。另一方面，她的学校对许多学生而言已变得至关重要。她是否应该辞职,把他们交给一个热衷于执行董事会政策的人?或者她可以通过一些小伎俩挽救她的项目,她应该试试吗?

**思考题**

1. 如果琼斯认为自己良心上不能执行董事会的政策,她是否有道德上的义务辞职?为什么会这样呢?

2. 如果这样做的结果真的对她的学生有益,那么她试图推翻董事会的政策是错误的吗?为什么?

3. 你建议琼斯做什么?

## 案例7:奖励或同情?

泰迪·克莱门斯(Teddy Clemens)依稀记得他一直赞成绩效工资。那是在他不得不实施它之前。作为红布拉夫小学的校长,今年挑选几名获得特别绩效加薪的教师的任务落到了他的肩上。此外,今年董事会真的开始考虑绩效工资的事,奖金的数目很诱人。

决定谁能拿到绩效工资并不那么容易。泰迪尽职尽责地征求了他的教员们关于他该怎么做的建议,他们已经表明这是他自己的选择。很明显,这件事争议很大,教师们希望能让一些管理人员承担责任。教师们不愿意直接参与他的决定。克莱门斯要求教师们通过给他递信,建议谁可以获得绩效奖金。

教师们很乐意交信。克莱门斯发现结果令人吃惊,而且信息量很大。对于谁是真正优秀的教师,教师们有合理的一致意见。只有一个人选困扰着他,那就是安·本特利(Ann Bently)。

本特利是一位年轻的教师。她刚刚获得终身教职,并且这个决定是最近的事情。不是因为她本身的教学能力,而是因为她在三年的试用期中不断进步,才促使克莱门斯推荐她。通过不断发展,她可能会成为一名令人满意的教师。

但是今年她并不令人满意,她的教学质量明显下降。家长们的抱怨越来越多,对她的评价很差。她的表现几乎乏善可陈。然而,全体教员都提到她应该获得绩效加薪。

泰迪认为他能理解。本特利经历了灾难性的一年。她的丈夫死于一场车祸,留给她两个年幼的孩子、一点保险和一大堆待还的账单。他知道本特利经济拮据。显然,其他人也都知道。本特利畅谈自己的难题,泰迪认为这可能没什么。但她有一种独特的魅力和柔弱感,很容易引起别人的关注和同情,她从他的老员工那里得到了很多父母亲般的爱,泰迪认为这是值得称赞的。他的教员们都是好人,他们互相关心。

但很明显,本特利是同情票的受益者。没有人真的认为她是一位优秀的老师,只是每个人都想帮助她。因此,他的职员试图巧妙地建议他让这个可怜的孩子休息一下。正如一封信所说:"在这种情况下,她做得很好,额外的收入肯定会有助于她集中精力教书。"

也许这是一个正确的想法。如果他把钱给本特利,可能会帮助她更专注于她的工作。她当然需要它。这个想法值得称赞的地方很多,但是,绩效加薪难道不应该给那些凭能力挣得机会的人,而不是那些需要加薪的人吗?

**思考题**

1. 如果你是泰迪·克莱门斯,在这件事上你会怎么做?为什么?
2. 作为管理者,在类似本案例的情况中,考虑人们的需求比给予他们应得的东西更重要,是吗?你能举出几个例子吗?在这种情况下,为什么人道对待比公平对待更重要?

## 案例8:利益冲突

克莱蒙特公立学校的督学约翰·托宾(John Tobin)饶有兴趣地听着菲利普·

麦克达夫（Philip McDuff）对董事会其他成员的讲话。麦克达夫正在做一场相当慷慨激昂的演讲，内容是克莱蒙特的教师的薪水有多低。麦克达夫应该是知道的。他和其中一位教师结了婚。

麦克达夫那时正在背诵一篇冗长的文章，这篇文章现在已经被公共教育领域的几乎所有人所熟悉。教师经常被欠薪，教师职业再也不能吸引最优秀、最聪明的本科生了，教师薪酬比从事科学、医学或法律的人都要低。此外，克莱蒙特的工资水平也落后于其他类似地区，它面临着无法吸引所需教师的危险。麦克达夫提议在接下来的三年里工资每年都要增长8％。如果托宾没记错的话，去年的增幅还不到2％。

并不是托宾反对加薪，事实上，他倾向于同意他的教师有资格得到这些。此外，高工资也使他的管理工作更容易。让托宾感到不安的是，麦克达夫已经成为董事会"大加薪"派系的领导人，麦克达夫经常大力支持"税务储蓄者"（tax savers）而不是挥霍者。要求加薪需要大幅增税，这样的主张有点不合时宜。托宾不禁想知道，麦克达夫的妻子会得到这样的加薪，这是否影响了麦克达夫对这件事的判断。

当然，麦克达夫的妻子是教师有时似乎是一件好事儿。麦克达夫似乎比其他董事更清楚克莱蒙特的教室里到底发生了什么。然而，在托宾看来，在这次加薪中，很大程度涉及了麦克达夫的个人利益。至少他应该在这件事上更圆滑一点，保持沉默。

**思考题**

1. 在这个案例中，麦克达夫有利益冲突吗？

2. 如果是，他是否应该避免参与有关教师薪酬的讨论？他是否应该投弃权票？他应该被要求弃权吗？

3. 如果麦克达夫在董事会任职期间,他的妻子谋求终身职位,他该如何表现?

4. 麦克达夫还有应该弃权的其他理由吗?教师或他们的直系亲属应该被排除在学校董事会之外吗?

5. 假设你是约翰·托宾,你被要求写一份政策,说明董事会成员应该做些什么,以避免此类利益冲突。你有什么建议?

## 案例 9:剥削

"普雷斯(Place)先生,我忍受这样的薪水已经五年了,但是现在我有个孩子在上大学,我需要钱,而不仅仅是工作。你得为我做的工作付钱,我不想再拿着兼职工资而做着全职工作了。"

普雷斯先生并不感到同情。劳拉·康纳斯(Laura Connors)接受这份工作时,对报酬和工作内容了如指掌,她现在没有权利仅仅因为自己需要钱就抱怨。普雷斯觉得他是在为像康纳斯这样的女性服务,让她们有了工作。

康纳斯是在阿伽门农高中夜校工作的十几名女性之一。夜校为阿伽门农的居民提供了各种各样的课程。摄影、流苏花边、油画等课程是其中的一部分。康纳斯在"第二次机会"项目组工作,这个项目帮助怀孕的青少年继续获得高中文凭。

夜校的所有项目都是用同样的方式安排的。课程由兼职的和按小时收费的女性来教授。只要她们的工作时间少于 20 小时,学区就不需要支付她们工资,所以不会允许有人每周工作超过 20 小时。按小时收费很低,两名兼职教师每周总共工作 40 个小时,她们的工资加起来大约是该学区一名全职教师工资的三分之二。通常夜校教师的资格考试与全日制教师类似,他们都大学毕业,大多数是有资格的教师,许多人还有硕士学位。

就时薪而言,即使是事实也多少有些误导,因为兼职教师的实际工作时间通常长于算进工资的时间。实际上他们并没有按照实际投入的小时数获得报酬,相反,他们的工资是根据工时来计算的,对这些工作的计算通常只包括教师的课时,以及每周一小时的备课时间。但是,教师们通常每周花一个多小时备课。此外,任何在课前或课后与学生一起工作的时间都不会获得薪资补贴,对于一名工时为 20 小时的教师来说,实际工作时间为 30 小时并不罕见。

普雷斯先生当然理解康纳斯的感受。然而,他觉得自己主要对项目负责,许多学生迫切需要这些项目,在"第二次机会"项目中尤其如此。但是,如果该地区支付兼职教师的实际工资与支付全职教师的实际工资相同,那么该地区根本负担不起这些项目。聘用低薪的兼职教师相比于其他方式,有可能实现更广范围的项目。他觉得自己没有责任去提高工资水平而削减项目费用。

最后,他认为工资应该由市场决定。事实上,阿伽门农学区有大量受过良好教育的女性,她们是阿伽门农众多专业人士的妻子。在学区里有世界上最大的计算机公司的研发部是有好处的。这些女性中的大多数并不是真的对钱感兴趣,她们去工作是因为她们希望可以在家庭之外做一些有价值的事情。普雷斯先生可以不止一次地把康纳斯替换掉。如果工资应该由市场决定,康纳斯的工资就过高了。

他试图向康纳斯解释这件事。"康纳斯,很抱歉我不能付给你应得的工资,如果我给夜校的所有人涨工资,我就不得不削减这个项目的预算。我想你不会想让我那么做的。你是一个有能力的人,或许,如果你真的需要钱,你应该找一份薪水更高的工作。"

## 思考题

1. 康纳斯被剥削了吗?
2. 一个人应该如何判断什么才是公平薪酬?康纳斯同意接受这份工作,这重要吗？如果她愿意的话，她可能会找到一份薪水更高的工作，这重要吗？

3. 在教育领域，康纳斯所从事的那种兼职工作主要由女性担任。通过雇佣兼职人员来削减成本的做法是一种性别歧视吗？

**案例10：借来的财产？**

汤姆·威克斯(Tom Wicks)到斯科茨代尔高中还不到几个月，就发现他的同事弗莱德·特雷弗(Fred Trevor)随意借用学校的财产，但他认为称之为"窃取"更准确。

斯科茨代尔高中是一所大型学校，有3000多名学生，两名副校长。威克斯担任了一个行政职位，这是他的第一个管理职位。虽然他的工作有一个令人印象深刻的头衔——教导主任，但实际上他把大部分时间花在了学生纪律上。这可能是学校管理中最糟糕的工作，但威克斯想做好它。他希望有一天能有一所自己的学校。

特雷弗在斯科茨代尔高中待了好几年，曾经是那里的教导主任。现在他被提拔，成了副校长。在威克斯看来，那是一份更有价值的工作。特雷弗负责课程、教师评价和员工发展。威克斯和特雷弗都向校长哈里·麦克弗森（Harry McIverson)汇报工作。

威克斯刚到斯科茨代尔不久，一个星期五的下午，他和特雷弗放学后碰巧一起穿过教职员停车场。特雷弗手上拿着一个大箱子、一个公文包和一个健身包，他不得不努力从口袋里掏出汽车钥匙而不掉落手上的物品。威克斯主动提出帮他拿箱子，但在拿的过程中，箱子掉在地上，破了。里面除了别的东西外，还有几叠纸、几个订书机、一个磁带分配器和几张头等邮票。特雷弗似乎有点恼火，但他解释说大部分工作他都是在家里做的，需要一些办公用品和设备。威克斯觉得这很合理。

几个月后的一天晚上,威克斯工作到很晚,他朝窗外瞥了一眼,看见特雷弗提着一盏大台灯正往外走。威克斯立刻认出了那盏灯。这是在学校的机械制图教室里使用过的。那间教室最近整修过,被改成了电脑室。那些旧设备,包括大约20盏装饰台灯,目前存放在学校的地下室里等待处理。

的确,这些灯现在是多余的。该地区甚至有可能决定把它们送给任何需要的工作人员。然而,这些灯仍然是该学校的财产,价值不菲(新款的售价远远超过100美元)。威克斯怀疑把其中的一件拎回家是否合适。另一方面,由于特雷弗说他经常在家工作,因此有可能认为学校应该为他提供他所需要的一切设备——当然他需要一盏灯,不能指望让他在黑暗中工作。

然而,昨天晚上,威克斯意识到他的上级同事的借用行为已经越线了。特雷弗和妻子举办了一个鸡尾酒会,邀请了威克斯。一大群人在特雷弗家中聚会。那天晚上,威克斯问洗手间在哪里,结果被告知在楼上。在走廊上走着,他经过一扇开着的门,注意到特雷弗的儿子克里斯正专心地看着电脑。威克斯停下来跟他打了个招呼,克里斯邀请他进来,试着打败显示屏上蜂拥而来的银河入侵者。当威克斯在电脑前坐下时,他注意到克里斯桌子斜上方的一盏灯。这是一盏大装饰灯,很明显是学校的。然后他看着面前功能强劲而昂贵的电脑,它的面板上贴着一个标签:斯科茨代尔教育委员会的财产。

**思考题**

1. 你将如何处理这件事?你会通知校长麦克弗森吗?为什么?

2. 如果你不愿意,那么本质上,你会是盗窃行为的共犯吗?

3. 一个学区会采取什么程序,来减少少数员工盗窃公共财产的行为,同时仍然把绝大多数员工视为诚实的人?

4. 将特雷弗的行为告知上级是不是与威克斯的私人动机有关?如果是,具体是怎么相关的呢?

## 案例11：办公室恋情

苏珊·马西森(Susan Matheson)不确定她对比尔的感情是什么时候超越了职业层面的。也许是她第一次在他教室里注意到他的时候。很明显,他简直是位超级好的老师。这不仅仅因为他的课程是精心制作并呈现的,而且他的个人魅力和智慧迷住了他的学生。不知怎么地,他总能和他带的班级出现在榜首,在同侪中名列前茅,同时他也能成为一群很难相处的学生的公认的权威和领袖。

也许他的能力早有显现,那时他正在面试卢布罗初中的职位。马西森对他那种男孩子气的、刚从大学毕业的热情以及他为贫困和少数族裔学生服务的公开承诺印象深刻。

不管她对他的感情是什么时候发生变化的,现在很明显已经变了。现在,不仅比尔的学生喜欢他,马西森也喜欢他。

比尔对这些反应迟钝。后来,他向马西森坦白说,他认为自己对她的吸引力只是想象出来的假象。一个多才多艺、举止得体的职业女性,尤其是这么有魅力的女性,怎么会觉得他有吸引力呢?甚至,他也很迟钝地才意识到马西森的行为意味着什么。毕竟,她是他的老板。和你的校长发生性关系对一位新老师来说可能不是一件好事。

就马西森而言,她一直在竭力克制自己对比尔日益增加的迷恋。这不仅仅是因为她是他的校长,以及这一切对他们的专业协作意味着什么。她的其他教职工也会受到影响。如果她和比尔有外遇的事被人知道了,她和老师们的关系肯定会受到损害。最后,还有她自己的家庭问题,虽然她长期受到自己婚姻的困扰,但她并没有打算解除它。

马西森对自己的风流韵事不抱有长久的幻想,她知道这一切终将结束。但与此同时,她的生活发生了变化,这里面充满了一种她多年来不曾有过、也许再也不会有的魔力,她为什么要放弃呢?此外,婚外情的有益影响不仅仅是个人的,她期待着,每天怀着一种新的热情进行工作,这种热情已开始在学校的运作中表现出来,卢布罗初中现在以一种多年未曾出现的方式活跃起来了。这当然是一件好事。

**思考题**

1. 人们——无论是已婚的还是未婚的——可能会有外遇。教育工作者之间的风流韵事比其他大多数人的更成问题吗?

2. 上下级也可能会有外遇。校长和老师之间的这种关系有什么特别的问题吗?

3. 假设比尔确实是一名优秀的教师,而卢布罗初中因为校长的风流韵事实际上运行得更好。如果你是马西森,你会如何处理这种情况?

## 案例 12：社会利益和个人利益

奈斯特高中在城里的名声是最差的。它的辍学率为 60%,学生公开实施暴力、破坏公物,他们的成绩也是全州最低的。尹曼纽尔·迪亚兹(Emanuel Diaz)5 年前刚任校长时,没人认为他能扭转局面。迪亚兹从社区开始入手,他去拜访了当地的商人、小企业主和工厂厂长,他们都同意他的意见,认为必须为这个社区做点什么。令人惊讶的是,迪亚兹让他们相信他们是其中的关键。他安排了足够多的勤工俭学机会,以便任何想要勤工俭学的学生几乎都能选择自己的职业。老师们很快就加入了这项事业,并尽可能地将他们的教学与学生的工作经历联系起来。学校教授实用数学和科学、技术和劳动史、工人文学,以及其他各种"应用"层面的知识。就像传染病一样,那些在工作上和学校里获得良好经验的学生将他们的热情传播给其他人。迪亚兹努力工作,确保他的"诊所"能为"新病人"提供空间。

现在,奈斯特高中在阅读分数、辍学率、破坏公物、犯罪和主观的"氛围"评价等方面的表现都有所改变,已位于全州最好的城市学校之列。

然而,出现了一个问题：来自奈斯特高中的少数几名学生申请名牌大学时被拒绝了。招生官员声称,奈斯特高中的课程不够学术性,而且这种经历过于狭隘,无法真正为学生进入大学做准备。迪亚兹想知道,他是否真的为学校和学生做了好事,或者他只是创造了一种社会救助机制,可以生产劳工,但不能提供真正的向上流动和个人成就的机会。

**思考题**

1. 迪亚兹先生在奈斯特高中所做的改变是否创造了与个人利益相冲突的社会利益?这里有道德问题吗?

2. 学校的主要义务是对社会还是对个人?这些义务的性质是什么?契约吗?法律吗?还是宪法?传统?伦理?请讨论一下。

## 案例13:学生的就业推荐信

在大型的学校系统中,学校顾问要处理各个地方提出的进行外部推荐的要求。古德(Goode)夫人在这种学校系统中接受过助理校长的培训。但在布什山联合学区,她作为校长,有项职责是回应当地未来雇主对学生的要求。这起初有点难,因为她不太了解学生。尽管如此,与学生事务教师细致的谈话通常会给古德夫人提供足够的信息,让她觉得这些评估是真实有用的——这往往是那些"罐装式的"推荐所无法提供的。她觉得自己有义务为未来的雇主提供一份真实的评估,评估学生的工作相关特征和学习成绩。毕竟,这是一所公立学校,应该为公众服务。

最近她接到了电工工会的电话,他们需要弗雷德·弗雷德里克斯(Fred Fredricks)的推荐信,因为他申请当学徒。古德夫人说她会再打过去,但她已经知道她遇到麻烦了,弗雷德可能是布什山学校最臭名昭著的高年级学生了。他欺负其他孩子、逃课、不做作业,总是被送到校长办公室,并且他不是太聪明。

另一方面,她收集了一些有关他的背景的一手资料,使得情况有些缓和。他母亲是个酒鬼,靠救济为生。他的父亲曾虐待过弗雷德,目前正因入室行窃而在监狱服刑。弗雷德在成长过程中没受到过什么关心,他反抗过自己的家庭。在古德夫人来到布什山之前的那些年里,老师们一直在努力帮助他克服他的反社会倾向,至少让他能通过每一年级,他们知道他需要帮助。事实上,尽管看起来可以毕业,但是他的平均成绩是该校历史上最低的。

如果古德夫人把他的成绩、缺勤记录和不用功的情况告诉工会,她知道他们会拒绝他的,但这可能是弗雷德一生中唯一一次有所成就的机会,成为一个负责任的成年人,她倾向于给出一个"罐装式的"、不做任何表态的推荐。直到她记起就在上周,报纸上有一篇报道说有所房子被烧毁了,原因是一名粗心的工人在安装开关时串线。

为了找到帮助弗雷德的适当凭证,她做了最后的努力。她去找他的商店老师,却发现弗雷德也不太会用工具,完成工作时很草率,而且往往会偷工减料。

**思考题**

1. 如果你是古德夫人,你会怎么做?你如何证明你的决定是正确的?

2. 学校应该作为社会的分类筛选机吗?这所学校有义务回答有关学生信息的询问吗?有什么限制吗?

## 案例14:保密、义务和友谊

亨利·亨德里克斯(Henry Hendricks)曾强调要亲自去了解学校的教职工。他记得学校管理方面的教授警告说,如果不保持适当的职业距离,主观的个人情感会影响到理应是非个人的、客观的、专业的决定。

但亨利一直是个爱交际的人。他的领导风格是个性化的,且行之有效。他在格罗弗·克利夫兰高中只待了五年,但这里已经变了,全体教员士气高昂,学校里洋溢着一种友善和谐的气氛。老师们都很喜欢他,工作也很努力。

亨利坐在克利夫兰体育部部长吉姆·奥斯汀(Jim Austin)对面的桌子上,这一切都在他的脑海里闪过。吉姆要求与亨利进行一次秘密会晤。他和吉姆在清晨慢跑时成了好朋友。亨利弄不明白吉姆那天早上为什么不跟他谈谈他的想法。不过,吉姆没过多久就说到了点子上。首先,他明确表示,这是一次机密谈话,如果他没有把亨利作为校长和朋友来尊敬,他就不会在这里。吉姆刚刚发现自己得了艾滋病,想在不被任何人知道的情况下尽可能长时间地待在自己的工作岗位上。

亨利的第一个想法是,他希望董事会能有一个关于艾滋病的政策。然后,他感到很尴尬,因为他首先想到的是自己以及怎么摆脱这事,而不是吉姆与死亡通知书的斗争。

亨利的下一步打算是把吉姆当作朋友来对待,告诉他要保守秘密,让他留下来。但是后来亨利开始思考他对学生和教职员的义务。吉姆是一名体育老师,让病毒传播是很可能发生的事情。亨利希望多了解一些艾滋病知识,但现在接受教育有点晚了。他需要做个决定。

**思考题**

1. 如果你是亨利,你会如何决定?你如何证明你的决定是正确的?疾病的性质影响了你的决定吗?

2. 管理者和员工之间的私人关系和任何程度的友谊最好都要避免吗?请讨论一下。

## 案例15:忠诚

这花费了多年的艰苦工作和团队努力。在许多同事的帮助下,南希·赖利(Nancy Reilly)在米尔福德学校系统中步步高升,成为该县第一位女督学。她为自己的成就感到骄傲,但她也知道,要克服这座城市的性别障碍,需要许多默默无闻的英雄(或女英雄)多年来在幕后的工作支持。现在赖利相信自己会成为米尔福德学校有史以来最好的督学,以此来回报所有的努力、鼓励和信任。这可能需要几年的时间,但她知道,她得到了教师和家长联盟的支持,一切都会好起来的,因为正如她的所有支持者所知道的那样,她对这份工作孜孜不倦。至少在担任这个职位之前,她和他们是这么想的。而该州的多数党似乎认为,他们赢得下一届州长选举的唯一途径,就是在最终面对反女性主义的指控时,把一名女性推上政府高层。教育专员的职位正在开放申请,他们听说了赖利的才华和奉献精神——她是米尔福德的第一位女督学。她正适合这份工作,时机和宣传报道都刚刚好。

他们联系了赖利,给了她这个职位。她在忠于米尔福德和忠于女性主义事业之间左右为难,更不用说她自己的雄心了。她告诉他们,她得考虑一下。

**思考题**

1. 如果你是赖利,你会做什么?忠诚是一种道德美德,还是仅仅是一种个人的倾向?

2. 契约是用来破坏的吗?一个人难道没有权利发展自己的事业吗?

## 案例16:学校比下水道更重要吗?

编辑

厄本维尔《星论坛报》

厄本维尔,纽约,14850

亲爱的先生:

我们作为厄本维尔教师协会的教师,必须抗议学校董事会打算终止明年教师招聘的行动。我们知道，鉴于厄本维尔市议会最近做出的不合情理的决定，董事会在这个问题上几乎没有选择。然而，作为对这个城市的儿童负责的、专业的教育工作者，我们不能让董事会的行动毫无阻碍地进行下去。

重要的是，《星论坛报》的读者要准确地理解问题所在。厄本维尔学区是一个依赖财政的学区。这意味着学校董事会必须向市议会提交预算，但同时也有其他市政府部门申请的预算，如有关公园和娱乐、公共服务、卫生、街道和下水道等方面的。去年9月15日，市议会从该地区最初提交的方案中削减了近200万美元。经过协商，该地区得以恢复部分资金，但明年的预算仍比今年低近150万美元。实施这一严厉削减措施的理由是该市下水道年久失修。市议会称，由于税收无法进一步提高，而城市下水道的状况非常糟糕，必须从其他城市服务中拨出资金进行维修和更换。事实上，地方议会声称下水道比学校更重要。

为了应对预算的削减，学校董事会不得不设法减少对厄本维尔儿童的支出。该董事会已决定终止明年的员工招聘。由于预计今年6月将有45名教师退休或以其他方式脱离这个体系，这些教师的学生将不得不分配到我们这些留下来的教师的班级中。我们估计这个地区的班级平均人数将增加近5名。

我们怀疑学校董事会或公众是否完全认识到了这一变化带来的影响。我们的班级规模已经过于庞大，很难提供学生所需的个别辅导。明年有更大的班级，将更不可能进行个别辅导。正如这个受到财政削减影响的例子，仔细批改所有作业的任务也无望达成了。

为了向公众证明董事会决议将导致的后果，教师协会的成员投票决定采取严格的措施。从下周开始，我们将停止布置需要大量课外时间批改的作业。例如，九年级的英语课每周不再布置论文，也不需要难度较高的主题。明年，由于班级规模比我们现在的更大，我们没办法布置这样的作业。我们老师愿意勒紧裤腰带，为解决这个城市的财政危机贡献自己的一份力量。我们也不愿意浪费自己和家人相处的时间来修理下水道。

我们对这样的做法深感遗憾,然而,我们别无选择。我们认为董事会的决议是不合理的。我们认为,学校董事会有责任抵制这些削减措施,而不是听从市议会考虑不周的意见;我们要求厄本维尔的孩子接受他们应得的教育。教育比下水道更重要!

艾伦·格里姆肖(Allan A. Grimshaw)敬上<br>
厄本维尔教师协会主席

**思考题**

1. 这是对的吗?教育比下水道更重要吗?你是怎么认识的?在一个民主国家,这些问题是如何决定的?

2. 专家在这些决策中扮演什么角色?具体地说,在决定教育相对于其他政府服务的重要性时,教师在其中的作用是什么?

3. 我们说过,政府政策几乎总是包含事实和价值前提。因此,民选代表也可能以民主的集体决议的方式犯错误。当一个社区民主地对教育价值做出错误的判断时,专业的教育工作者应该怎么做?

4. 厄本维尔的教师们将采取一种通常被称为"放缓"的工作行动,一种介于无所事事和罢工之间的集体行动。这种行为是否适合专业员工?

5. 财政依赖在美国的学校中相对少见。(大多数学校董事会采用预算,并根据预算征收各种税款。)将财政依赖作为资助学校的一种模式,请为此提供理由。也就是说,表明应该由市议会而不是学校董事会来制定学校预算。

## 案例17:砰!零容忍

那是一把枪,真的枪。詹姆斯(James)带了一把枪到学校。赫斯顿(Hesston)女士简直不敢相信。詹姆斯是个害羞的孩子,似乎和每个人都相处得很好。很难想象他会成为黑帮成员,而不是一个四年级的乖男孩。他拿枪干什么？但那把枪就在那儿。她看见他上衣下面有个鼓鼓的东西,但他拒绝脱下上衣。她问他上衣下面藏着什么。詹姆斯不善于隐藏武器,便把枪拿了出来,放在桌子上。这是一把真正的枪。詹姆斯是从他父亲的梳妆台抽屉里拿出来的。

谢天谢地,它没装上子弹。詹姆斯并没有打算射杀任何人。事实上,在他把枪带到学校之前,他已经小心翼翼地把所有的子弹都取出来了,但显然他是想威胁某人。她一点一点地从他那里知道了故事的全貌。每天放学后,两个比他大的男孩都会堵住詹姆斯。他们向他要钱。即使他拒绝,他们还是会拿走他的钱。如果他没有钱,他们就打他、推他。詹姆斯只带了午饭钱到学校。所以为了有钱给他们,他午饭也不吃了。"你为什么不告诉我,詹姆斯？"赫斯顿问道,"或者你为什么不告诉你的父母？"詹姆斯只是耸耸肩。"我觉得你什么都做不了,"他说,"如果你试图保护我,他们以后会加倍地伤害我。你能一直保护我吗？你要把他们关进监狱吗？"他的观点很有道理。学校并没有很好地处理欺凌事件。赫斯顿怀疑枪的作用并不是真的要威胁那些恶霸,而是为了让学校严肃对待他的问题。也许他能做成这事儿。

但詹姆斯不知道学区的零容忍政策。赫斯顿女士和学校校长奎尔（Quayle）先生都对如何处置詹姆斯没有任何决定权。于是她把他带到奎尔先生的办公室,把整个情况解释了一遍,把问题留给了他。奎尔先生惊呆了。他知道自己必须做什么,但詹姆斯的违规行为充满了可减轻罪责的情节,需要理解和同情,而不仅仅是强制执行。如果他报警,詹姆斯将被开除,并被列入"候补计划"。奎尔先生认为,至少詹姆斯可以在少年法庭上听取意见,但他不知道法庭对詹姆斯的遭遇是否有任何裁量权。学校显然别无选择。这就是零容忍政策的含义——没有自由裁量权,不考虑情境。他们不会和詹姆斯的父母讨论什么对他是最好的,也不会讨论裁决的教育后果会是什么。州法律根据联邦立法的要求实行零容忍政策。

詹姆斯的日子将不好过。

除非他能谨慎且私下处理这件事,并说服赫斯顿——她似乎很有同情心——为詹姆斯的利益而保持沉默。不,他不能那样做。无视枪支是违法的。为什么他不能和詹姆斯、詹姆斯的父母以及赫斯顿女士坐下来,决定该怎么做呢?这样的问题不应该这样解决吗?

**思考题**

1. 教师和管理人员经常声称,他们希望在这些问题上有自由裁量权,以便他们能够根据情境考虑减轻处罚,以关注到儿童的最大利益。这些是给他们更多自由裁量权的充分理由吗?自由裁量权适用于类似的情况吗?

2. 这里有两个关于零容忍政策的论证。

a. 我们需要传达一个信息,即对毒品和枪支是零容忍的。严厉且无例外的处罚可以传达这样的信息,孩子们也会听从的。让教育工作者和家长一起传达这样的信息并合力解决,从而使孩子在学校里可以远离毒品和枪支。

b. 教育工作者往往关注自己的领域,且心软。他们应该对适当的惩罚有决定权,这是件好事。但对他们来说,放过孩子是更容易的,教育工作者总认为孩子需要更多的机会。我们需要对教育工作者做同样的事情,就像我们对那些在犯罪问题上过于软弱的法官所做的那样——剥夺他们的自由裁量权,让他们施加严厉的惩罚。

这两个论证都是好的论证吗?

3. 奎尔先生违反法律保护詹姆斯,这在道德上是允许的吗?

4. 开除是对詹姆斯过错的公平的惩罚吗?

5. 假设驱逐詹姆斯是不公平的,但是严厉的零容忍政策确实减少了枪击事件和吸毒行为,这是否证明政策是合理的?

## 案例18：在辛德米斯高中隐藏坏消息

辛德米斯高中是西北大城市郊区奥克代尔一个小社区里唯一的一所高中。虽然奥克代尔并不大，但引人注目。它的人均收入是全州所有城镇中最高的。几乎所有的居民都是大学毕业，许多人拥有斯坦福大学、耶鲁大学和普林斯顿大学这类学校的高等学位。大多数人在附近的知名软件公司担任高管或工程师，或者是医生、律师或其他专业人士。

正如所料，这些受过良好教育和富有的公民非常重视社区的学校发展，他们将会并且能够非常好地支持奥克代尔公立学校系统（简称OPS）。OPS中的每名学生的支出是全州所有地区中最高的，其预算从未在民意调查中受挫。整个地区的教育工作者都羡慕它的教师和管理人员的工资。

鉴于奥克代尔的居民在学校上花费较多，他们也期望这些学校能为他们的孩子提供一流的教育。按照通常的标准，OPS大大满足了这些期望。辛德米斯高中尤其引人注目。辛德米斯高中几乎所有的毕业生都接受了高等教育，其中许多人与他们的父母上的是同一所学校。几乎没有人辍学。他们的SAT分数远远高于平均水平。辛德米斯高中在全州的成绩测试中一直名列前茅。督学萨拉·亚当斯（Sarah Adams）每年都会收集这些数据，并把它们提供给学校董事会和当地的报社。每年，董事会、教育工作者和奥克代尔的居民或许有点沾沾自喜，他们都为学校质量感到自豪。

除了考试成绩外，该州每年还会公布衡量其境内每一所公立学校表现和特点的其他指标。简单地列举一下，这些数据包括：师生比、严重的学生暴力和吸毒案件数量、生均教师和管理人员工资比、每所学校家长的平均社会经济数据，以及被列为有特殊需要的学生人数。州教育厅在其网站上公开了这一庞大的数据集，任何人都可以将某一所学校与该州的其他任何一所学校或所有其他学校进行具体和直接的比较。事实上，这正是教育部的目的。

教育部的理由是，如果学校要对家长和公民负责，这些当事人就需要有客观的、现行的成文标准，包括各类学校的各种投入、特点和成果，这些标准将使他们能够将自己的学校与其他学校进行比较。这个州的数据集使得家长们能够很容易地获取和回答一些关于他们学校的非常具体的、对比性的问题。例如，他们可以问："去年，警察到我孩子所在学校的次数比到这个地区其他学校的次数多吗？"任何能接触电脑的人都能在几分钟内回答这个问题。

可惜的是，几乎没有市民知道这个数据集，更不用说它的用途了。此外，教育工作者早就认识到进行这种比较的一个基本问题：除了学校运行的质量之外，还有许多因素对学生的成绩有实质性的影响，在进行学校之间的比较时必须考虑到这些因素。

然而，许多教育工作者没有认识到的是，最近统计学家在发展考虑这些其他因素的技术方面取得了相当大的进展，从而使各学校之间的直接比较更有据可循。正是这些被冠以"分层线性建模"的技术，导致了督学亚当斯的问题。

它始于辛德米斯高中的音乐老师妮可·弗洛伦萨（Nicole Florentine）在州立大学上了一门名为"多元分析主题"的课程。弗洛伦萨是个有才华的音乐家，和许多音乐家一样，她在数学方面也很有天赋。她喜欢数学，喜欢做定量研究，希望有一天能在奥克代尔中心办公室担任项目规划与评估办公室主任。事实上，亚当斯正是因为那份工作而注意到了弗洛伦萨。

在"多元分析主题"课中，有两件事发生了：弗洛伦萨学会了如何使用分层线性模型，她认识到它们在分析州教育部网站上大量未使用的数据集方面的潜力。在和她的老师讨论过这个想法后，她开始着手准备一份学期论文，评估辛德米斯九年级学生与其他学校九年级学生的代数成绩。

结果令人惊讶。辛德米斯学生的代数成绩肯定高于平均水平，但即使他们的个人和家庭具备优势以及学校资源丰富,情况也并没有好太多。在一些资源少得多的学校中,条件较差的学生的表现似乎优于在辛德米斯的学生。弗洛伦萨详细地报告了这些发现,并以强烈敦促对评估学校表现感兴趣的公民更多地使用州数据来总结论文。当学期结束论文返回时,她的导师麦凯布教授(McCabe)在论文的空白处写了很多溢美之词。他认为她已经正确地架构了论文的中心问题,她的分析是经过深思熟虑和论证的,研究发现也是令人信服的。他给了她一个"A",并写道,如果她曾经想过回到教育研究和统计学的全职研究生工作中来,就去找他。

弗洛伦萨很高兴地把这篇论文拿给辛德米斯的校长约翰·艾萨克斯(John Isaacs)看,暗示他会对论文的发现感兴趣。她解释说,她利用自己的大学课程开发了一种方法,可以帮助学校和社区就学校的项目做出基于数据的决策,她还把辛德米斯的代数项目作为一个数据例子。此外,她建议他看完后,应该与督学亚当斯和学校董事会分享。艾萨克斯同意了,并把论文带回家阅读。

艾萨克斯读完后,并不太高兴。他完全理解弗洛伦萨的发现,但一点也不喜欢。他认为他的学校是一所非常好的学校,它的课程,包括代数课程,是特别好的。他见过的所有测试结果都证明了这一点。他只是不相信辛德米斯高中学生的平均成绩只是"略高于州平均水平",正如弗洛伦萨总结的那样。更糟的是,他不明白弗洛伦萨是怎么得出这个结论的。他根本不知道什么是线性分层建模,也不想学习。在他看来,这篇论文"有太多该死的废话"(他对所有数学符号的称呼)。

几天后,正如他所承诺的那样,艾萨克斯把这篇论文寄给了督学。亚当斯也对这篇论文的发现感到惊讶,对其方法同样一无所知。这两位管理人员思虑再三,一致决定不应将这份文件送交委员会。他们推断,它肯定会被公开,并有可能成为当地报纸的头条文章。此外,不管弗洛伦萨在代数方面的发现如何,他们认为没有理由让公众注意到州数据集那么容易获取,还能用于比较。他们觉得,在奥克代尔尤其如此,那里到处都是博士科学家和工程师,他们完全有能力做弗洛伦萨所做的那种分析,亚当斯和艾萨克斯觉得这种分析非常难以理解。他们还推断,尽管麦凯布教授的评价很好,但论文的结论可能是错误的,没有必要公布错误的结论。最后,他们认为,仅仅因为辛德米斯的数学相关数据是可得的,并且符合所要求的统计假设,就把它单独挑出来批评是不公平的。他们指出,弗洛伦萨没有选择将自己的音乐课与其他学校的音乐课情况进行比较。

第二天,亚当斯给弗洛伦萨写了一封关切和友好的信。信中,亚当斯感谢她寄来的论文。她说她发现论文中的信息量很大。她评论说,她知道该州的网站,但不知道有一种统计技术似乎可以进行公平的跨校比较。她很感激弗洛伦萨让她注意到这件事。她写道,她很高兴弗洛伦萨把她新学到的技能用于为学区服务。她强烈鼓励弗洛伦萨听从麦凯布教授的建议,继续她的研究生学业。最后,她指出,学校董事会的预算编制工作正在进行中,与教师协会的谈判也正在进行中,因此近期内不可能向学校董事会提交这篇论文。相反,她建议弗洛伦萨与辛德米斯高中的数学老师私下讨论这篇论文。亚当斯督学没有提到,如果要把这份论文送到教育委员会,那将是在她退休后的某个时候。同时,她也没有提到她不再认为弗洛伦萨是项目规划与评估办公室的好人选。这个职位要求万分谨慎。

**思考题**

1. 对于包括学校在内的组织负责人来说,将不利信息隐藏起来不公开,这种情况并不少见。你经历过这样的情况吗?除了这种行为的道德性,它对董事会追究学校(和学校管理者)责任的能力可能有什么影响?

2. 如果有的话,那么在什么情况下管理者有义务向学校董事会提供不利信息?什么情况下管理者有义务不向学校董事会提供不利信息?

3. 可以说,亚当斯巧妙地处理了这种情况;弗洛伦萨很可能已经平静下来,一份可能令人尴尬的报告也被掩盖了。但她的行为合乎伦理吗?亚当斯本可以更好地处理这种情况吗?

4. 请参阅我们对专业性质的讨论。现在考虑以下说法：许多——可能是大多数——实践管理者根本无法批判性地理解和阅读作为其专业实践基础的研究。这种情况削弱了任何关于教育管理是一个专业实践领域的主张，因此也削弱了任何关于管理人员的判断因其专业知识而得到公众专门的尊重的主张。你如何回应这种观点？

5. 考虑另一种观点：专业模式并不适用于学校管理者（或者教师，在这件事上），因为他们不像医生、律师或工程师那样拥有任何专业的技术知识体系。相反，他们只是拥有从他们在教育机构的经验中积累起来的知识。这种经历本身表明对他们意见的一定程度的尊重是合理的。但声称自己是专业人士只是混淆了这个问题，而且他们有种职业自夸的感觉。

（周念月译，曹昶、程亮校）

# 参考文献

Achinstein, B. (2002). *Community, diversity, and conflict among school teachers: The ties that blind*. New York: Teachers College Press.

  研究了两所相似的多元文化初中的教师。这些教师都力图从多样性中建构共同体,但是他们采取了不同的方式来处理因多样性所带来的无法避免的冲突。令人大开眼界的是,学校氛围与学校所信奉的使命同等重要,甚至更为重要。

Ackerman, B. (1980). *Social justice in the liberal state*. New Haven, CT: Yale University Press.

  为自由主义辩护,特别强调中立和对话。

Appiah, K. A. (1994). Identity, authenticity, survival: Multicultural societies and social reproduction. In A. Gutmann (Ed.), *Multiculturalism: Examining the politics of recognition*. Princeton, NJ: Princeton University Press.

  有关身份认同和多元文化主义的讨论。

Aristotle. (1980). *Nicomachean ethics* (W. D. Ross, Trans.). New York: Oxford University Press.

  一部关于美德性质的重要经典著作。

Arkes, H. (1981). *The philosopher in the city*. Princeton, NJ: Princeton University Press.

  对城市政治中出现的伦理问题进行了精彩的讨论,其中有关于教育的章节。

Arons, S. (1997). *Short route to chaos*. Amherst: University of Massachusetts Press.

  批评了标准驱动的改革,强调当地社区在教育中的重要性。

Baier, A. (1995). *Moral prejudices*. Cambridge, MA: Harvard University Press.

  一本伦理学论文集,其中有两篇关于信任的重要讨论。

Banks, J. A. (1996). *Multicultural education, transformative knowledge, and action*. New York: Teachers College Press.

  关于多元文化主义性质的讨论。

Barber, B. (1992). *An aristocracy of everyone*. New York: Oxford University Press.

  最著名的强势民主(strong democracy)的倡导者对公民身份和公民教育进行的讨论。

Bellah, R. (1985). *Habits of the heart*. Berkeley: University of California Press.

  关于共同体重要性的经典论述。

Benhabib, S. (1992). *Situating the self: Gender, community and postmodernism in contemporary ethics*. New York: Routledge, Chapman & Hall.

女性主义者对商谈伦理学(discourse ethics)的论述。

Berlin, I. (1969). *Four essays on liberty*. London: Oxford University Press.
有关个人自由的性质和重要性的经典论述。

Bok, S. (1979). *Lying: Moral choice in public and private life*. New York: Vintage.
分析了隐瞒真相的可能理由和后果。

Bok, S. (1982). *Secrets*. New York: Pantheon.
讨论了保守秘密的权利和义务,以及一些保守秘密是不合理的可能情况。

Bonhoeffer, D. (1949). *Ethics*. New York: Macmillan.
一位因反对希特勒而死在纳粹集中营的德国神学家对基督教伦理的讨论。

Boyd, L., & Miretzky, D. (Eds.). (2003). *American educational governance on trial: Change and challenges*. Chicago, IL: University of Chicago Press.
关于教育治理的讨论,其中包含许多关于共同体、问责制和择校等主题的有价值的论文。

Brighouse, H. (2000). *School choice and social justice*. New York: Oxford University Press.
对择校进行了规范性的讨论,强调自主和平等的中心地位。

Bryk, A. S., Lee, V. E., & Holland, P. B. (1993). *Catholic schools and the common good*. Cambridge, MA: Harvard University Press.
在天主教教育的背景下对学校作为共同体进行了讨论。

Callan, E. (1997). *Educating citizens*. New York: Oxford University Press.
讨论了自由主义政治理论与公民教育之间的联系。

Dewey, J. (1957). *Reconstruction in philosophy*. Boston: Beacon Press.
这本书很好地展现了杜威的科学观与哲学观,以及他将科学方法应用于伦理问题的相关主张。

Dworkin, R. (1977). *Taking rights seriously*. Cambridge, MA: Harvard University Press.
有关法律和道德哲学的讨论,其中有一个精彩的章节是关于平权行动的讨论。

Etzioni, A. (1993). *The spirit of community: Rights, responsibilities, and the communitarian agenda*. New York: Crown Publishers.
陈述了社群主义的主张。

Feinberg, W. (1989). *Common schools and uncommon identities*. New Haven, CT: Yale University Press.
讨论如何平衡多元主义和对共同的美国认同的需要。

Fischer, L., Schimmel, D., & Stellman, R. (2003). *Teachers and the law*. Boston: Allyn and Bacon.
一份很好的教育法摘要,对教师和教育管理者都非常有价值。

Fullinwider, R. (Ed.). (1996). *Public education in a multicultural society*. New York: Cambridge University Press.
一本优秀的关于多元文化教育的论文集。

Gilligan, C. (1982). *In a different voice*. Cambridge, MA: Harvard University Press.

女性主义者对当下广为流传的道德发展观的批评,并提出了替代性的道德发展观。

Glendon, M. A. (1995). *Seedbeds of virtue: Sources of competence, character, and citizenship in American society*. Lanham, MD: Madison Books.

论述公民美德,以及共同体在美德培养中的重要性。

Gutmann, A. (1987). *Democratic education*. Princeton, NJ: Princeton University Press.

这部著作发展了一种民主教育的理论,并将其应用于广泛的教育议题。

Habermas, J. (1984). *The theory of communicative action*. Boston: Beacon Press.

商谈伦理学的经典论述。

Haller, E. J., & Strike, K. A. (1997). *An introduction to educational administration: Social, legal, and ethical perspectives*. Troy, NY: Educator's International Press.

从三种不同的视角对常见的行政问题进行了广泛的论述。

Hare, R. M. (1972). *Applications of moral philosophy*. Berkeley: University of California Press.

对许多道德问题进行了清晰简明的处理,包括相对主义、青少年的道德发展、政府行为的道德性与和平等议题,也研究诸如"生命是什么"以及"我奉命行事会受到责备吗"之类的问题。

Hodgkinson, C. (1978). *Toward a philosophy of administration*. New York: St. Martin's Press.

处理适用于教育管理的各种哲学问题,包括伦理问题。

Howe, K. R. (1997). *Understanding equal educational opportunity*. New York: Teachers College Press.

关于教育机会均等的精彩讨论。

Kant, I. (1956). *Critique of practical reason* (L. W. Beck, Trans.). Indianapolis, IN: Bobbs-Merrill.

对非后果论的道德立场的经典陈述和辩护。虽然难读,但值得一读。

Kimbrough, R. B. (1985). *Ethics*. Arlington, VA: American Association of School Administrators.

简要论述教育管理中的中心议题。

Kittay, E. (1999). *Love's labor*. New York: Routledge.

讨论了与特殊教育伦理具体相关的依赖性和正义。

Kymlicka, W. (1995). *Multicultural citizenship: A liberal theory of minority rights*. Oxford, England: Clarendon Press.

关于是否存在群体权利问题的讨论。

Lickona, T. (1991). *Educating for character: How our schools can teach respect and responsibility*. New York: Bantam.

有关品格教育的思想和素材的重要资源书。

MacIntyre, A. (1982). *After virtue*. South Bend, IN: University of Notre Dame Press.
　　近来颇具影响力的对现代伦理理论的批判,以及对亚里士多德观点的辩护。
Mill, J. S. (1956). *On liberty*. Indianapolis, IN: Bobbs-Merrill.
　　主张意见自由和生活方式自由的经典论点。
Mill, J. S. (1973). Utilitarianism. In J. Bentham & J. S. Mill (Eds.), *The utilitarians*. Garden City, NY: Academic Press, Doubleday.
　　对功利主义绝妙而简要的论述。
Nash, R. J. (1996). "*Real world*" *ethics: Frameworks for educators and human service professionals*. New York: Teachers College Press.
　　探讨如何在大学情境中进行专业伦理教育。
Nash, R. J. (1997). *Answering the "virtuecrats": A moral conversation on character education*. New York: Teachers College Press.
　　对在教育情境中所提倡的美德伦理学和品格教育进行批判性讨论。
Niebuhr, R. (1932). *Moral man and immoral society*. New York: Charles Scribner & Sons.
　　从宗教角度对社会伦理进行的经典讨论。
Noddings, N. (1984). *Caring. A feminine approach to ethics and moral education*. Berkeley: University of California Press.
　　女性主义伦理学和相应的道德教育方法。
Noddings, N. (1992). *The challenge to care in schools: An alternative approach to education*. New York: Teachers College Press.
　　诺丁斯的关怀理论在学校教育中的应用。
Okin, S. M. (1989). *Justice, gender, and the family*. New York: Basic Books.
　　女性主义的正义观和关于平等社会化的重要讨论。
Peters, R. S. (1970). *Ethics and education*. London: George Allen & Unwin.
　　在教育背景下对一些伦理概念进行讨论,如惩罚、尊重人、自由和平等。
Rawls, J. (1971). *A theory of justice*. Cambridge, MA: Harvard University Press.
　　这可能是当代关于社会正义的自由主义理论的最好论述。
Rawls, J. (1993). *Political liberalism*. New York: Columbia University Press.
　　罗尔斯对其著作《正义论》的更新。
Rich, J. M. (1984). *Professional ethics in education*. Springfield, IL: Charles C. Thomas.
　　讨论各种职业伦理问题。研究十分深入,是进行各种主题研究的一个好起点。
Robinson, G. M., & Moulton, J. (1985). *Ethical problems in higher education*. Englewood Cliffs, NJ: Prentice Hall.
　　对高等教育的核心伦理问题进行了精彩的论述。
Rosenblum, N. (1998). *Membership and morals*. Princeton, NJ: Princeton University Press.
　　讨论社群成员资格对伦理生活的重要性。

Sandel, M. (1982). *Liberalism and the limits of justice*. Cambridge, England: Cambridge University Press.
  社群主义对自由主义的批评。
Sergiovani, T. J. (1993). *Building community in schools*. San Francisco: Jossey-Bass.
  讨论学校教育中共同体的重要性。
Shaver, J. P., & Strong, W. (1982). *Facing value decisions* (2nd ed.). New York: Teachers College Press.
  探讨民主背景下的价值观教育和价值观的理性基础。
Sola, P. A. (Ed.). (1984). *Ethics, education, and administrative decisions*. New York: Peter Lang.
  这本论文集讨论了各种管理伦理问题。
Strike, K. A. (1982). *Educational policy and the just society*. Urbana: University of Illinois Press.
  讨论了应用于一些教育问题的自由、平等和理性概念。
Strike, K. A. (1982). *Liberty and learning*. New York: St. Martin's Press.
  发展了教育自由的理论,包含关于学术自由和学生权利的章节。
Strike, K. A. (1996). *The moral responsibilities of educators*. In T. J. Buttery & E. Guyton (Eds.), Handbook of research on teacher education (2nd ed.; pp. 869-892). New York: Macmillan.
  讨论教师教育中专业伦理的作用。
Strike, K., Anderson, M., Curren, R., van Geel, T., Pritchard, I., & Robertson, E. (2002). *Ethical standards of the American Educational Research Association: Cases and commentary*. Washington, D.C.: American Educational Research Association.
  依据美国教育研究协会(AERA)的伦理准则,采用案例法,对研究伦理进行了探讨。
Strike, K., & Moss, P. (2003). *The ethics of college student life*. Boston: Allyn and Bacon, 2003.
  这是一本有关大学生伦理的书,采用案例的方式,讨论了诸如欺骗、宽容和性等话题。
Strike, K. A., & Soltis, J. F. (2004). *The ethics of teaching* (4th edition). New York: Teachers College Press.
  这本书的目的和编排与《学校管理伦理》相似,但是侧重于教学专业的伦理议题。
Taylor, C. (1994). *The politics of recognition*. In A. Gutmann (Ed.), *Multiculturalism: Examining the politics of recognition*. Princeton, NJ: Princeton University Press.
  一位哲学家写的有关多元文化主义最重要的著作之一。
Tomasi, J. (2001). *Liberalism beyond justice*. Princeton, NJ: Princeton University Press.
  这本书讨论了自由主义的后果,并主张有必要容纳宗教保守派等群体。
White, P. (1996). *Civic virtues and public schooling*. New York: Teachers College Press.

讨论在学校培养守信和诚实等美德。

Williams，B. (1985). *Ethics and the limits of philosophy*. Cambridge，MA：Harvard University Press.

关于伦理推理限度的重要讨论。

Young，I. (1990). *Justice and the politics of difference*. Princeton，NJ：Princeton University Press.

杨(Young)讨论了压迫和统治不是分配正义问题的观点，并主张差异政治。

# 作者介绍

**肯尼斯·A.斯特赖克(Kenneth A. Strike)**　雪城大学教育文化基础教授、康奈尔大学教育学荣休教授。在西北大学获得博士学位,曾在威斯康星大学任教,在马里兰大学担任过系主任。曾任美国教育哲学学会主席,入选美国国家教育科学院。主要研究教育专业伦理,以及与教育政策问题有关的政治哲学。独立或共同出版了十几本书,发表了150余篇论文。

**埃米尔·J.哈勒(Emil J. Haller)**　康奈尔大学教育管理学荣休教授。在芝加哥大学获得博士学位,曾任教于加拿大安大略教育研究院、康奈尔大学、俄勒冈大学和不列颠哥伦比亚大学。与人合著了3本书,也发表了众多研究报告和论文。他的大部分研究是实证性的,主要集中在学生的种族和社会阶层对教师决策的可能影响、小型和农村学校的社会与政治问题,以及研究生阶段培训对管理实践的影响。

**乔纳斯·F.索尔蒂斯(Jonas F. Soltis)**　哥伦比亚大学师范学院威廉·赫德·克伯屈哲学与教育学荣休教授,曾任约翰·杜威学会和美国教育哲学学会主席。他是教育工作者专业伦理案例研究的早期开拓者,合著有《教学伦理》《学校管理伦理》等。曾担任《师范学院学报》(*Teachers College Record*)的编辑,美国全国教育研究学会(NSSE)年鉴《哲学与教育》的主编,以及师范学院出版社"当代教育思想丛书"和"教育思想丛书"的主编。